金融信息安全职业技能培训教程

金融信息安全导论

杨 健 主编

U0361733

清华大学出版社

北 京

内 容 简 介

本书以金融信息安全领域相关岗位能力需求为出发点,介绍了金融信息安全的基本概念、理论、方法、应用和技术;分层次、分维度地介绍了金融各细分行业的信息安全内容;结合"等保"国家标准,重点阐述数据、系统、网络和应用等安全方面常用理论、特点和技术方法;突出阐述个人信息保护的问题,介绍常用的信息安全工具。本书在各章节中引入大量分析案例和拓展阅读,加深读者对相关理论与技术的理解,帮助普通读者尽快形成对金融信息安全体系及应用领域的轮廓性认识,提高专业读者对金融信息安全体系的结构性认知。

本书为国家人力资源和社会保障部教育培训中心指定的金融信息安全职业能力培训教材,适用于希望通过培训考试获得金融信息安全学习认证的行业从业者和通过学习实践来提升金融信息安全意识素养与岗位应用能力的金融机构工作人员。

图书在版编目(CIP)数据

金融信息安全导论/杨健主编. —北京:清华大学出版社,2021.9(2023.8重印)
金融信息安全职业技能培训教程
ISBN 978-7-302-57266-4

Ⅰ.①金…　Ⅱ.①杨…　Ⅲ.①金融—信息系统—安全技术—安全培训—教材　Ⅳ.①F830-39

中国版本图书馆 CIP 数据核字(2021)第 005012 号

责任编辑:周　菁
封面设计:常雪影
责任校对:王荣静
责任印制:刘海龙

出版发行:清华大学出版社
　　　网　　　　址:http://www.tup.com.cn, http://www.wqbook.com
　　　地　　　　址:北京清华大学学研大厦 A 座　　　　邮　　编:100084
　　　社　总　机:010-83470000　　　　邮　　购:010-62786544
　　　投稿与读者服务:010-62776969,c-service@tup.tsinghua.edu.cn
　　　质　量　反　馈:010-62772015,zhiliang@tup.tsinghua.edu.cn
印　装　者:三河市君旺印务有限公司
经　　销:全国新华书店
开　　本:185mm×230mm　　　印　　张:17.25　　　字　　数:348 千字
版　　次:2021 年 10 月第 1 版　　　印　　次:2023 年 8 月第 2 次印刷
定　　价:58.00 元

产品编号:088037-01

金融信息安全职业技能培训教程编委会

主　　　任：杨　健

副　主　任：何良生　张文武　顾　涛　荆继武

编委会成员：赵国俊　蒋文保　于　进　李　丹　裴　涛
　　　　　　熊志正　高剑松　罗光宣　朱代祥　傅兴尚
　　　　　　韦洪波　李　新　费振勇　刘永印　黄　星
　　　　　　王铁牛　傅　强　王大树　钱明辉　孟祥宏
　　　　　　段　钢　方志鹏

《金融信息安全导论》编写组

主　　　编：杨　健

副　主　编：于　进　熊志正　李　丹　罗光宣　朱代祥

编写组成员：罗光宣　朱代祥　张　超　杨达森　陈　楠
　　　　　　李　楠　宋绪言　刘　臻　车碧琛　郭建军
　　　　　　高　明　王海牛

总　策　划：杨　刚

FOREWORD

前　言

　　基于信息科技的长足进步,传统的金融行业发生了颠覆性的变化。在金融与科技相互融合的趋势下,区块链、数字货币、电子支付等一系列金融创新都是金融信息安全的延伸。金融信息安全不仅是信息安全在金融领域的应用,也是金融业务通过科技手段的延伸。

　　金融信息安全作为金融领域发展的重要手段,是金融创新与科技创新相结合的典范,已成为实现金融业务发展和金融科技创新的重要信息安全前提和保障。

　　金融信息安全涵盖了金融、金融信息、信息安全等不同内容,并不局限于单纯的金融行业或信息安全技术的范畴。例如,个人金融信息泄露、电子支付被盗、信用卡诈骗、病毒入侵、恶意攻击等金融信息安全问题给金融和非金融机构等带来了重大损失。为了解决金融信息安全问题,金融和非金融机构工作人员应当系统地学习掌握金融信息安全的相关知识、管理方法和基本技能,使得整体组织机构具有保障自身金融信息安全的能力。

　　本书作为金融信息安全职业能力培训教材的投石之作旨在对金融信息安全的理论与实践作进一步探索,对相关概念、标准、体系、技术等问题力求作出翔实的描述,从各个角度提出富有指导意义的安全策略和操作建议,同时配以用于巩固知识的思考题与练习题,希望可以帮助读者在不断积累专业知识的基础上,培养运用所学知识分析问题和解决问题的实操能力。本书希望能作为商业银行、保险企业、证券机构、基金公司、金融信息服务机构等从业者的培训教材和参考用书。

　　笔者虽然从事金融科技工作多年，但仍然认为金融信息内容浩如烟海，信息安全领域博大精深，因此编写一本金融信息安全的教材非常具有挑战性。幸而笔者在主持制定国家标准 GB/T 36618—2018《信息安全技术　金融信息服务安全规范》期间，曾经获得以下单位的通力合作：中国人民大学、中国科学院信息工程研究所、清华大学五道口金融学院、中国经济信息社、万得信息技术股份有限公司、东方财富信息股份有限公司、上海大智慧股份有限公司、腾讯科技（北京）有限公司，本书的编写和完成也得益于上述单位对该项目的支持。

　　本书的编写工作是由荆继武教授、赵国俊教授、蒋文保教授、罗光宣博士等信息安全专家和在金融机构第一线工作的于进、李丹博士、熊志正博士、高剑松博士等鼎力相助而成。此外，编写组参考了大量国内外文献，包括学术论文、专业书籍、国际国内标准、国内外法律法规等，这些均对本书的成文起了重要作用。

　　全书共九章内容。前两章是全书的基础。第 1 章金融信息概述旨在引领读者了解金融信息的定义，现行国家标准下金融信息的基本特征，以及金融市场、金融机构、相关监管主体作为金融信息生成、流转、运作、管理等的一系列重要平台的基本概念。第 2 章金融信息安全概述，系统地梳理了金融信息安全的基本概念及其行业发展历程、现阶段监管机制和管理的现状，同时介绍了在当前信息安全"等级保护 2.0"环境下可能存在的金融信息安全风险和为规避这些风险而构建的金融信息安全体系。第 3 章至第 9 章分别从金融信息安全体系下的内容安全、数据安全、系统安全、网络安全、应用安全、个人使用安全和常用安全工具七个维度，从信息安全技术的角度分别展开讲解，其中涉及各个维度下的诸多前沿技术，并结合不同行业的金融场景下的实际案例，进而帮助读者更为全面地掌握金融信息安全知识。

　　由于金融信息安全领域博大精深、内容宽泛，作者水平有限，疏漏之处在所难免，敬请诸位专家、学者、读者不吝赐教。

杨　健

2021 年 9 月于北京

CONTENTS

目　录

第 1 章
金融信息概述

CHAPTER 1

【学习目标】

通过本章的学习可以明晰金融信息的相关概念和特征,了解金融市场和金融机构的相关知识。

【本章知识点】

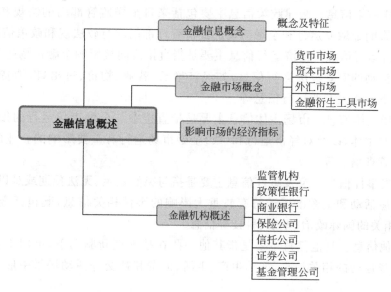

1.1 金融信息相关概念

信息(Information)被认为是"用来消除随机不确定性的东西",是对客观世界中各种事物的运动状态和变化的反映,是客观事物之间相互联系和相互作用的表征,表现的是客观事物运动状态和变化的实质内容。

金融信息(Financial Information)可以被定义为：反映金融活动状态和变化的实质内容，包括与金融活动和金融市场相关的各种信号、指令、数据、消息、资讯和报告等。

1. 金融信息类型

根据信息来源，金融信息可分为如下类型。

(1) 金融部门信息。金融部门信息主要是指来自金融业各部门的信息。金融部门主要包括银行业(存款类和非存款类)、保险业、证券业、期货业、金融控股公司、担保、典当等各类金融机构，以及为持有特定资产而对外发行、拥有新金融工具的特殊目的载体(SPV)，如证券投资基金、资金信托计划、资产证券化项目等。

(2) 财经信息。财经信息是金融信息的重要组成部分，是指财政、金融、经济等相关财经资讯，涉及股票、权证、基金、外汇、理财等金融信息。财经服务提供商以各类财经信息服务于国家经济部门、经济教育研究机构和金融机构的工作者及普通用户。我国主流财经服务提供商有新华财经、东方财富、新浪财经、和讯网、《金融界》杂志等。

(3) 法律政策信息。法律政策信息主要包括来自金融监管部门的法规和政策信息，还包括来自影响金融业运行和金融活动的经济管理部门的行政法规和政策信息。

(4) 经济运行信息。经济运行信息主要是指直接或间接影响金融市场运行或市场主体金融参与活动的宏观经济运行信息，如经济增长、就业、物价、进出口、消费等信息，还包括金融上下游相关产业运行信息等。

(5) 市场主体信息。市场主体信息主要是指直接参与金融市场运行的投资者、借贷者等市场参与主体，以及对经济运行和(或)金融市场运行有重要影响的企业的相关决策信息和经营管理信息等。

(6) 突发事件信息。突发事件信息主要是指与突然发生、无法预期或难以预期，且对市场主体金融活动和金融市场运行有较重大影响的事件相关信息，既包括金融、经济信息，也包括相关的国际政治、军事、科技等信息。

(7) 其他信息。其他信息主要是指其他一些在技术创新驱动下，可用于金融活动或影响金融市场运行的相关信息，如在生产、生活、消费和社交等活动场景中形成的金融类数据。

2. 金融信息特征

在复杂多变的金融市场中，投资者迫切需要及时准确、真实可靠的金融信息来帮助他们快速准确地把握金融市场动态。因此，金融信息应具有依附性、真实性、准确性和时效性的特征。其中，依附性是指金融信息必须依附于金融活动和市场；真实性是指金融信息的实质内容必须是客观存在的；准确性是指金融信息的内容应该是准确无误的；时效性是指金融信息必须在规定的时间内传递。

3. 金融信息服务

根据我国《金融信息服务管理规定》,金融信息服务被定义为"向从事金融分析、金融交易、金融决策或者其他金融活动的用户提供可能影响金融市场的信息和(或)金融数据的服务"。

1.2　金融市场概念

金融信息依附性的特征决定了金融信息必须依附于金融市场。有了金融市场,投资者才能根据获得的金融信息进行投资决策、选股择时等金融活动,金融信息才有价值。因此,了解一些与金融市场相关的概念是十分有必要的,下面将对这些概念作一个简单的介绍。

金融市场是指以金融商品为交易对象而形成的供求关系及其机制的总和。金融市场的构成十分复杂,一般来说,可以根据金融市场上交易工具的期限,将金融市场分为货币市场和资本市场两大类。

1.2.1　货币市场

货币市场(Money Market)又被称为"短期资金市场"或"短期金融市场",是指融资期限在 1 年及 1 年以下的金融市场。

货币市场具有交易期限短、流动性强、风险相对较低的特点。交易期限短是货币市场交易对象最基本的特征。货币市场最短的交易期限只有半天,最长的不超过 1 年,大多在 3～6 个月。流动性强源于交易的期限短,可以在市场上兑换成现金,其功能接近于货币。风险相对较低是指货币市场的交易活动所使用的金融工具因期限短、流动性强,价格相对平稳,风险较小,随时可以在市场上变现。

从交易对象的角度看,货币市场主要由同行拆借市场、回购协议市场、大额可转让定期存单市场、票据贴现市场、银行承兑汇票市场、短期政府债券市场等子市场组成。

1.2.2　资本市场

资本市场(Capital Market)又被称为"长期资金市场"或"长期金融市场",通常是指进行中长期(1 年以上)资金或资产借贷融通活动的场所。

资本市场具有融资期限长、流动性较差、高风险、高收益的特点。融资期限长是指资本市场融资期限至少在 1 年以上,有的融资期限甚至达到了几十年。流动性较差是因为在资本市场中所筹集到的资金大多用于满足中长期的融资需求,所以资本市场的流动性及变现性比较弱。高风险、高收益是由于资本市场融资期限长,有重大变故的可能性也大,市场价格容易波动,因此投资者需要承担的风险就比较高,但伴随高风险的同时还可能有高收益的回报。

资本市场主要包括股票市场、债券市场等。

1. 股票市场

股票(Stock)是一种有价证券,它是股份有限公司签发的证明股东所持股份的凭证。股票市场(Stock Market)就是对已发行的股票进行买卖和转让的场所。在证券交易所上市的股份有限公司也被叫作上市公司。

股票市场可以分为一级、二级。一级市场也称为股票发行市场,二级市场也称为股票交易市场。股票发行市场是股票的发行方直接或者间接地通过中介机构向投资者出售新发行股票的交易场所。新发行的股票主要包括首次发行股票和再发行的股票。再发行的股票一般是在首次发行股票的基础上进行的增发和配股。股票交易市场是指已经发行的股票在不同的投资人之间进行转让和买卖的场所。

股票的二级市场通常可分为场内交易市场和场外交易市场。场内交易市场主要是指证券交易所。证券交易所是依据本国有关法律,经政府证券主管机关批准设立的,集中进行证券交易的有形场所。世界上最早的证券交易所是 1613 年设立的荷兰阿姆斯特丹证券交易所。目前在世界范围内比较有影响的交易所有:美国的纽约证券交易所、纳斯达克证券交易所、英国的伦敦证券交易所和日本的东京证券交易所。我国的证券交易所有两家:成立于 1990 年的上海证券交易所和成立于 1991 年的深圳证券交易所。

在股票市场上,不同的投资者有不同的资金规模大小与主体特征,存在着对股票市场金融服务的不同需求。这种多样化的需求决定了股票市场应该是一个多层次的结构。我国多层次股票市场具体来说可以分为:主板、中小板、创业板、新三板和科创板。其中,主板分为上海证券交易所主板(股票代码以 60 开头)和深圳证券交易所主板(股票代码以 000 开头)。中小板也称中小企业板,是属于深圳证券交易所的一个板块(股票代码以 002 开头)。创业板是属于深圳证券交易所的一个板块(股票代码以 300 开头)。新三板指的是全国中小企业股份转让系统,交易所位于北京(股票代码以 8 开头)。科创板是独立于现有主板市场的新设板块,该板块是进行注册制试点而设立的股票代码以 688 开头。

股票市场指数是在股票市场上,用以衡量股票市场交易整体波动幅度和景气状况的综合指标,是投资者作出投资决策的重要依据之一。我国比较著名的市场指数有:沪深 300 指数(指数代码为 000300)、中证 500 指数(指数代码为 000905)以及腾讯济安价值 100A 股指数(指数代码为 000847)。

2. 债券市场

债券(Bonds)是政府、企业、银行等债务人为筹集资金,按照法定程序发行并向债权人承诺于指定日期还本付息的有价证券。债券市场(Bond Market)即发行和买卖债券的场所。

根据债券的运行过程和市场的基本功能可以将债券市场分为发行市场和流通市场。债券发行市场即发行部门初次出售新债券的市场,其作用是将向社会发行的债券分散发行到投资者手中。债券流通市场是指已发行债券买卖转让的市场。债券一经认购,即确立了一定期限的债权债务关系。通过债券流通市场,投资者可以转让债权。

债券流通市场可进一步分为场内交易市场和场外交易市场。证券交易所是专门进行证券买卖的场所,如我国的上海证券交易所和深圳证券交易所。在证券交易所内买卖债券所形成的市场,就是场内交易市场。这种市场组织形式是债券流通市场较为规范的形式。交易所作为债券交易的组织者,本身不参加债券的买卖和价格的决定,只是为债券买卖双方创造条件,提供服务并进行监管。

场外交易市场是在证券交易所以外进行证券交易的市场。柜台市场为场外交易市场的主体。许多证券经营机构都设有专门的证券柜台,通过柜台进行债券买卖。此外,场外交易市场还包括银行间交易市场,以及一些机构投资者通过电话、电脑等通信手段形成的市场。

根据债券的发行主体的不同,可以将债券分为政府债券、金融债券和公司债券。其中,政府债券的发行主体是政府。中央政府发行的债券称为"国家债券"(或"国债"),具有安全性高、流通性强、收益稳定等特点,故也被称为"金边债券";金融债券的发行主体是银行或非银行的金融机构;公司债券的发行主体主要是股份公司。

> **延伸阅读**
>
> **三大证券报**
>
> 在证券市场中,投资者常常通过三大证券报来获取金融信息。这三大报分别为《中国证券报》《上海证券报》和《证券时报》。《中国证券报》是 1992 年新华通讯社创办的报刊,是全国性证券专业日报,是中国证监会、中国银保监会指定披露上市公司信息报纸。《上海证券报》由新华通讯社主办,是新中国第一张以提供权威证券专业信息为主的全国性财经类日报,是中国证监会指定披露上市公司信息和中国银保监会指定披露保险信息的报纸。《证券时报》创办于 1993 年 11 月 28 日,是中国证监会、中国银保监会指定披露上市公司信息的报纸。《证券时报》以报道证券市场为主,并兼顾经济金融信息,是面向国内外公开发行的财经类专业日报。

债券收益率曲线

债券收益率曲线又叫"孳息曲线"(如图 1-1),是描述在某一时点上一组可交易债券的收益率与其剩余到期期限之间数量关系的一条曲线,即在直角坐标系中,以债券剩余到期期限为横坐标、债券收益率为纵坐标而绘制的曲线。一条合理的债券收益率曲线将反映出某一时点上(或某一天)不同期限债券的到期收益率水平。研究债券收益率曲线具有重要的意义,对于投资者而言,可以用来预测债券的发行投标利率,在二级市场上选择债券投资券种和预测债券价格;对于发行人而言,可为其发行债券和进行资产负债管理提供参考。

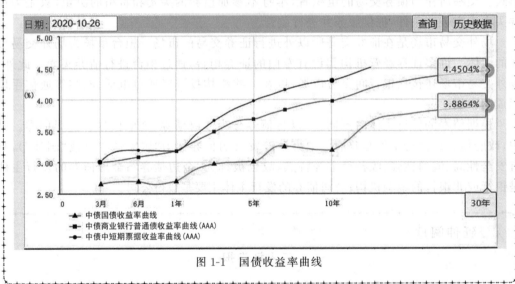

图 1-1 国债收益率曲线

1.2.3 外汇市场

国际货币基金组织(IMF)对外汇的定义是:"货币行政部门(如中央银行、货币机构、财政部等)以银行存款、财政部库券、长短期政府证券等形式所持有的在国际收支逆差时可以使用的债券"。

外汇市场(Currency Market)是指由各国中央银行、外汇银行、外汇经纪人和客户组成的买卖外汇的交易系统。外汇市场主要是指外汇供求双方在特定的地区内通过现代化的通信设备及计算机网络系统来从事外汇买卖的交易活动。

汇率又称汇价或外汇行市,就是两种货币的兑换比率,或者说是一国货币以另一国货币表示的相对价格。表1-1展示了2020年10月13日至26日间的人民币汇率中间价。

表1-1 人民币汇率中间价 单位:人民币 元

日 期	美元	欧元	日元	港元	英镑	卢布	澳元	加元
2020-10-26	667.25	789.95	6.3690	86.096	870.27	1141.47	475.47	507.25
2020-10-23	667.03	787.62	6.3570	86.068	871.92	1146.70	475.20	507.60
2020-10-22	665.56	788.63	6.3572	85.878	873.72	1153.39	472.96	505.87
2020-10-21	667.81	789.50	6.3258	86.169	864.60	1157.92	470.90	508.68
2020-10-20	669.30	787.57	6.3459	86.361	866.52	1160.70	472.23	507.35
2020-10-19	670.10	784.93	6.3529	86.464	865.91	1161.83	475.05	508.16
2020-10-16	673.32	788.23	6.3887	86.879	868.57	1159.10	477.37	509.15
2020-10-15	673.74	791.29	6.4058	86.934	876.62	1154.48	480.94	512.29
2020-10-14	674.73	792.22	6.3950	87.061	872.55	1141.69	483.24	513.34
2020-10-13	672.96	793.86	6.3804	86.833	878.12	1143.12	484.22	512.63

注:1. 数据来源于中国外汇交易中心。2.人民币对马来西亚林吉特、俄罗斯卢布、南非兰特、韩元、阿联酋迪拉姆、沙特里亚尔、匈牙利福林、波兰兹罗提、丹麦克朗、瑞典克朗、挪威克朗、土耳其里拉、墨西哥比索、泰国泰铢汇率中间价采取间接标价法,即100人民币折合多少外币。人民币对其他10种货币汇率中间价仍采取直接标价法,即100外币折合多少人民币。

购买力平价(Purchasing Power Parity,PPP)又称相对购买力指标,是一种根据各国不同的价格水平计算出来的货币之间的等值系数,使我们能够在经济学上对各国的国内生产总值进行合理比较。这种理论汇率与实际汇率可能有很大的差距。该理论指出,在对外贸易平衡的情况下,两国之间的汇率将会趋向于靠拢购买力平价。一般来讲,这个指标要根据相对于经济的重要性考察许多货物价格才能得出。一个测量购买力平价的简单例子就是由《经济学人》杂志所创的巨无霸指数。该指标将各国的麦当劳分店的巨无霸销售价格进行了比较:如果一个巨无霸在美国的价格是4美元,而在英国是3英镑,那么美元与英镑的购买力平价汇率就是3英镑=4美元。假如在这个例子中,美元和英镑的汇率是1:1,那么根据购买力平价理论,以后的真实汇率将会向购买力平价汇率靠拢。

延伸阅读

蒙代尔三角

　　20 世纪 60 年代,经济学家罗伯特·A.蒙代尔(Robert A. Mundell)和 J.马库斯·弗莱明(J. Marcus Fleming)提出了著名的"蒙代尔三角"理论,即货币政策独立性、资本自由流动与汇率稳定这三个政策目标不可能同时达到。1999 年,美国经济学家保罗·克鲁格曼(Paul Krugman)根据上述原理画出了一个三角形(如图 1-2),他称其为"永恒的三角形"(The Eternal Triangle),从而清晰地展示了"蒙代尔三角"的内在原理。

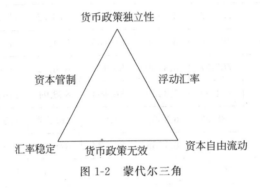

图 1-2　蒙代尔三角

　　根据"蒙代尔三角",一国的经济目标有三种:①各国货币政策独立;②汇率稳定;③资本自由流动。这三者,一国只能三选其二,而不可能三者兼得。

1.2.4　金融衍生工具市场

　　金融衍生工具就是在传统的金融工具基础上,对其交易方式进行一定的改进所形成的新的交易工具,主要包括远期交易、期货交易、期权交易和互换交易。

　　(1) 金融远期市场。金融远期合约是在现货交易的基础之上衍生而来的,是指买卖双方约定在未来的某一确定时间,按确定的价格买卖一定数量的某种金融资产的合约。在合约中规定,未来买入标的物的一方称为多方,卖出标的物的一方称为空方。合约中规定的未来买入标的物的价格称为交割价格。远期合约是非标准化合约,因此它不在交易所交易,而是在金融机构之间或金融机构与客户之间通过谈判后签署远期合约。买入远期合约也可以在场外市场交易。

　　(2) 期货市场。期货(Futures)是指某种大宗商品,如棉花、玉米、大豆、原油、有色金属等及金融资产,以股票、债券等为标的标准化可交易合约。买卖期货的合同或协议叫作期货合约。买卖期货的场所叫作期货市场。投资者可以对期货进行投资或投机。

期货交易所是买卖期货合约的场所。目前,国际上著名的期货交易所有芝加哥商业交易所、芝加哥期货交易所、纽约商业交易所、纽约期货交易所、伦敦金属交易所、伦敦国际石油交易所、东京工业品交易所、新加坡国际金融交易所、韩国期货交易所以及香港期货交易所。中国大陆的期货交易所有郑州商品交易所、上海期货交易所、大连商品交易所、中国金融期货交易所。

1.3　影响市场的经济指标

经济指标是反映一定社会经济现象数量方面的名称及其数值,常见的经济指标有以下几种。

(1) 国内生产总值。国内生产总值(Gross Domestic Product,GDP)是指一个国家或地区在一定时期内运用生产要素所生产的全部最终产品和服务的市场价值。GDP 反映了一个国家或地区的经济究竟是处于增长还是衰退阶段。当 GDP 的增长数字为正数时,表示该国家或地区经济发展蓬勃,国民收入增加,消费能力也随之增强。在这种情况下,中央银行有可能提高利率,紧缩货币供应。反之,如果一个国家或地区的 GDP 为负数,则显示该国经济处于衰退状态,消费能力降低。这时,中央银行可能减息以刺激经济再度增长。

(2) 采购经理人指数。采购经理人指数(Purchasing Managers Index,PMI)是衡量制造业在生产、新订单、商品价格、存货、雇员、订单交货、新出口订单和进口八个方面状况的指数,概括了制造业整体状况、就业及物价表现。PMI 指数是以百分比来表示,常以50%作为经济强弱的分界点:当指数高于 50%时,则被解释为经济扩张的信号;当指数低于 50%,尤其是非常接近 40%时,则有经济萧条的忧虑。在 40%至 50%之间时,说明制造业处于衰退,但整体经济还在扩张。

(3) 消费者物价指数。消费者物价指数(Consumer Price Index,CPI)是根据家庭消费的有代表性的商品和劳务的价格变动状况而编制的物价指数,反映消费者为购买消费品而付出的价格的变动情况。我国现行的 CPI 指数统一执行国家统计局规定的"八大类"体系,即指数的构成包括食品、衣着、家庭设备用品及维修服务、医疗保健、交通通信、文娱教育及服务、居住等八大类,每个大类中又包含若干个具体项目,总共有 300 多项。从 2001 年起,我国采用国际通用做法,逐月编制并公布以 2000 年价格水平为基期的居民消费价格定基指数,作为反映我国通货膨胀(或通货紧缩)程度的主要指标。

（4）存款准备金率。存款准备金也称为法定存款准备金或存储准备金（Deposit Reserve），是指金融机构为保证客户提取存款和资金清算需要而准备的在中央银行的存款。存款准备金率是指一国中央银行规定的商业银行和存款金融机构必须缴存中央银行的法定存款准备金占其存款总额的比率。中央银行在法律所赋予的权力范围内，通过调整商业银行交存中央银行的存款准备金比率，以改变货币乘数，间接地控制社会货币供应量的活动。目前凡是实行中央银行制度的国家，一般都实行存款准备金制度。当中央银行提高法定存款准备金率时，货币乘数就变小，从而降低了整个商业银行体系创造信用、扩大信用规模的能力，其结果是社会的银根偏紧，货币供应量减少，利息率提高，投资及社会支出都相应缩减，反之亦然。

我国存款准备金率五年变化见表 1-2。

表 1-2　我国存款准备金率五年变化表　　　　　　　　　　　　%

公 布 时 间	生 效 日 期	大型金融机构			中小金融机构		
		调整前	调整后	调整幅度	调整前	调整后	调整幅度
2020 年 1 月 1 日	2020 年 1 月 6 日	13.00	12.50	−0.50	11.00	10.50	−0.50
2019 年 9 月 6 日	2019 年 9 月 16 日	13.50	13.00	−0.50	11.50	11.00	−0.50
2019 年 1 月 4 日	2019 年 1 月 25 日	14.00	13.50	−0.50	12.00	11.50	−0.50
2019 年 1 月 4 日	2019 年 1 月 15 日	14.50	14.00	−0.50	12.50	12.00	−0.50
2018 年 10 月 7 日	2018 年 10 月 15 日	15.50	14.50	−1.00	13.50	12.50	−1.00
2018 年 6 月 24 日	2018 年 7 月 5 日	16.00	15.50	−0.50	14.00	13.50	−0.50
2018 年 4 月 17 日	2018 年 4 月 25 日	17.00	16.00	−1.00	15.00	14.00	−1.00
2016 年 2 月 29 日	2016 年 3 月 1 日	17.50	17.00	−0.50	15.50	15.00	−0.50
2015 年 10 月 23 日	2015 年 10 月 24 日	18.00	17.50	−0.50	16.00	15.50	−0.50
2015 年 8 月 25 日	2015 年 9 月 6 日	18.50	18.00	−0.50	16.50	16.00	−0.50
2015 年 4 月 19 日	2015 年 4 月 20 日	19.50	18.50	−1.00	17.50	16.50	−1.00
2015 年 2 月 4 日	2015 年 2 月 5 日	20.00	19.50	−0.50	18.00	17.50	−0.50

📚 延伸阅读

美林投资时钟

各项经济指标作为金融信息的重要组成部分，可以帮助投资者、市场从业人员对经济形势作出更好的判断，最典型的例子就是根据美林投资时钟理论，结合 GDP、CPI 等金融信息，对投资策略进行调整。

　　2004 年 11 月 10 日,美林证券发表了著名的研究报告 *The Investment Clock*,提出了美林时钟理论(如图 1-3)。美林时钟根据经济增长和通货膨胀趋势,将经济周期划分为四个阶段：衰退、复苏、过热、滞胀。

图 1-3　美林时钟

　　衰退阶段：该阶段各类投资表现为债券→现金→股票→大宗商品。在衰退中,GDP 增长缓慢,产能过剩和大宗商品价格下跌使得 CPI 也较低,利润微弱,实际收益率下降,收益率曲线向下移动并陡峭。此刻,央行会降低短期利率,试图使经济回到其可持续增长路径。

　　复苏阶段：该阶段各类投资表现为股票→债券→现金→大宗商品。在复苏中,宽松的政策逐步开始奏效,GDP 开始加速。然而,CPI 继续下降,因为多余的产能还没有完全被释放,周期性生产力的增长强劲,利润也开始边际修复。中央银行仍然保持宽松政策,债券收益率曲线仍在较低位置。

　　过热阶段：该阶段各投资表现为大宗商品→股票→现金/债券。在经济过热中,GDP 增长放缓,产能受限,CPI 上升。中央银行加息使过热的经济回到可持续增长路径。GDP 增长仍保持在较高水平。债券表现较差,因为收益率曲线向上移动并逐渐平坦化。

滞胀阶段：该阶段各投资表现为现金→大宗商品→债券→股票。在滞胀中，GDP 增长率低于经济增长，但是 CPI 持续上升（通常部分来自于石油价格冲击等）。生产力下降，工资、价格螺旋式上升，公司提高价格以保护其利润边际。只有急速上升的失业率可以打破这种恶性循环。CPI 太高，央行也不愿意放松货币政策，债券表现较差。由于企业利润糟糕，股票表现也很差。

根据美林时钟所对应的衰退、复苏、过热、滞胀四个经济周期，投资者可以合理配置债券、股票、大宗商品和现金，会取得较好的收益。

1.4 金融机构概述

金融机构是指专门从事各种金融活动，为资金进行通融服务的经济实体。按金融机构的地位划分，可分为金融监管机构和非金融监管机构。

金融监管机构是代表国家行使金融监督和管理权力的机构。非金融监管机构是必须接受金融监督和管理的金融机构，主要包括商业银行、证券公司、保险公司等。

1.4.1 金融监管机构

金融监管机构是根据法律规定对本国的金融体系进行监督管理的机构。其职责包括按照规定监督管理金融市场、发布有关金融监督管理和业务的命令和规章，监督管理金融机构的合法合规运作等。我国的金融监管机构包括"一行两会"，即中国人民银行、中国证券监督管理委员会和中国银行保险监督管理委员会。

(1) 中国人民银行。中国人民银行（The People's Bank Of China，PBOC），简称央行，是中华人民共和国的中央银行。中央银行是一国金融机构的核心，处于金融机构体系的中心环节。中央银行代表国家对金融机构实行监管，管理金融市场，维护金融体系的安全运行，制定一国的货币政策，实施金融宏观调控，并代表政府与国外金融机构打交道。中国人民银行根据《中华人民共和国中国人民银行法》的规定，在国务院的领导下依法独立执行货币政策，履行职责，开展业务，不受地方政府、社会团体和个人的干涉。

(2) 中国证券监督管理委员会。中国证券监督管理委员会（China Securities Regulatory Commission，CSRC），简称中国证监会，是国务院直属事业单位，它依照我国法律法规和国务院授权，统一监督管理全国证券期货市场，维护证券期货市场秩序，保障其合法运行。

（3）中国银行保险监督管理委员会。中国银行保险监督管理委员会（China Banking and Insurance Regulatory Commission，CBIRC），简称中国银保监会，是国务院直属事业单位，其主要职责是依照法律法规统一监督管理银行业和保险业，维护银行业和保险业合法、稳健运行，防范和化解金融风险，保护金融消费者合法权益，维护金融稳定。

1.4.2　非金融监管机构

1. 商业银行

根据《中华人民共和国商业银行法》的规定，商业银行（Commercial Bank）是依照《中华人民共和国商业银行法》和《公司法》设立的，吸收公共存款、发放贷款、办理清结算等业务的企业法人单位。商业银行作为企业性质的法人，和普通的企业一样，都应当具有独立于投资人的资产，都是自主经营、独立核算、依法设立的以营利为目标的经济组织。追求利润最大化是商业银行产生和发展的基本前提，也是商业银行赖以生存的内在动力。和普通企业一样，商业银行也需要缴纳税费。按照合同的要求行使相应的权利和履行相应的义务。当其不能偿还到期债务或者资不抵债时，同样适用于《中华人民共和国企业破产法》的相关规定。

我国的商业银行可分为国有大型股份制商业银行、全国性股份制商业银行、城市商业银行等。其中，国有大型股份制商业银行有 6 家，分别是中国工商银行、中国农业银行、中国银行、中国建设银行、交通银行、中国邮政储蓄银行。全国性股份制商业银行有 12 家，分别是招商银行、上海浦发银行、中信银行、中国光大银行、华夏银行、中国民生银行、广发银行、兴业银行、平安银行、浙商银行、恒丰银行、渤海银行。城市商业银行有北京银行、天津银行、河北银行、晋商银行、徽商银行等。

2. 政策性银行

政策性银行（Policy Bank），主要是指由政府创立，以贯彻政府的经济政策为目标，在特定领域开展金融业务的，不以盈利为目的的专业性金融机构。

在经济发展过程中，常常存在商业银行从盈利角度考虑而不愿意融资的项目，以及商业银行的资金实力难以达到的项目。这些项目通常包括对国民经济发展、社会稳定具有重要意义，投资规模大、周期长、经济效益见效慢、资金回收时间长的项目，如农业开发项目、重要基础设施建设项目等。为了扶持这些项目，政府往往实行各种鼓励措施。各国通常采用的办法是设立政策性银行，专门对这些项目融资。这样做，不仅是从财务角度考虑，而且有利于集中资金，支持重大项目的建设。

我国的政策性银行有 3 家，分别是国家开发银行、中国进出口银行和中国农业发展银行。

延伸阅读

投资银行(Investment Banks)是与商业银行相对应的一类金融机构,是从事证券发行、承销、交易、企业重组、兼并与收购、投资分析、风险投资、项目融资等业务的非银行金融机构。投资银行与商业银行尽管在名称上都有"银行"字样,但实质上投资银行与商业银行之间存在着显著差异:从服务功能上看,商业银行服务于间接融资,而投资银行服务于直接融资;从业务内容上看,商业银行的业务重心是吸收存款和发放贷款,而投资银行既不吸收各种存款,也不向企业发放贷款,业务重心是证券承销、公司并购与资产重组;从收益来源上看,商业银行的收益主要来源于存贷利差,而投资银行的收益主要来源于证券承销、公司并购与资产重组业务中的手续费或佣金。我国的投资银行有中金公司,美国的投资银行有高盛、摩根士丹利等。

世界银行(World Bank)是国际复兴开发银行(International Bank for Reconstruction and Development,IBRD)的简称,成立于 1945 年 12 月。世界银行主要负责经济的复兴和发展,向各成员国提供发展经济的中长期贷款。

3. 保险公司

保险公司(Insurance Company)是专门经营保险业务的非银行金融机构,是以集合多数单位或个人的风险为前提,根据风险损失概率计算分摊金额,并以保险费的形式聚集起来,建立保险基金,在风险发生时,对投保人或被保险人予以经济补偿或给付的金融中介机构。保险公司主要依靠投保人缴纳保险费和发行人寿保险单等方式筹集资金。保险公司筹集的资金,除保留一部分以应付赔偿所需外,其余部分主要投向收益比较稳定的政府债券、企业债券和股票以及发放不动产抵押贷款、保单贷款等,是金融体系长期资本的重要来源。

依据《中华人民共和国保险法》的规定,把商业保险划分为财产保险和人身保险两大类。财产保险业务包括财产损失保险、责任保险、信用保险等。人身保险业务包括人寿保险、健康保险、意外伤害保险等。保险公司分为财产保险公司和人寿保险公司,按照《中华人民共和国保险法》的规定,两者必须分开经营,同一保险从业人员不得同时兼营财产保险业务和人身保险业务。但是,经营财产保险业务的保险公司经保险监督管理机构核定,可以经营短期健康保险业务和意外伤害保险业务。

我国的财产保险公司有人保股份、平安财险、太保财险、国寿财产、太平保险等;我国的人寿保险公司有中国人寿、平安人寿、中国人保、太平洋人寿、华夏人寿等。

4. 信托公司

信托公司(Trust Company)是指依照《中华人民共和国公司法》和《信托公司管理办法》规定设立的,主要经营信托业务的金融机构。信托公司接受客户的委托(动产或不动产、有形或无形资产),按约定的条件和目的进行管理、运用和处置,所得收益归受益人(受益人可以是委托人,也可以是第三方),信托公司收取手续费或佣金。

目前,国际上信托公司的投资业务大体上分为两类:一是以其他公司的股票、债券为经营对象,通过证券买卖、股利和债息来获取收益;二是以投资者身份直接参与对企业的投资。

我国信托公司有华宝信托投资公司、英大国际信托有限责任公司、中信信托有限责任公司、中融国际信托有限公司等。

5. 证券公司

证券公司(Securities Company)是指依照《公司法》的规定,经国务院证券监督管理机构审查批准,从事证券经营业务的有限责任公司或者股份有限公司。

证券公司可分为证券经纪商、证券自营商和证券承销商。证券经纪商,即证券经纪公司,是代理买卖证券的证券机构,接受投资人委托、代为买卖证券,并收取一定手续费即佣金。证券自营商,即综合型证券公司,除了证券经纪公司的权限外,还可以自行买卖证券的证券机构。证券承销商,即以包销或代销形式帮助发行人发售证券的机构。实际上,许多证券公司是兼营这三种业务的。

我国证券公司有国泰君安证券股份有限公司、中国银河证券有限责任公司、海通证券有限公司、申银万国证券股份有限公司、南方证券有限公司、广发证券有限责任公司、华夏证券有限公司、中信证券有限责任公司等。

6. 基金管理公司

基金管理公司是依据有关法律法规设立的,对基金的募集、基金份额的申购和赎回、基金财产的投资、收益分配等基金运作活动进行管理的公司。证券投资基金的依法募集由基金管理人承担。基金管理人由依法设立的基金管理公司担任。担任基金管理人应当经国务院证券监督管理机构核准。

我国的基金管理公司有天弘基金管理有限公司、易方达基金管理有限公司、南方基金管理股份有限公司、汇添富基金管理股份有限公司、博时基金管理有限公司、华夏基金管理有限公司、广发基金管理有限公司、嘉实基金管理有限公司、工银瑞信基金管理有限公司、鹏华基金管理有限公司等。

7. 基金评价机构

基金评价机构是向投资者以及社会公众提供基金相关资料与数据的服务机构,其研究部门出具的基金排行榜和业绩评级是其主要产品。基金评价是指由基金评价机构收集有关信息,通过科学定性定量分析,依据一定的标准,对投资者投资于某一种基金后所需要承担的风险,以及能够获得的回报进行预期,并根据收益和风险的预期对基金进行排序。2010 年,根据《证券投资基金评价业务管理暂行办法》和《中国证券业协会证券投资基金评价业务自律管理规则(试行)》,经中国证券业协会基金评价业务专家评估工作组评估,并向中国证监会备案,公布了第一批具备协会会员资格基金评价机构名单。其中,证券投资咨询机构及独立基金评价机构有三家,分别是北京济安金信科技有限公司、晨星资讯(深圳)有限公司和天相投资顾问有限公司。

8. 典当行

典当行(Pawnshop)是专门发放质押贷款的,具有借贷融资性质的非银行金融机构。它是以货币借贷为主、以商品销售为辅的市场中介组织。典当行可开展的业务有:房产典当融资、汽车典当融资、股票典当融资、民品(珠宝、玉石、黄金、钻石、首饰、手表、奢侈品等)典当融资、艺术品(古玩、字画、油画等)典当融资和其他财产权利的典当融资。以物换钱是典当的本质特征和运作模式。当户把自己具有一定价值的财产交付典当机构作为债权担保,从而换取一定数额的资金使用。典当公司通常有两条盈利模式:一是当期届满当户赎当时,收取当金利息和其他费用盈利;二是当户死当时,处分当物用于弥补损失并盈利。

9. 金融资产管理公司

根据《金融资产管理公司条例》,金融资产管理公司(Asset Management Corporation, AMC)是指"国务院决定设立的收购国有银行不良贷款,管理和处置因收购国有银行不良贷款形成资产的国有独资非银行金融机构"。金融资产管理公司以最大限度保全资产、减少损失为主要经营目标,依法独立承担民事责任。

我国有 4 家资产管理公司,即中国华融资产管理公司、中国长城资产管理公司、中国东方资产管理公司、中国信达资产管理公司,分别接收从中国工商银行、中国银行、中国农业银行、中国建设银行剥离出来的不良资产。

本章练习题

一、选择题

1. 金融信息是指反映金融活动状态及其变化的实质内容的信息,包括与金融活动和金融市场相关的(　　)。

  A. 信号   B. 指令   C. 数据   D. 以上都是

2. 以下选项中不属于金融信息的基本特征的是(　　)。

  A. 依附性   B. 可传递性   C. 真实性   D. 可控性

3. 以下关于信息和金融信息相关概念描述不准确的选项为(　　)。

  A. 信息是事物运动的状态与方式,是物质的一种属性

  B. 金融信息是与依附于金融及其相关经济活动的数据、事实、资讯等类似概念的
   总称,也是金融信息服务业向用户和社会提供的信息产品、服务和工具等的
   总称

  C. 信息学是研究信息的产生、获取、传输、处理、分类、识别、存储及利用的学科

  D. 金融信息泛指金融信息服务业务中涉及的信息

4. 下列关于金融信息发展现状描述错误的是(　　)。

  A. 网络金融信息服务需求增加,金融信息行业企业规模普遍偏小

  B. 企业信息和技术积累不足,可持续发展动力有待增强

  C. 金融信息质量良莠不齐,市场秩序有待健全规范

  D. 互联网金融信息服务标准制定滞后是主要发展瓶颈

5. 根据信息学、情报学定义,下列不属于信息链条组成的选项是(　　)。

  A. 数据   B. 情报   C. 知识   D. 档案

6. 以下哪个银行不属于政策性银行?(　　)

  A. 招商银行   B. 国家开发银行

  C. 中国进出口银行   D. 中国农业发展银行

7. 金融信息服务机构的监管主体是(　　)。

  A. 中国保险行业协会   B. 国家网络和信息化办公室

  C. 中国证券业协会   D. 中国银行业协会

8. 证券市场主要包含的 3 个要素中不包括(　　)。

  A. 证券市场参与者   B. 证券市场交易工具

  C. 证券市场交易场所   D. 证券市场执法监督

9. 以下可以反映通货膨胀水平的经济指标是(　　)。

    A. PMI　　　　　　B. CPI　　　　　　C. GDP　　　　　　D. 基尼系数

10. 以下不属于金融监管机构的是(　　)。

    A. 中国人民银行

    B. 中国证券监督管理委员会

    C. 中国银行保险监督管理委员会

    D. 中国基金业协会

二、思考题

1. 金融信息的基本概念是什么？

2. 金融信息的主要特征有哪些？

3. 金融市场是如何进行细分的？

4. 货币市场与资本市场的主要区别在哪里？

5. 我国主要有哪些金融监管机构？

练习题参考答案

1. D　2. D　3. D　4. D　5. D　6. A　7. B　8. D　9. B　10. D

第 2 章

金融信息安全

CHAPTER 2

【学习目标】

通过本章的学习了解什么是金融信息安全,掌握金融信息安全的特点,通过其发展历程,梳理当前金融信息监管机制和相关法律法规,以及在当前多行业的金融应用场景下,可能存在的金融信息安全风险和为规避这些风险而构建的金融信息安全防护体系。为提高金融机构的金融安全防护等级,本章介绍了针对金融从业者、科技人才、企业管理人员在金融信息安全方面需要注意的问题。

【本章知识点】

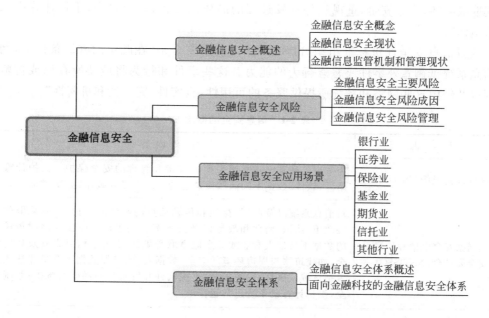

2.1 金融信息安全概述

2.1.1 金融信息安全概念

信息科技作为金融发展的基础支柱,金融信息化覆盖了金融行业的各个细分领域。金融信息化在为金融行业和社会发展带来巨大变革同时,金融信息安全问题也日益突出。因此,金融信息安全已逐步成为信息安全在金融行业中应用与研究的新课题。

信息安全应用广泛,因此有较为成熟的定义(见表 2-1)。国际标准化组织(ISO)的信息安全定义是"为数据处理系统建立而采取的技术和管理的安全保护,保护计算机硬件、软件、数据不因偶然或恶意的原因而受到破坏、更改、泄露"。

美国国家安全电信和信息系统安全委员会(NSTISSC)认为信息安全是"对信息系统以及使用、存储和传输信息的硬件的保护,是所采取的相关政策、认识、培训和教育以及技术等必要手段,确保存储或传送中的数据不被他人有意或无意地窃取与破坏,包括:信息设施及环境安全,如建筑物与周边环境的安全;数据安全,确保数据不会被非法入侵者被读取或破坏;程序安全,重视软件开发过程的品质及维护;系统安全,维护计算机系统正常运作"。

欧盟信息安全评价标准组织(ITSEC)认为信息安全是"在既定的密级条件下,网络与信息系统抵御意外事件或恶意行为的能力。这些事件和行为将威胁所存储或传输的数据以及经由这些网络和系统所提供服务的可用性、真实性、完整性和机密性"。

表 2-1 信息安全的概念

来　源	定　义　内　容
国际标准化组织(ISO)	为数据处理系统建立而采取的技术和管理的安全保护。保护计算机硬件、软件、数据不因偶然或恶意的原因而受到破坏、更改、泄露
美国国家安全电信和信息系统安全委员会(NSTISSC)	对信息系统以及使用、存储和传输信息的硬件的保护,是所采取的相关政策、认识、培训和教育以及技术等必要手段。确保存储或传送中的数据不被他人有意或无意地窃取与破坏,包括:信息设施及环境安全,如建筑物与周边环境的安全;数据安全,确保数据不会被非法入侵者被读取或破坏;程序安全,重视软件开发过程的品质及维护;系统安全,维护计算机系统正常运作

续表

来　源		定 义 内 容
欧盟信息安全评价标准组织（ITSEC）		在既定的密级条件下，网络与信息系统抵御意外事件或恶意行为的能力。这些事件和行为将威胁所存储或传输的数据以及经由这些网络和系统所提供服务的可用性、真实性、完整性和机密性
信息安全资深专家	戴宗坤院士	确保以电磁信号为主要形式，在计算机网络系统中进行获取、处理、存储、传输和利用的信息内容，在各个物理位置、逻辑区域、存储和传输介质中，处于动态和静态过程中的机密性、完整性、可用性、可审查性和不可抵赖性，与人、网络、环境有关的技术和管理规程的有机集合
	沈昌祥院士	保护信息和信息系统不被未经授权的访问、使用、泄露、修改和破坏，为信息和信息系统提供保密性、完整性、可用性、可控性和不可否认性

　　我国国家标准对信息安全的定义是："信息安全（Information Security）是对信息的保密性、完整性和可用性的保持，包括诸如真实性、可核查性、抗抵赖和可靠性等其他特性。"

　　本书从国家网络信息化办公室颁布的《金融信息服务管理规定》和 GB/T 36618—2018《信息安全技术 金融信息服务安全规范》国家标准相关定义出发，认为：金融信息安全是国家信息安全的组成部分，信息资源、信息系统和信息网络等存在的安全问题不仅影响金融信息服务活动，而且影响国家金融安全。金融信息安全研究的领域和范畴与一般信息安全有较多相似性，金融信息安全涵盖了数据安全、系统安全和网络安全等内容，同时覆盖传统金融行业、互联网金融行业、消费金融行业、金融信息服务业等。

　　金融信息安全的研究特点从金融细分行业应用来看，更加注重涉及准确性、完整性、可用性、时效性、可信性、合规性、抗抵赖性、保密性以及可控性等方面的技术和理论。其中，准确性指的是金融信息和数据与真实情况的接近程度，金融及金融信息相关机构应保证提供金融信息真实、准确，信息的表述不会引起歧义，能够反映信息的真实状态，不得有虚假记载或误导性陈述。完整性指的是金融信息在存储和传输的过程中，不被非法修改、破坏、插入、延迟、乱序和丢失。可用性指的是金融信息授权实体在需要时可有效访问和利用。时效性指的是金融信息仅在一定时间段内对决策具有价值。可信性指的是金融信息必须提供确实可信的服务。合规性指的是金融信息必须符合并遵守法律、政策、规章、程序及合同。抗抵赖性指的是一个活动或事件已经发生，且不可否认的能力。保密性指的是金融信息对未授权的个人、实体或过程不可用或不可泄露。可控性指的是对金融信息的传播及内容具有控制能力。

2.1.2　金融信息安全现状

金融信息安全是当下金融行业追求可持续发展最为核心的问题,也是金融行业维持稳定发展的前提与保障。在金融信息安全方面,我国相关研究以及金融机构的安全防范均处于相对较脆弱的状态,历数其发展脉络,金融信息安全的发展共经历了三个重要阶段。

(1)金融信息化和金融行业信息系统的建设阶段。金融信息化是指在金融领域全面发展和应用现代信息技术,以创新智能技术工具更新改造和装备金融业,使金融活动的范围和重心从物理空间向信息空间转变的过程。这个阶段在初期主要以银行业为代表,参考传统会计业务活动进行流程再造,运用计算机和网络等相关技术构建银行内部的处理系统。随着金融行业各细分领域业务的关联日益增多,金融业横向的信息系统建设也成为实现跨行业提高经营效率的一项重要举措。例如,中国人民银行的现代化支付清算体系(大小额支付系统、网上支付跨行清算系统和人民币跨境支付系统)等,就是在金融信息化大背景下而建立的。与此同时,这些金融机构推出面向社会公众的各类智能化、自动化服务,建立全方位的客户服务网络系统,不断完善金融信息化设施,在降低交易成本的同时,加快了金融交易速度,也为用户提供了多种新型金融服务。

(2)金融信息安全相关法律法规的完善阶段。当前我国的金融改革和发展正加速推进,防范金融风险的任务更加重要和艰巨。长远来看,要在完善金融信息法制建设方面下大力气,要强化金融执法的严肃性和处罚力度。其中,中华人民共和国国家互联网信息办公室发布的《金融信息服务管理规定》等一系列规范就是围绕金融信息安全的一项重大举措。与此同时,诸多相关配套的金融信息标准化体系的建立也在逐步健全之中。2012年,中国人民银行发布了《金融行业信息系统信息安全等级保护实施指引》等三项行业标准,把等级保护的实施指引、测评指南、安全指引三项规范,通过金融行业标准0071~0073这三个标准规范文件落地,明确了金融行业信息安全等级保护制度。标准化的设立,不仅可以灵活地满足银行、证券、保险等行业的应用需求,还可以减少系统冗余,节省各项资源,降低系统的复杂性和管理难度,简化操作并能在市场突变时快速应对,提高整体金融行业的抗风险能力。

(3)金融科技新变化带来的挑战阶段。现阶段,互联网金融深入演变以及新兴技术的创新发展,形成了金融科技。金融科技有六个主要技术:移动互联网、云计算、大数据、生物识别、人工智能、区块链。这六个技术的成熟度不一,虽然其中一些技术还处于早期的产业化阶段,但这些新兴技术标志着银行的信息化建设到了金融科技智能化的时代。新兴技术在带来便利的同时,也给金融行业的信息安全问题带来新的风险点,这也是未来金融信息安全研究和监管的重点。

随着金融业务的不断发展和金融机构职能的不断转换,越来越多的软件、应用程序在不断上线运行和迭代。金融从业人员作为金融信息安全发展各阶段中最积极最活跃的因素,他们在提高金融业务效率,推动金融机构进步等方面均起到了主导作用。面对越来越多的信息系统,金融机构相关人员在传统的培训机制下已经很难适应当前业务及安全需要。目前我国金融从业人员具有硕士以上学历占比依旧不高,远不能满足国内金融业的飞速发展的需要,且国内能够培养金融信息人才的专业院校更是凤毛麟角。《2018 年中国金融科技就业报告》显示:92％的金融科技企业目前正面临严重的金融科技专业人才短缺。阻碍发展的困境在于许多金融机构的科技人员是纯 IT 背景,由于没有经历过系统的金融学习,这些人员在金融机构中只能从事 IT 相关工作,不能够完全发挥其核心优势;与此对应的是,有部分金融人才精通业务、了解市场,却在信息技术方面缺乏系统性学习,在金融信息化进程的实践中无法达到工作要求。

金融信息安全培训生态构建见图 2-1。

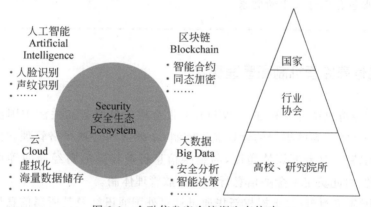

图 2-1　金融信息安全培训生态构建

因此,目前无论是金融科技还是金融信息工作人员,他们均应根据自己所处岗位、层级的不同而掌握以下方面的知识和技能:一方面是传统的经济学、金融学等金融行业相关的基础知识;另一方面是信息化方面的知识和相关技术技能,特别是信息安全技术相关的内容等。只有大量培养金融信息安全的专业人才,才会提高企业端乃至国家层面相应的管理和技术水平,进而为国家金融科技和信息安全建设做出贡献。

📖 延伸阅读

金融信息安全相关人才的培训体系可以分为技能专项培训和职业能力培训两个部分。技能专项培训旨在帮助已经工作的金融机构内的员工,根据其所在岗位、所属行业的不同,组织参与企业的专项培训,培训内容围绕细分行业及企业的金融信息安全相关展开。对初入职的员工进行金融信息安全导论(初级)部分的培训,帮助其了解可能会面临的浅层的技术问题,培养良好安全操作习惯,助力其后续职业发展;对于已经在金融机构中层的管理员工则进行金融信息安全技术(中级)部分的培训,帮助其了解掌握更多核心安全技术以应对各类安全、合规等层出不穷的安全问题;对于企业高管则可以涉及金融信息安全管理(高级)部分的培训计划,旨在系统地梳理并学习如何管理金融机构中的 IT 部分等。与此同时,职业能力培训的基础框架高度相似,其本质的不同在于更加注重职业能力、岗位胜任部分的要求,即面向全社会设立金融信息安全职业能力培训认证体系,参与人员通过自我学习或其他方式进行课程学习并考试,通过考试后可获得相应资质,作为其在企业中的能力胜任凭证,进而为金融行业源源不断地输送复合型金融信息安全人才,满足金融机构业务发展对人才的需求。

2.1.3　金融信息监管机制和管理现状

随着我国经济改革开放和加入 WTO,大量金融信息服务商关注中国金融市场。然而我国社会经济实行高度集中的计划经济体制,金融活动受到严格管理和控制。由于金融信息行业的特点,从新闻媒体角度,与金融信息行业相关的财经新闻等均由新闻出版管理部门管理,由此奠定了金融信息行业的分散管理体制。

1995 年国务院颁布《关于授权新华通讯社对外国通讯社及其所属信息机构在中国境内发布经济信息实行归口管理的通知》。然而在 2008 年,由于美国和欧盟对该机制提出质疑并与中国进行磋商,2009 年国务院新闻办公室,商务部和工商总局等又发布《外国机构在中国境内提供金融信息服务管理规定》,由国务院新闻办公室对境外金融信息服务商的资格和信息内容进行审查。后期由于国务院新闻办的职责范围,改由金融服务监管局承担此项工作。

2011 年,国家互联网信息办公室成立,职责包含落实互联网信息传播方针政策和推动互联网信息传播法制建设,指导、协调、督促有关部门加强互联网信息内容管理,负责网络新闻业务及其他相关业务的审批和日常监管,指导有关部门督促电信运营企业、接入服务企业、域名注册管理和服务机构等做好域名注册、互联网地址(IP 地址)分配、网站登记备案、接入等互联网基础管理工作等。

由于机构职能的转变,原金融服务监管局变更为国家互联网信息办公室信息服务管理局,承担金融信息服务商和金融信息服务的审查、监督管理工作。证监会、银保监会等金融监管部门监督管理各金融领域与金融信息服务。

金融信息服务监管机制见图 2-2。

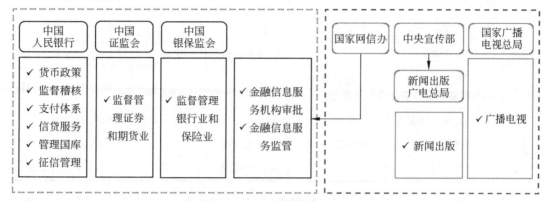

图 2-2　金融信息服务监管机制

1. 金融信息相关法规

自 1983 年起,我国陆续出台了一系列法律法规,严格管控在中国境内从事金融信息服务的金融信息服务商和相关金融信息服务活动,如表 2-2 所示。

表 2-2　相关法律法规

序号	法 规 名 称	颁 布 单 位	实 施 时 间
1	《关于授权新华通讯社对外国通讯社及其所属信息机构在中国境内发布经济信息实行归口管理的通知》	国务院	1995 年 12 月 31 日
2	《互联网信息服务管理办法》	国务院	2000 年 9 月 25 日
3	《国务院对需要保留的行政审批项目设定行政许可的决定》	国务院	2004 年 7 月 1 日
4	《外国通讯社在中国境内发布新闻信息管理办法》	新华通讯社	2006 年 9 月 10 日
5	《互联网新闻信息服务管理规定》	国务院新闻办公室、信息产业部	2005 年 9 月 25 日
6	《外商投资产业指导目录》	商务部、国家发展改革委员会	2007 年 10 月 31 日
7	《外国机构在中国境内提供金融信息服务管理规定》	国务院新闻办、商务部、国家工商行政管理总局	2009 年 6 月 1 日

续表

序号	法 规 名 称	颁 布 单 位	实 施 时 间
8	《关于外国企业常驻代表机构的登记管理办法》	国务院、国家工商行政管理总局	2011 年 3 月 1 日
9	《证券期货业信息安全保障管理办法》	证监会	2012 年 11 月 1 日
10	《征信业管理条例》	中国人民银行征信中心	2013 年 3 月 15 日
11	《关于加强证券期货经营机构客户交易终端信息等客户信息管理的规定》	证监会	2013 年 7 月 18 日
12	《中华人民共和国网络安全法》	全国人民代表大会常务委员会	2017 年 6 月 1 日
13	《互联网新闻信息服务管理规定》	国家互联网信息办公室	2017 年 6 月 1 日
14	《金融信息服务管理规定》	国家互联网信息办公室	2019 年 2 月 1 日

除此之外,中国加入 WTO 以后,同样受《服务贸易总协定》的约束。中国在"入世承诺"中很大一部分是有关开放国内服务业市场的投资承诺,存在于流通领域、特许经营、通信和互联网、银行、保险、证券、资产管理和专业服务等 17 个具体领域。在《服务贸易总协定》中,除正文外,还有 8 个附录文件,其中有 2 个附录文件是关于金融服务的内容。

2. 信息安全相关标准

信息安全标准是指导有关信息安全产品和系统在规划、设计、实施、运行等阶段中具有一致性、可控性、先进性和复合型的规则和依据。信息安全标准为信息系统安全体系的构建、安全产品的开发、安全措施的制定等提供科学依据。从国家层面上讲,信息安全标准关系到国家的安全与经济利益,安全标准往往成为保护国家利益,促进产业发展的重要手段。

金融信息安全相关标准作为信息安全标准体系下的一项重要分支,其标准化体系的构建是带动我国金融 IT 技术与应用发展的关键,是我国金融信息应用成熟发展的主要措施之一。信息安全标准从 20 世纪 80 年代以来,由全国信息技术标准化技术委员会下属的信息安全分析技术委员会负责研究和制定,现已正式发布相关国家标准百余项。另外,工业与信息化部、公安部、安全部、国家保密局等也相继制定并颁布了一批网络与信息安全的行业标准和技术规范,为推动网络与信息安全技术在各行业的应用和普及发挥积极作用。

我国信息安全相关标准体系正在日趋完备,但细分金融信息安全相关标准仍待进一步完善。我们应自主独立地制定金融信息化应用平台标准和信息安全标准体系,逐步建立金融行业系统的互操作性、安全性和一致性的评估标准。要建立和应用信息安全标准体系,就要加快建立、完善信息安全测评认证标准、兼容性测评标准、信息安全产品技术要求、信息系统安全技术要求等标准,逐步完成金融信息安全测评标准体系、金融信息安全产品研发体系、金融信息安全职业培训体系以及金融信息服务的标准体系等方面的建设工作。

在我国相关监管部门逐步完善法规体系过程中,相应金融信息安全国家标准也同样在金融信息安全法规体系构建中起到积极作用。其中,于 2019 年 4 月 1 日起正式实施的 GB/T 36618—2018《信息安全技术 金融信息服务安全规范》较具代表性地作出了一系列规定。该标准从金融信息服务安全的角度,规定了金融信息服务提供商的基本原则、技术要求、服务过程要求和管理要求;规范金融信息服务提供过程,对信息采集、信息加工和处理、信息提供、设备设施运行与维护等环节控制风险提出基本要求,旨在提高金融信息质量、维护市场健康发展、保障用户权益。

3. 等级保护制度

在我国众多的信息安全管理标准中,由公安部主持制定、国家技术监督局发布的 GB 17859—1999《计算机信息系统安全保护等级划分准则》(以下简称"等保 1.0")被认定是我国信息安全标准的奠基石。该准则是计算机信息系统安全法规和配套标准制定与执法部分监督检查的依据,也是建立中国信息安全等级保护制度、实施信息安全登记管理的重要基础性标准。该标准的每个安全级别及具体要求如图 2-3、表 2-3 所示。

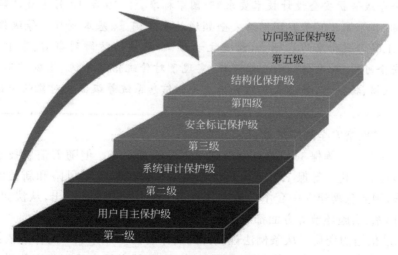

图 2-3　等级保护级别

表 2-3 "等保 1.0"中保护等级的划分要求

级 别	名 称	具 体 要 求
第一级	用户自主保护级	本级的计算机信息系统可信,计算机通过隔离用户和数据,使用户具备自主安全保护的能力
第二级	系统审计保护级	与用户自主保护级相比,本级的计算机信息系统可信,计算机实施了粒度更细的自主访问控制,它通过登录规程、审计安全性相关事件和隔离资源,使用户对自己的行为负责
第三级	安全标记保护级	本级的计算机信息系统可信,计算机具有系统审计保护级所有功能
第四级	结构化保护级	本级的计算机信息系统可信,计算机建立于一个明确定义的形式化安全策略模型之上,它将第三级系统中的自主和强制访问控制扩展到所有主体和客体。此外还考虑隐蔽通道。本级的计算机信息系统可信,计算机必须结构化为关键保护元素和非关键保护元素
第五级	访问验证保护级	本级的计算机信息系统可信,计算机满足访问监视器需求,访问监视器仲裁主体对客体的全部访问

延伸阅读

2019 年 5 月 13 日,国家市场监督管理总局、国家标准化管理委员会召开新闻发布会,正式发布等级保护 2.0(以下简称"等保 2.0")相关的《信息安全技术网络安全等级保护基本要求》《信息安全技术网络安全等级保护测评要求》《信息安全技术网络安全等级保护安全设计技术要求》等国家标准。2019 年 12 月 1 日,"等保 2.0"正式实施。"等保 2.0"是我国网络安全领域的基本国策、基本制度。等级保护标准在"等保 1.0"时代标准的基础上,注重主动防御,从被动防御到事前、事中、事后全流程的安全可信、动态感知和全面审计,实现了对传统信息系统、基础信息网络、云计算、大数据、物联网、移动互联网和工业控制信息系统等级保护对象的全覆盖。

"等保 2.0"网络安全战略规划目标见图 2-4。

"等保 2.0"维持"等保 1.0"的五个级别和主要职责不变。但随着信息技术的发展和网络安全形势的变化,"等保 1.0"要求已无法有效应对新的安全风险和新技术应用所带来的新要求,因此急需建立一套主动防御体系。"等保 2.0"适时而出,从法律法规、标准要求、安全体系、实施环节等方面都有了变化。

(1)标准依据的变化。从条例法规提升到法律层面,"等保 1.0"的标准依据是国务院 147 号令,而"等保 2.0"标准的依据是《网络安全法》。其中最为重要的变化是明确了:不开展等级保护等于违法。

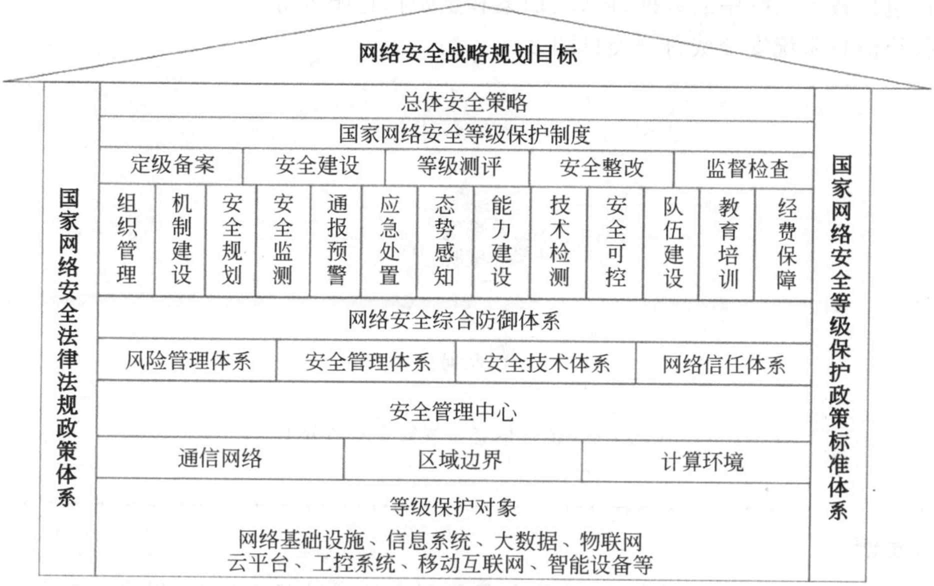

网络安全战略规划目标

总体安全策略

国家网络安全等级保护制度

| 定级备案 | 安全建设 | 等级测评 | 安全整改 | 监督检查 |

| 组织管理 | 机制建设 | 安全规划 | 安全监测 | 通报预警 | 应急处置 | 态势感知 | 能力建设 | 技术检测 | 安全可控 | 队伍建设 | 教育培训 | 经费保障 |

网络安全综合防御体系

| 风险管理体系 | 安全管理体系 | 安全技术体系 | 网络信任体系 |

安全管理中心

| 通信网络 | 区域边界 | 计算环境 |

等级保护对象

网络基础设施、信息系统、大数据、物联网
云平台、工控系统、移动互联网、智能设备等

（左侧竖排）国家网络安全法律法规政策体系

（右侧竖排）国家网络安全等级保护政策标准体系

图 2-4　"等保 2.0"网络安全战略规划目标

（2）标准要求变化。"等保 2.0"在"等保 1.0"基本上进行了优化，同时对云计算、物联网、移动互联网、工业控制、大数据新技术提出了新的安全要求。

（3）安全体系变化。"等保 2.0"相关标准依然采用"一个中心、三重防护"的理念，即形成了"一个安全管理中心"的统一管理下包含"安全计算环境、安全区域边界、安全通信网络"的层层防护的综合保障技术体系，从"等保 1.0"被动防御的安全体系向事前防御、事中响应、事后审计的动态保障体系转变。

（4）等级规定动作。在保护定级、备案、建设整改、等级测评、监督检查的实施过程中，对"等保 2.0"进行了优化和调整。

2.2　金融信息安全风险

2.2.1　金融信息安全主要风险

金融信息安全风险是指金融信息活动存在的漏洞被利用，使金融系统受到威胁的可能，这些威胁如果被实施，就会引起一些事故，对系统的信息资产造成不良影响。信息资产包括有形资产和无形资产：有形资产包括系统内的人、场地、设备、终端硬件装置等；无形资产包括各类系统中的数据、声誉、档案和金融信息服务等。

传统信息系统安全威胁分类见图2-5。

图 2-5　传统信息系统安全威胁分类

案例

2011 年 1 月 28 日星期五,正是春节前刷卡的高峰日。然而,国内某银行的不少持卡用户却发现手中的卡无法使用,不仅借记卡无法用,信用卡也无法刷卡,该银行对此事却秘而不宣。原来,该银行在北京某机房的一台光传输设备板卡出现故障,造成线路运行不稳定,导致该银行部分银联卡和信用卡业务一度中断。更令人不可思议的是,该银行用了近一周的时间才更换了该设备板卡,在这期间,所有业务均在无备用线路的情况下运行,潜在风险极大。

金融信息所面临的威胁与环境密切相关,不同的威胁造成破坏的程度是随环境的变化而变化。威胁形式可能是对信息系统产生直接或间接的攻击,对系统的保密性、完整性或可用性造成损害,也可能是偶发的或蓄意的事件。常见的金融信息安全威胁有以下几种。

(1)信息泄露与篡改。未经授权改变金融业务传输过程、存储的信息,造成非法后果,被篡改的信息完整性或可用性被破坏;或把合法获得的或非法窃取的信息泄露或透露给某个非授权实体。

(2)非授权访问。非授权访问又称非法访问,是指未经授权同意,擅自使用金融信息系统的网络或计算机资源。非授权访问往往会给金融机构造成经济损失和名誉损失。

(3)失密与窃密。用合法或非法的手段窃取系统中的信息资源或敏感信息,如用户的账号与密码、系统的核心密码或敏感的金融信息等。

(4)自身失误。金融信息系统的安全管理员或用户利用自身拥有的相应权限,对网络及系统造成的破坏。

（5）服务干扰与拒绝服务。以非法的手段入侵系统，在系统中恶意添加、修改、插入、删除或重复某些信息，不断对金融信息服务系统进行干扰，导致系统相应减慢甚至瘫痪，影响用户正常使用。

（6）软件漏洞与后门。利用所知的系统漏洞或"后门"，对信息或系统进行攻击、篡改、截取、破坏等操作，轻则修改数据，重则盗取数据进行违法活动，给用户和金融机构带来不可挽回的损失。

（7）内部破坏。因内部人员熟悉金融行业系统和其薄弱环节，利用已有知识比较容易地篡改系统数据、泄露信息和破坏系统的软硬件。

（8）重放。出于非法目的，将所获取的某些数据进行复制，并将其中的信息或者其中的一部分重复使用，以产生非法效果，这样的攻击手段即为重放。

（9）黑客攻击。黑客攻击是指黑客利用黑客技术非法侵入金融行业的网络系统，或绕过系统的物理控制，获得对系统的访问权限，对金融信息系统实施攻击、篡改、破坏或其他金融犯罪活动。

（10）信息欺骗。攻击者通过银行网络系统发出一些无效的交易报文，骗取交易中心做出有利于攻击者的响应，或者修改交易报文的内容、目的地，实施交易欺诈。

（11）假冒和伪造。假冒和伪造均为金融信息系统中常见攻击手段，如欺骗系统，冒充合法用户，肆意篡改信息实施欺诈等。

（12）危害性软件。危害性软件主要是通过计算机病毒、蠕虫程序、木马、"陷阱门"等手段，对系统产生破坏或非法操作的计算机程序。

2.2.2　金融信息安全风险成因

金融信息系统因服务对象的广泛性和服务业务功能的多样性导致安全防范存在复杂性。金融信息系统是具有技术密集、资金密集、服务分布广、使用设备繁杂等特点的开放式人机系统。随着金融业务电子化、信息化进程的加速，系统内部采集、存储、传输、处理的海量信息变得越来越巨大，而系统接触的对象不仅包括金融行业的操作人员、系统管理人员、业务人员、技术人员，还包括广大金融客户。

导致金融信息系统安全隐患的原因是多方面的、复杂的。金融信息安全风险有可能来自于系统、企业外部，也有可能来自于内部，可能是技术上的，也可能是人为的，或是管理上的。导致安全隐患的原因主要分为以下几类。

（1）系统漏洞。系统漏洞是导致金融信息系统存在风险的重要原因之一。系统漏洞通常是在用户端设置的漏洞，目的是能够在用户失去对系统的所有访问权限时厂家等仍能进入系统。但如果黑客利用系统漏洞对计算机实施攻击，将导致计算机的信息泄露和损失。

（2）协议的开放性。现阶段 TCP/IP 协议是应用最为广泛的网络协议。由于该协议本身的开放性特点，在设计过程中没有对具体的安全问题给予详细分析，导致现行的网络存在明显的安全缺陷，成为金融信息网络安全隐患中最核心的问题。常见的隐患有SYN-Flood 攻击、DDoS 攻击、IP 地址盗用等。

（3）人为因素。

① 人为的偶然失误：操作人员配置不合理导致的安全漏洞；用户信息安全意识淡薄或者用户口令设置不当形成的安全隐患等。对此，操作人员应认真执行安全策略，减少人为因素或操作不当而给信息系统带来不必要的风险或损失。

② 计算机犯罪。网络病毒可能突破网络的防御体系，感染网络服务器，严重地破坏服务器上的信息资源，甚至导致网络信息系统的全面瘫痪。

③ 黑客攻击。计算机软件往往存在缺陷和漏洞，网络黑客通常利用这些漏洞和缺陷展开针对网络计算机的攻击。

2013—2016 年间全球金融信息安全事件和事故见表 2-4。

表 2-4　2013—2016 年间全球金融信息安全事件和事故

年份	金融信息安全事件
2013	2013 年 6 月 23 日，中国工商银行上海数据中心主机运维失误，造成国内多地的网点柜面、ATM、网银业务出现故障，无法办理业务和提供资金服务，故障时间持续 1 小时，故障波及北京、上海、广州、武汉、哈尔滨等多个大中型城市，造成较大影响
2014	欧洲中央银行(ECB)遭到严重的网络攻击，网络黑客通过其外部网站的数据库，窃取了网站上 1.5 亿名注册者的电子邮件和用户的个人信息，包括电子邮件、家庭住址和电话号码在内的部分未加密数据被非法利用 美国第二大零售商家得宝(Home Depot)公司支付系统遭到网络攻击，近 5 600 万张银行卡的信息被盗，比 2013 年美国塔吉特(Target Group)发生的客户银行卡数据被盗事件更加严重
2015	美国证券服务商 Scottrade 发生了信息系统数据泄露事故，数百万用户的敏感数据受到影响，受影响的数据库中包含用户的社会安全号码和电子邮件地址 汇丰银行由于内部控制原因，大量秘密银行账户文件被非法盗取，涉及约 3 万个账户，总计 1 200 亿美元资产
2016	环球银行金融电信协会(SWIFT)信息系统发生多起网络入侵盗窃事件。2016 年 2 月，网络黑客入侵孟加拉国中央银行窃取 8 100 万美元；2016 年 6 月，黑客攻破乌克兰银行核心网络系统，盗取 1 000 万美元。几宗案件的作案手法十分雷同，均为黑客通过入侵银行账户系统，植入网络木马程序，盗取转账凭证，并篡改 SWIFT 文件，控制交易流程

2.2.3 金融信息安全风险管理

金融信息安全风险管理依据有关信息安全管理制度、标准和规范,同时按 GB/T 33132—2016 第5~7章对其面临的金融信息安全风险进行管理,包括但不限于以下五个要点。

(1)制订风险管理方案,明确风险管理的目标、范围、人员、评估方法、评估结果的形式等。

(2)通过风险识别,识别信息安全管理风险来源,并确定其影响区域、事件以及原因。

(3)通过风险分析,分析安全管理风险特性,确定其所带来的负面后果及这些后果发生的可能性。

(4)通过风险评价,依据风险分析的结果确定需要处理的风险和处理实施优先的决策。

(5)通过风险处理,确定风险的处理方案并实施。

延伸阅读

5·12汶川地震对银行业的影响

2008年5月12日14时28分,我国四川省汶川县发生里氏8.0级强地震,全国大部分地区有震感,其中四川省受灾情况最为严重,甘肃省、陕西省和重庆市也有严重的人员伤亡。据工业和信息化部的估算,此次地震造成的直接经济损失达670亿元人民币。汶川地震给灾区的许多行业都造成了严重损失,银行业也不例外。在各大银行中,农业银行的损失最为惨重。据统计,农业银行在四川省共有776家分行,在灾情严重的阿坝和绵阳地区两地有108家网点。而对于大部分其他中等规模的银行,由于一般只在较大城市设有分行,所受的损失相对较轻。在此次地震中,大量银行面临诸如经营成本提高的问题。由于各银行在灾区大部分网点均有员工伤亡,加之大部分网点还有相当的场地、设备方面的资产损失,因此各银行在这些地区的员工成本和管理费用都有所提高。与此同时,还有收入下降、不良贷款增加等问题。尽管并非所有这些问题都会直接造成破坏,但地震给其中大量银行相关业务、经营等带来巨大损失。

2.3　金融信息安全应用场景

　　随着云计算、大数据、5G 等技术的发展以及智能移动设备的普及,金融行业的业务环境愈加复杂,例如各大金融行业纷纷推出 Web 应用、手机 APP、小程序等满足不同用户的需求,金融信息安全的不同应用场景存在着种种风险。与此同时,网络攻击者的攻击频率却越来越高,攻击手段也越来越丰富。面对 0-Day 漏洞(即零时差攻击)、定向威胁攻击、社会工程学攻击等新型攻击手段,金融机构的传统安全防御体系面临严峻的挑战。

2.3.1　银行业金融信息安全

> **案例**
>
> ### 信用评估机构遭黑客攻击泄露用户信息
>
> 　　2017 年 9 月,美国三大个人信用评估机构之一 Equifax 被曝出遭遇黑客攻击,约有 1.42 亿美国用户的个人重要信息面临泄露风险。2018 年 11 月,美国汇丰银行通知客户 10 月 4 日至 10 月 14 日期间发生了数据泄露,泄露信息包括用户的详细个人信息、账户信息和交易记录。
>
> 　　在当前环境下,银行业主要面临三大金融信息安全问题:一是各大银行普遍依赖国外的基础设施和软件系统,国外产品的技术封锁和封闭性使得银行核心业务的硬件软件的后门难以发现,可能导致银行敏感数据泄露,甚至发生过银行硬件维护人员利用 U 盘盗取数据的案件。二是由于银行所存储的个人信息数据更加完备且价值度高,导致银行业成为个人信息泄露的重灾区,成为各类攻击的首选目标。根据美国最大通信公司 Verizon 最新发布的《2019 年数据泄露调查报告》显示,DDoS 攻击和在银行应用程序中使用窃取凭证的现象仍旧普遍存在。其中,网络应用程序攻击、滥用特权和其他错误导致数据泄露占所有泄露现象的比例高达 72%,造成的数据泄露中 43% 为个人信息泄露,38% 为凭证信息泄露,38% 为内部信息泄露。三是银行业频出"内鬼事件",银行内部管理人员与外部不法人员通过互联网交叉勾结,利用各种渠道获取公民个人银行征信报告、银行账户明细、余额等信息后出售牟利,在行业内造成了较为恶劣的影响。

> **案例**
>
> 　　2018 年某银行支行的员工利用职务便利查询客户个人信息并泄露给外部人员,泄露各类信息共计 257 万条,该员工终身被禁止从事银行工作等。这些"内鬼事件"显示,以往仅仅防控外部威胁的做法已不足以保障银行业现有数据的安全需求,针对内部威胁的业务安全体系必须建立,内外部需要统一防控。

2.3.2　证券业金融信息安全

> **案例**
>
> ### 证券公司客户信息被"内鬼"泄露
>
> 　　2017 年广州某证券公司报案称,该公司多名客户投诉,刚开户不久就有人冒充该证券公司的人员打电话或发微信推荐股票,让客户跟单操作,怀疑客户个人信息泄露。广州网警支队经过侦查分析发现,假冒客服人员,分别来自于黄某团伙和墨某金融服务公司。与黄某团伙交易稳定的下家近 60 名,均为投资理财平台从业人员或投资理财公司法人代表,每月收到的上家数据约 30 万条,牟利金额不低于30 万元。而墨某金融服务公司的主要业务是利用获取的股民个人信息为客户做"数据引流",也就是利用获取的股民个人信息,将股民拉进 QQ 群、微信群,为各投资理财公司招揽客户,其内部技术部员工郑某某利用工作的便利,将公司大量投资用户信息贩卖。这些金融类公民信息数据在被多次买卖的过程中,还逐渐增加了个人身份信息、人员轨迹信息、手机定位信息等数据,社会危害十分严重。

　　证券行业已经全面进入互联网时代,一方面,随着移动互联网技术、人脸识别技术的发展和智能手机的普及,证券行业已经实现了远程开户、手机 APP 交易等;另一方面,随着人工智能的发展,智能投顾、证券大数据分析等也在迅猛发展。在发展的过程中,不可避免地会出现新的信息安全问题:一是证券行业的在线开户系统存在一定的安全隐患,由于提交申请的材料均是电子信息,非法人员很可能通过多媒体欺骗手段,如 PS 身份证、装备 3D 头套等伪装身份开户。二是在手机端交易时,还采用 6 位数字作为账号登录密码或交易密码,存在身份盗用的风险。此外,根据"中证信息"提供的 2018 年手机 APP监测数据显示,证券行业机构 APP 中最常见的五个高风险问题分别是:动态调试攻击风险、动态注入攻击风险、篡改和二次打包风险、HTTP 传输数据风险、Java 代码反编译风险。三是现阶段网络攻击呈现智能化、自动化的发展趋势。人工智能、大数据等新技术结合社会工程学驱动网络攻击向智能化发展,虚拟机、IP 地址变换、云服务等技术使通过机器实施的自动化攻击日益成为主流。

2.3.3 保险业金融信息安全

案例

80 万份保单泄密凸显金融信息安全漏洞

中国人寿保单数据经第三方泄露事件继续发酵,聚光灯直指综合金融服务下的网络信息安全。记录有投保人详细数据的保单信息"裸奔",令人心有余悸。保单数据信息泄露最早由凯迪社区某网友在注册汽车救援卡会员时被注意,随后深圳某软件公司陈先生发现通过成都众宜康健科技有限公司开办的"众宜风险管理"网站搜索信息栏,可以随意查找出包括险种、手机号、身份证号和密码等一应俱全的投保人信息。

保险作为三大金融产业的支柱性产业,做好其信息安全毋庸置疑。保险产业具有复杂的业务形态和密集的用户信息,信息系统和本身承载的价值极其容易成为黑客攻击的目标,因此需要考虑各种信息安全风险。一是数据安全风险,数据是保险行业的战略资产,大数据应用对保险业务深度和广度拓展具有重要的意义。在企业大数据应用过程中,涉及数据采集、数据整合、数据分析、数据发布等多个过程,数据可能遭受泄露、丢失、被篡改等多方面威胁,其中需重点考虑完整性风险和隐私泄露风险。现阶段保险行业尝试将区块链引入到该领域,意图保障信息的共享,同时私有链的存在将避免隐私的泄露,保护了信息安全。此外,区块链信息的分布式记账可以避免黑客入侵而破坏信息的完整性,从而也达到保护内外信息的安全问题。二是信息安全管理风险,保险业作为社会基础服务性行业,其系统安全稳定关系到国计民生,不仅应在基础设施方面寻求国内成熟且可替代的产品,同时在加密算法、安全协议等标准也应选择国内的自主产权方案。此外,保险机构不仅要保障自身信息的安全,更要确保投保人信息安全,这就需要设立专门的信息管理部门,由专业人员保管各类信息。

2.3.4　其他行业金融信息安全

1. 信托业

在金融信息安全发展过程中,整个信托行业仍面临着较大威胁及挑战,具体体现在以下几个方面:一是核心技术无法自主可控,依赖供应商会导致第三方外包风险上升。部分信托公司业务进行数字化转型及建立合作关系的第三方机构数量日益增多,各方信息系统关联逐步加深,但各机构科技标准和运营维护水平存在不匹配。容易因第三方机构系统故障、缺陷、数据泄露或业务风险影响信托公司内部的信息系统安全稳定运行。二是信息系统安全风险较大,漏洞较多。信托公司信息技术发展与信息安全防护能力发展不匹配的问题,导致在业务连续性管理、开发及生产运行安全存在隐患,如信托公司互联网应用开发、代码审核、安全测试等工作不规范,变更管理不足,投产方案不完善,重要运维操作风险评估不足,应急预案准备不充分等。三是数据保护能力薄弱,个人信息保护体系缺失。相对其他金融行业,信托公司多为高净值客户,对个人隐私保护要求更高,但行业各公司普遍未建立数据安全体系,没有从数据的产生、使用、存储、流转、销毁等环节进行梳理和管控,各环节均不完全满足国家最新发布的有关隐私保护相关的监管要求,对照 GB/T 35273—2020《个人信息安全规范》,存在客户信息泄露风险。

2. 金融信息服务业

金融信息服务行业在以金融信息服务机构、互联网金融、第三方支付平台为代表的机构组成之下,同金融信息安全的关联极为紧密且至关重要。无论是企业、个人在线支付过程中涉及大量资产的安全性问题,还是在互联网金融的信息交互中,其安全、稳定、可用性等安全原则依旧适用。以互联网金融为例,主要包括网络支付结算、网络借贷、股权众筹融资和网络证券等十余种业务。

鉴于互联网金融涉及业务较为复杂,涉及诸多网络新技术,其信息安全一般涉及以下几点:一是数据安全,即系统中所包含的各类用户和交易数据不会遭到泄露、删除、伪造或篡改等威胁,即需要保证平台数据的隐私性、完整性和真实性。目前大多数具有规模的 P2P 平台采取加密处理隐私信息、支持安全套接层协议(SSL)来解决数据安全传输问题,采用电子签名技术保障电子合同有效性,并通过配置员工权限、签署保密协议等管理方式确保用户信息的安全。二是系统安全,即提供平台服务的系统软硬件本身可以持续正常运行,拥有较好的稳定性以及可靠的入侵防御和灾难备份机制。大多数平台采用了三层防火墙隔离系统、异地机房数据库防灾备份机制、分布式架构处理庞大并发的交易量等措施,保障系统的日常运维和防灾处理。

由此看来,无论是互联网金融平台还是其他金融信息服务机构,作为金融信息直接关联的重要载体和平台,都需在各个层面予以安全性考量,最大程度规避风险。其中,建立适宜的金融信息安全体系,是细分金融行业降低风险、研究金融信息安全问题的重要"抓手"。

2.4　金融信息安全体系

2.4.1　金融信息安全体系概述

由于利益的驱动,针对金融行业安全的威胁越来越多,金融信息安全问题日益突出。面对严峻的金融信息安全形势,金融机构应加强自身信息安全保障工作,建立健全严谨的信息安全机制,抵御来自外部和内部的各类攻击和威胁。不同细分行业的金融机构应根据所属行业特征,结合自身特点,建立面向不同目标、不同维度的信息安全保障体系,进而增强机构抗风险能力。

就信息安全领域而言,人们对信息安全体系结构还没有完全统一的认识。此处引用曾庆凯等相关领域专家对信息安全体系的广义界定,即信息安全体系结构是以保障组织及其信息系统的工作使命为目标,而建立的一套体现安全策略的有关技术体系、组织体系和管理体系的资源集成和配置方案。它旨在指导安全系统工程的实践,通过系统全生命周期的管理和维护,保证金融信息的保密性、完整性、可用性等安全需要。

2017 年 6 月 1 日正式实施的《中华人民共和国网络安全法》(以下简称《网安法》)和2019 年 12 月 1 日起实施的 GB/T 22239—2019《信息安全技术 网络安全等级保护基本要求》(以下简称"等保 2.0")中,特别强调了关键信息基础设施安全是我国信息安全建设的重要目标。其中,《网安法》第三十一条要求"国家对公共通信和信息服务、能源、交通、水利、金融、公共服务、电子政务等重要行业和领域,以及其他一旦遭到破坏、丧失功能或者数据泄露,可能严重危害国家安全、国计民生、公共利益的关键信息基础设施,在网络安全等级保护制度的基础上,实行重点保护"。同样金融信息相关机构在落实这一要求的过程中,应当结合《网安法》和"等保 2.0"的规定,按照物理安全、主机安全、网络安全、数据安全、应用安全的层面,清晰界定各保障主体责任,完善金融安全预警、保护、检测、响应、恢复的全流程,进而构建适当的金融信息安全体系。

金融信息安全体系结构同传统信息安全体系最大的不同,在于其体系构建更加符合金融机构的应用特点,且需要在特定的视域角度下进行分析归纳、调整优化,不同的视域角度会形成不同的金融信息安全体系架构。

2.4.2　面向金融科技的信息安全体系

金融信息安全体系是基于传统信息安全体系结构优化而来,其体系结构是一个具有多层次拓扑结构的系统,在不同的层次拥有不同的安全问题。而对于整个金融信息系统而言,其安全需求是全方位的、整体的、完善的。因此,对金融信息系统的安全防护也需要采用分层次的拓扑防护架构来设计并在此基础上完成优化调整,以便更加适应金融行业的特殊需求。传统面向应用的层次型信息安全体系结构主要包含三个部分、五个层次的安全问题,即内容安全、数据安全、运行安全、物理安全和管理安全,分别对应信息、系统和人员。已有体系过于侧重信息安全领域的防护需求,而对于以银行业为代表的金融机构在其他层次上也应予以细分和涉及,特别是在金融科技的大趋势引领之下,金融信息安全作为实现金融科技的重要前提和保障,其安全体系结构势必需要针对金融科技及金融机构的安全防护特点做出调整。

金融科技是指以新技术应用为核心的技术创新。从金融科技主要领域或内容的分析来看,基本上可以分为金融技术手段和金融服务模式两部分,不仅包括大数据、云计算、区块链、安全技术和人工智能等,还包括有上述技术应用带来的支付模式、资金筹集、管理等金融资产模式的创新。这些新模式有些与传统金融密切相关,有些则形成新的金融交易模式,成为新的经济活动,具有新产业特征。因此,金融科技的实质是新一代信息通信和互联网技术革命扩散至金融领域的体现,是科技创新与金融创新相互结合的典范,也是当今技术背景下金融技术创新的主要表现形式。

金融科技的发展离不开金融信息安全工作的保障,而面向金融科技的金融信息安全体系构建在适应新兴技术要求的同时,还应建立完善的基础安全工作框架,并持续地将信息安全与开发、运维、质量、规划等领域进行融合,缩小"灰色地带",形成基本无缝隙的基础安全管理体系。该管理体系应以面向应用的层次型信息安全体系结构为基础框架,结合各细分金融行业的特征及金融科技背景下的技术创新等特点,设计出适合面向金融科技的信息安全体系,如图 2-6 所示。

针对如上构建要点及相应要求,面向金融科技的金融信息安全体系包含共六个层次的安全问题,自上而下分别是内容安全、数据安全、系统安全、网络安全、应用安全和个人使用安全。这六个层次存在一定的顺序关系,每个层次的安全均为上面的层次提供安全保障,没有底层的安全保障作为前提,上层的安全问题将无从谈起。每个层次的安全均依赖相应的安全技术措施作为保障支持,这些安全技术多角度全方位地保证整个金融信息系统的立体安全,如果某个层次的安全技术措施处置不当,整个金融信息系统乃至企业将会受到严重威胁。

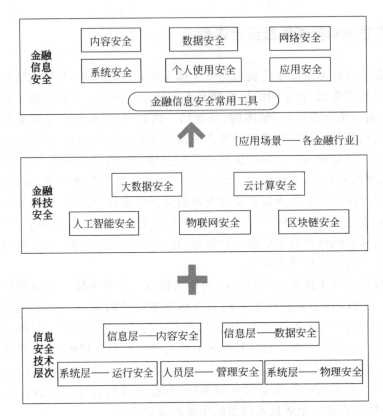

图 2-6　面向金融科技的金融信息安全体系架构

1. 内容安全

内容安全主要是针对非结构化的数据、信息内容及金融档案,依据信息的具体内涵判断其是否违反特定的安全策略,并采取相应的安全措施,进行有针对性的保护。金融信息内容安全主要包含两个方面,一是针对合法的信息内容加以安全保护,二是对非法的信息内容实施有效监管。内容安全在金融领域的技术难点在于如何有效地理解金融信息内容,甄别和判断信息内容的合法性。它涉及的安全技术包括文本识别、音视频信息识别、数字水印、匿名通信、反垃圾邮件技术等。现阶段类似于知识产权侵权、网络钓鱼侵害等案件时有发生,大多攻击直指个人金融资产,一旦处理不好将会带来严重经济损失,甚至危害市场稳定和社会安全。因此,内容安全作为信息本身的内化安全问题,其重要性不言而喻。

2. 数据安全

数据安全是指对数据在收集、处理、存储、检索、传输、交换、显示、扩散等过程中的保护,保障数据在上述过程中依法授权使用,不被非法冒充、窃取、篡改、删除、抵赖。确保数据信息的机密性、真实性、完整性与不可否认性。确保数据安全的主要技术有密码、认证、鉴别、完整性验证、数字签名、PKI、安全传输协议及 VPN 等技术。在操作层面,通过关键数据域合法性检查、敏感数据屏蔽等安全措施保证数据的合法性与机密性;在数据传输过程中,通过链路加密、节点加密、端到端加密,在通信的三个不同层次保证数据的完整性和一致性;在数据库层面,通过访问控制、监控、记录数据库操作行为,分类管理数据库日志文件,以便日后对数据库操作进行审计;制定合适的磁盘冗余阵列存储方案,提高数据容错能力,通过远程异地双机热备份提高数据的抗风险能力,制定相应的备份恢复策略以及应急计划,保证数据在遭遇破坏之后能迅速恢复;对于存放在数据库中的历史数据、涉及商业机密的数据,必须制定访问控制机制限制操作人员对数据的随意访问。

3. 系统安全

系统安全是指对计算机操作系统及金融信息系统的运行过程和运行状态的安全保护,主要涉及相关金融信息系统的真实性、可控性、可用性等。确保金融信息系统运行安全的主要安全技术有恶意代码防治、入侵技术、动态隔离、取证技术、预警技术、反制技术以及操作系统安全等,内容繁杂并且在不断地变化和发展。通过业务复核机制,对关键业务数据进行校验,保证业务数据的合法性;通过业务授权机制,实现对关键业务的监控,有效控制业务风险;建立自动预警机制,实时监控有关业务的运行情况,对系统运行过程中的异常情况及时告警,完善软件开发流程,制定符合金融业务实际情况的软件配置管理体系与软件质量保证机制,保证应用功能模块符合金融行业业务功能需求。

4. 网络安全

网络安全主要涉及网络基础知识、网络通信相关的安全内容。网络安全内容不仅包含计算机网络的工作原理,还囊括主流的网络安全防护技术。网络安全威胁是金融信息在网络层面上需要面对的主要威胁,需结合网络安全威胁的部分内容以及细分各金融行业特点,选择适合的网络安全防护技术或产品。网络安全作为涉及网络管理层面最多的安全问题,其目标旨在网络层面实现对金融信息网络系统内做最大程度的保护。

5. 应用安全

金融信息应用安全是根据金融系统的实际应用需求,将各类信息安全技术运用到金融信息系统中去,并能在系统运行过程中预防、发现、纠正系统暴露的安全问题,关系到金融机构的生存。该层面主要包括身份认证、访问控制、Web 应用安全等核心技术。

6. 安全工具

作为需要与大量金融信息打交道的金融从业人员,应学会使用一些行之有效的安全工具来保证金融系统的信息安全。根据《网络安全等级保护安全设计技术要求》,安全计算环境的设计要求包括用户身份鉴别、自主访问控制、恶意代码防范、可信验证等,而防病毒软件、防火墙、加密机、入侵检测系统和安管平台等安全工具的使用可以十分有效地满足这些要求。本层面所涉及的安全工具主要包括防病毒软件、防火墙、加密机、入侵检测系统等成熟的安全产品,通过了解这些常见工具的工作原理、关键技术和工作方式,具备基本操作和维护知识,以确保金融系统信息安全。

7. 个人使用安全

金融信息安全的重要性不仅仅聚焦于金融机构或金融业务本身,个人使用安全也十分重要。本书中个人金融信息使用安全主要聚焦于生活、工作中常用的个人安全技能和个人安全意识,从桌面软件安全和移动应用安全两个方面入手。桌面软件安全包括个人在工作中用到的浏览器、文档、网盘等,移动应用安全包括手机恶意软件、手机个人隐私泄露、移动支付安全等。

本章练习题

一、选择题

1. (多选题)金融信息安全旨在确保金融信息的(　　　)。

   A. 机密性　　　　　B. 完整性　　　　　C. 可用性　　　　　D. 以上都不是

2. (多选题)以下(　　　)属于恶意代码。

   A. 木马程序　　　B. 计算机病毒　　　C. 后门程序　　　D. 蠕虫病毒

3. (多选题)以下(　　　)属于阻塞类攻击方式。

   A. TCP SYN 洪泛攻击　　　　　　　　B. Land 攻击
   C. Smurf 攻击　　　　　　　　　　　　D. 电子邮件炸弹

4. (多选题)美国国防部提出了信息保障的概念,提出了(　　　)四个动态的工作环节。

   A. 保护　　　　　B. 检测　　　　　C. 响应　　　　　D. 恢复

5. 不同行业、不同类型、不同载体的金融信息往往具有不同的流通渠道和分布范围,应当根据金融信息采集的效率指标加以评价和权衡,通过不同的途径、采用不同的方法获取。常用的金融信息获取方法或途径主要有以下几种,正确的选项为(　　　)。

①采购 ②调查 ③交换 ④索取 ⑤检索 ⑥分析

A. ①②③④   B. ②③④⑤

C. ①②③④⑤⑥   D. ①②③④⑤

6. 下列关于信息安全基本概念描述错误的选项是( )。

   A. 在既定的密级条件下,网络与信息系统抵御意外事件或恶意行为的能力。这些事件和行为将威胁所存储或传输的数据,以及经由这些网络和系统所提供服务的可用性、真实性、完整性和机密性

   B. 对信息系统以及使用、存储和传输信息的硬件的保护,是所采取的相关政策、认识、培训和教育以及技术等必要手段

   C. 为数据处理系统建立而采取的技术安全保护。保护计算机硬件及软件不因偶然或恶意的原因而受到破坏、更改、泄露

   D. 信息安全是对信息的保密性、完整性和可用性的保持,包括诸如真实性、可核查性、抗抵赖和可靠性等其他特性

7. 金融信息安全是当下金融行业追求可持续发展最核心的问题,也是金融行业维持稳定发展的前提与保障。以下金融信息化的论述错误的选项是( )。

   A. 金融信息化是指在金融领域全面发展和应用现代信息技术,以创新智能技术工具更新改造和装备金融业,使金融活动的范围和重心从物理空间向信息空间转变的过程

   B. 随着金融信息化的进程,其对金融市场的影响仅体现在促进金融市场一体化及加速资本流动两个方面

   C. 在金融信息安全的发展方面,我国相关领域的研究以及金融机构的安全防范均处于相对较脆弱的状态,历数其发展脉络,金融信息化是金融信息安全的发展经历重要阶段之一

   D. 金融信息化导致金融机构经营方式的巨大变化,信息技术的广泛应用正在改变着支付与结算、资金融通与转移、风险管理、信息查询等银行基本功能的实现方式

8. 下列( )的新兴技术领域不在金融科技的创新发展之列。

   A. 大数据   B. 云计算   C. 人工智能   D. 文本舆情监测

9. 2011 年,国家互联网信息办公室成立,标志着( )。

   A. 我国监管主体在逐步落实互联网信息传播方针政策和推动互联网信息传播法

制建设,指导、协调、督促有关部门加强互联网信息内容管理,负责网络新闻业务及其他相关业务的审批和日常监管,指导有关部门督促电信运营企业、域名注册管理和服务机构等做好域名注册、网站登记备案、接入等互联网基础管理工作等

    B. 由于机构职能的转变,原金融服务监管局变更为国家互联网信息办公室信息服务管理局,承担金融券商、金融信息服务商和金融信息服务的审查、监督管理工作

    C. 国家互联网信息办公室的挂牌,宣告了我国互联网金融管理领域最高权力部门的成立

    D. 想要净化金融信息环境,营造一个健康有序的金融秩序,就必须加强全网信息管理,国家互联网信息办公室正是在这种背景下成立的

10. 自 1983 年起,我国陆续出台了一系列法律法规,严格管控在中国境内从事金融信息服务的金融信息服务商和金融信息服务。以下与金融信息安全不直接相关的法规为(　　)。

    A.《外国通讯社在中国境内发布新闻信息管理办法》(新华通讯社,2006-09-10)

    B.《征信业管理条例》(中国人民银行征信中心,2013-03-15)

    C.《互联网新闻信息服务管理规定》(国家互联网信息办公室,2017-06-01)

    D.《金融信息服务管理规定》(国家互联网信息办公室,2019-02-01)

11. 在我国的信息安全管理标准中,由公安部主持制定、国家技术监督局发布的 GB 17859—1999《计算机信息系统安全保护等级划分准则》被认定是我国信息安全标准的奠基石。下列关于等级保护描述正确的选项是(　　)。

    A. 该准则是计算机信息系统安全法规和配套标准的制定与执法部分监督检查的依据,也是实施信息安全登记管理的重要基础性标准

    B. 该项标准的每个安全级别及具体要求差异化并不明显,主要的区别体现在前三级别

    C. "等保 2.0"的第一级位是用户自主防护级,具体要求为计算机信息系统通过隔离数据,使用户具备自主防护的能力

    D. "等保 2.0"标准从原来的《信息系统安全等级保护基本要求》改为《信息安全等级保护基本要求》,再改为《网络安全等级保护基本要求》

12. (多选)金融信息所面临的威胁与环境密切相关,不同的威胁存在即可能被破坏的程度是随环境的变化而变化的。常见的金融信息安全威胁有以下几种(　　)。
   A. 篡改与泄密　　　　　B. 重放　　　　　C. 病毒攻击
   D. 人为管理失误　　　　E. 恶意诈骗

13. (多选)下列选项不在面向金融科技的金融信息安全体系层次之中的是(　　)。
   A. 内容安全　　　　　B. 档案安全　　　　C. 常用工具安全
   D. 数据安全　　　　　F. 操作系统安全

14. 面向过程的信息安全保障体系的论述存在问题的选项是(　　)。
   A. 信息安全保障体系包括四部分的内容,即信息安全领域内经典的 PDRR 安全模型
   B. PDRR 模型存在诸多延伸模型,诸如 EPDRR、P2D2 模型等,这些模型均适合应用于金融信息安全保障体系的构建
   C. PDRR 模型主要包含保护、检测、反应和恢复四个主要阶段
   D. 信息安全保障是一个完整的动态过程,而保护、检测、反应和恢复可以看作信息安全保障的四个子过程,这四个子过程分别在攻击行为的不同阶段为系统安全提供保护

15. 目前我国金融从业人员具有硕士以上学历的不足 1%,远不能满足国内金融业飞速发展的需要,且国内能够培养金融信息人才的院校更是寥寥无几。现阶段不成为制约相关人才发展的主要成因是(　　)。
   A. 许多金融机构的科技人员是纯 IT 背景,由于本身不懂金融,这些人员在金融机构中仅仅停留在技术层面,不能够完全发挥其核心优势
   B. 传统金融人才精通业务、了解市场,却对安全技术"一窍不通",在面对金融信息化进程的实践中无法达到工作要求
   C. 传统金融信息安全相关人才的培训存在错位和缺失,应考虑在市场应用和监管方面予以更多支持,培养更多复合型金融信息安全人才
   D. 金融信息安全的道德规范无须纳入金融信息安全人才培养的计划之内

二、思考题

1. 什么是信息安全?什么是金融信息安全?两者的主要区分在哪里?
2. 请分别列举本教材所提及的金融信息安全相关标准。
3. 金融信息系统为什么会成为黑客和内部非法人员的攻击对象?

4. 面向金融科技的信息安全体系框架是如何构建的?

5. 金融信息安全观的培养会体现在金融行业的哪些方面?试从整体国家安全的视域来分析其培训的重要性。

练习题参考答案

1. ABD   2. ABCD   3. ABCD   4. ABCD   5. D   6. C   7. B   8. D   9. A   10. A
11. D   12. ABCD   13. BCF   14. B   15. D

第 **3** 章

金融信息内容安全

CHAPTER 3

【学习目标】

通过本章学习了解金融信息获取、加工、分析、保护、存档的管理过程,掌握一定的信息安全、情报学、档案学等领域基础理论知识;了解数字水印、反垃圾邮件等主流信息内容安全技术,具备一定安全保护的实操能力;能制定金融内容或档案管理的计划和措施,降低重大金融信息内容泄露的风险;了解与金融信息内容安全相关的法律法规及国家标准,如《网络信息内容生态治理规定》《金融信息服务管理规定》等;掌握金融档案管理等相关的职业技能,减少金融机构违规事件的发生。

【本章知识点】

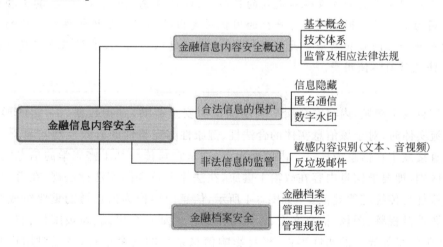

3.1　金融信息内容安全概述

3.1.1　金融信息的内容安全

在当今的网络时代,人们使用网络产生大量信息,包含个人身份信息、联系方式、社交内容等。由于获取这些信息的途径并不复杂且成本非常低廉,存在被滥用的危险。例如部分不良公司会利用这些信息出售牟利或进行诈骗;还有部分犯罪分子将这些信息或内容在未经许可的情况下肆意传播,严重妨碍社会治安。

> **案例**
>
> 费里斯调查(Ferris Research)研究表明,垃圾电子邮件每年除对美国、欧洲企业分别造成高达 89 亿美元和 25 亿美元的损失外,还将浪费欧美服务供应商 5 亿美元的资源。研究表明,美国企业所损失的 89 亿美元中,有 40 亿美元是员工因删除垃圾邮件而减少的效益,平均每删除 1 封垃圾邮件需要花费 4.4 秒钟,另有 37 亿美元是企业用于添购频宽及性能更佳的服务器,以应对庞大的资料流量,其余损失则是公司为降低员工因垃圾邮件产生的困扰而支出的部分。垃圾邮件对网民的影响主要表现为上网费和电话费大幅增加,处于被动地位的网民,不得不为下载这些垃圾邮件支付网络使用费。[①]

在信息安全领域,内容安全属于高层的应用安全范畴,是指数据以一定的形式组成信息交流实体时,对于该信息实体的合法性、健康性与完整性的有效控制问题。[②] 信息内容安全直接发生在信息内核——内容层次上,这是它与传统基于密码学的信息安全问题的最大区别,即要求信息内容在政治上健康,在法律上符合国家法律法规,在道德上符合中华民族优良传统道德规范。[③] 如图 3-1 所示,信息内容作为信息链的重要组成部分,其安全问题涉及视频、图像、信息文字、音频等形式。例如钓鱼网站、垃圾邮件、非法电子出版物、诈骗信息等导致的恶性事件,极易影响信息系统的安全运行,造成对用户的伤害,此类事件往往会危害社会稳定和国家安全。

---

① 徐成贤,陈永强,陶利民. 金融信息安全[M]. 北京:清华大学出版社,2013.
② 徐成贤,陈永强,陶利民. 金融信息安全[M]. 北京:清华大学出版社,2013.
③ 杨元原,马文平,白晓峰. 一种混合的 Tor 匿名通信系统[J]. 计算机应用研究,2007(10):141-144.

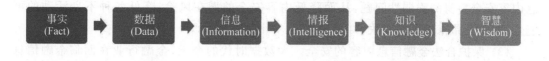

图 3-1 一般信息链示意图

从金融信息安全角度,对金融信息内容的有效管理和控制,阻止不良信息的非法传播,确保网络信息内容的健康,已逐渐成为网络应用发展的必然趋势。参考上述关于安全的基本概念及信息安全的理论基础,金融信息内容安全(Content Security of Financial Information,CSFI)主要包含两方面的含义:一是对合法金融信息内容加以安全保护;二是对非法金融信息内容实施有效监管。信息内容安全的"三分类"模型见图 3-2。

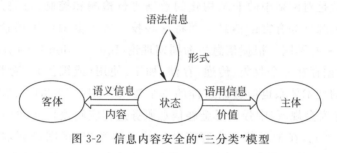

图 3-2 信息内容安全的"三分类"模型

3.1.2 金融信息内容安全意义

近些年来,世界范围内因信息内容安全问题造成经济损失的案件高居各类安全威胁之首。因此作为金融从业人员,了解金融信息内容安全的意义尤为必要。

(1) 提高金融机构内部网络的使用效率。金融从业人员经常会遇到垃圾邮件、流氓软件等恶意干扰,致使金融信息平台中存在大量资源的浪费和冗余。金融信息内容安全可以在技术上提供解决方案,包含对垃圾邮件、音视频文件等恶意信息内容进行内容检测和识别,通过已设定好的监测策略提前将不良信息过滤掉,随之处理无用信息的时间和其他资源将大幅缩减,从而达到提高信息内容使用效率的目的。

(2) 净化外部网络。网络在满足人们对生活便利需求的同时,也带来了各种各样的不良信息。例如,内容低俗的文本、音频、视频,有侵犯知识产权的盗版软件,未经证实的舆情信息,甚至有人别有用心地散布虚假消息以控制股市涨跌。层出不穷的新型违法诈骗活动也利用网络作为恶意传播的新场所,给人们生活带来越来越多的威胁与困扰。上述种种情形,都需要更为完善的金融信息内容保护技术来监测各类威胁,准确地识别信息内容安全自身的脆弱性问题,从而降低内容安全的潜在风险,降低各种不良活动的可能性,减少其带来的经济损失。

(3) 保护合法金融信息内容的安全。大数据时代的今天,金融行业在面临金融信息化带来便利的同时,金融信息特别是非结构化数据的金融信息在获取、识别、分析、存档的过程中极易存在安全问题。若可以通过技术和管理手段在一定的资源内最大化减少其损失的安全风险,诸多无形资产和有形金融资产就可以得到安全保管。

3.1.3 金融信息内容安全技术体系

金融信息内容安全技术体系是学习研究金融信息内容安全的一个重要方面。所谓内容安全技术,就是对网络中的非结构化的数据进行检测和控制,过滤并剔除那些虚假欺骗、非法及垃圾邮件等有害的信息。而将这些技术置于金融应用场景之中,其技术体系势必会存在着一些不同。根据信息生命周期理论(Information Lifecycle Theory,ILT)中提及的信息数据存在一个收集、传递、存储、加工、使用(或维护)和存档(或销毁)共六个阶段,其相应的技术体系也应遵循这样的一个逻辑。GB/T 36618—2018《信息安全技术 金融信息服务安全规范》中强调了金融信息服务过程应涵盖采集、加工、处理与发布传播等基本阶段。因此,在金融信息内容安全的技术体系中,将围绕获取、内容识别与加工、内容过滤与保护、档案安全共四个基础部分展开介绍,介绍侧重于各技术的基本概念和主要原理,进而掌握金融信息内容安全的前、中、后全时域的安全管理知识。图 3-3 给出了金融信息内容安全技术体系模型。本教材由于篇幅所限,仅将模型内的部分内容安

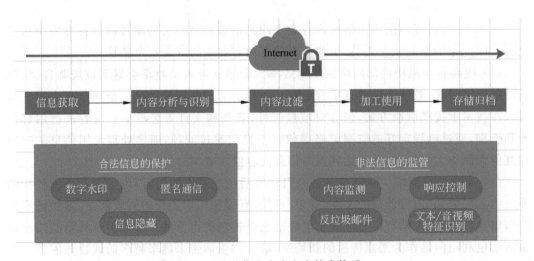

图 3-3　金融信息内容安全技术体系

全技术予以介绍。结合金融信息内容安全的基本概念,基本技术体系又可以简单分为合法信息的保护技术(如数字水印、匿名通信)以及非法信息的识别监控技术,包含内容监测、反垃圾邮件等。

3.1.4　金融信息内容安全与法律

1. 促进信息内容安全发展的重要法规

近几十年来我国从立法角度高度重视网络和信息安全工作,在成立国家网络与信息安全办公室后,也将互联网内容安全问题相关研究和整治工作提升至新的高度。围绕网络信息内容安全出台了一系列的法律法规。

1997 年 12 月 16 日,国务院首次颁布《计算机信息网络国际联网安全保护管理办法》,严格禁止利用国际联网危害国家安全、传播不良信息和进行网络攻击的行为,如存在该行为将受到严厉处罚。

2000 年 9 月 25 日,国务院颁布《互联网信息服务管理办法》,对传播的信息内容做出限制性规定,并提出了信息服务的概念。

2002 年 8 月 1 日,新闻出版总署和工业和信息化部联合颁布《互联网出版管理暂行规定》。该规定要求互联网出版内容不得含有违反社会公德和违法犯罪行为的内容。该规定也是继 2002 年 7 月美国签署《塞班斯法案》后紧跟做出关于内容安全法律的重大举措。

2005 年 11 月 23 日,公安部颁布《互联网安全保护技术措施规定》。该项法令的出台目的是查找各种犯罪情报及线索,并没有表明违规后的处罚措施,但却毫无疑问地同《塞班斯法案》殊途同归,极大地促进了内容安全及其技术在中国的应用。

《2006—2020 年国家信息化发展战略》提出"建设积极健康的网络文化"的概念。2019 年 12 月 15 日,国家互联网信息办公室发布《网络信息内容生态治理规定》。该规定集中体现了习近平总书记关于"网络安全工作要坚持网络安全为人民、网络安全靠人民,保障个人信息安全,维护公民在网络空间的合法权益"的重要指示精神,以网络信息内容为主要治理对象,以建立健全网络综合治理体系、营造清朗的网络空间、建设良好的网络生态为目标,突出了"政府、企业、社会、网民"等多元主体参与网络生态治理的主观能动性,重点规范网络信息内容生产者、网络信息内容服务平台、网络信息内容服务使用者以及网络行业组织在网络生态治理中的权利与义务,这是我国网络信息内容生态治理法治领域的一项里程碑事件。而且以"网络信息内容生态"作为网络空间治理立法的目标,这在全球也属首创。

从上述规定及其发展脉络来看,我国信息内容安全管理所采取的属于分行业纵向监管模式,各有关部门在各自领域内承担互联网信息内容安全管理的职责。

2. 完善金融信息内容安全的法规

追溯我国金融信息服务领域的相关监管,最早为 2009 年出台的《外国机构在中国境内提供金融信息服务管理规定》,专门提及了对于外国机构在华的许可管理。但随着国内金融信息服务业快速发展,其直接对金融业的影响逐渐减弱。因此,2018 年 12 月 26 日国家互联网信息办公室发布了《金融信息服务管理规定》。从法律监管层面来看,该规定一方面要求金融信息服务领域从业者自觉遵守相应要求,加强对金融信息内容管理;另一方面透露出监管机构对金融及相关领域的维稳要求。该规定一大重要举措在于清晰界定了金融信息服务的概念及范围,包括新闻媒体、搜索平台或投资工具中涉及证券、基金、信托、保险、消费金融、期货等产品相关的分析、宣传行为等。

3.2 合法信息的保护

合法信息的保护作为金融信息内容安全的一部分,其包含的技术同传统信息内容安全中的信息内容过滤、信息内容管理等技术存在诸多相似,如遏制网络不良信息的泛滥、减少虚假金融信息恶意操纵市场、防止知识产权被侵犯等方面。本书将围绕最为典型的技术,即匿名通信技术、数字水印技术、信息隐藏技术展开论述。

3.2.1 匿名通信

1. 什么是匿名通信

> **案例**
>
> 卡内基梅隆大学的一份研究报告指出,犯罪分子在暗网售卖毒品和违禁品,每年获得利润约有 1 亿美元。暗网中交易采用虚拟货币比特币,不需要信用卡和银行账户信息,进而可以逃避监管。另外一项数据显示,开启暗网大门的常用钥匙是名为 Tor 的匿名代理工具,Tor 可连续接入约 3 万个暗网服务站点,流量占整个互联网流量的 3.4%。而暗网中最好的搜索工具 Onion.city 则可以检索 35 万个网页。

在大多数网络用户的主观认知里,使用传统的加密方法来保护个人隐私和传输信息是足够安全的。但事实上,越来越多的问题暴露出来说明个人通信的隐私内容保护更为重要。比如在使用现金购物、移动支付、网络平台时,人们还是希望隐藏自己的真实身份,那么匿名方式则是最为有效的手段之一。事实上,匿名性和隐私保护已经成为现代社会运行过程中不可或缺的一项安全需求,很多西方发达国家已经对隐私权进行了立法保护。

然而现阶段用户更倾向于用隐私去换取生活便利,致使信息泄露状况愈显突出。目前互联网的通用网络协议并不支持隐藏通信端地址,更无进行此类操作地功能。这意味着能够访问路由节点的攻击者,可以肆意监控用户的流量并获得其 IP 地址,再使用跟踪软件直接从 IP 地址追踪到具体的个人用户,最终达到窃取用户隐私、窃取金融财产的目的。采用 SSL 加密机制虽然在一定程度上可以防止他人获得通信的内容,但是这些机制并不能隐藏是谁发送了这些信息,问题依旧没有被解决。因此,匿名通信在解决此类问题上显得至关重要。

广义地,匿名通信(Anonymous Communication)指采取一定的措施隐蔽通信流中的通信关系,使窃听者难以获取通信双方的关系及内容。匿名通信的目的就是隐蔽通信双方的身份或通信关系,保护网络用户的个人通信隐私。简单来说,匿名通信就是指不能确定通信方身份(包括双方的通信关系)的通信技术,它保护通信实体的身份。随着电子商务、移动支付和网上银行等应用的推广和普及,各种各样的匿名需求激增,匿名通信技术的网络应用迎来了发展机遇。

2. 匿名通信技术的分类

匿名通信技术有许多不同的分类方法,本节介绍两种分类方法,如图 3-4 所示。

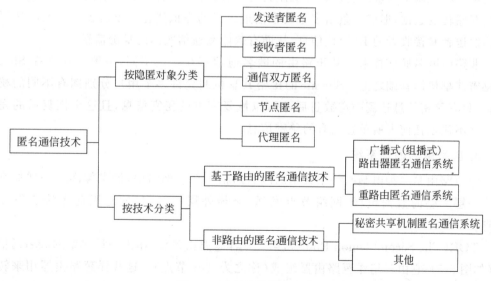

图 3-4　匿名通信技术分类

（1）按隐匿对象分类。根据需要隐匿的通信对象不同，匿名通信技术可分为发送者匿名（Sender Anonymity）、接收者匿名（Receiver Anonymity）、通信双方匿名（Sender and Receiver Anonymity）、节点匿名（Node Anonymity）和代理匿名（Proxy Anonymity）。

① 发送者匿名是指接收者不能辨认出原始的发送者。在网络上，发送者匿名主要是通过使发送消息经过一个或多个中间节点，最后才到达目的节点的方式实现的。

② 接收者匿名是指即使接收者可以辨别出发送者，发送者也不能确定某个特定的消息是被哪个接收者接收的。

③ 通信双方匿名是指信息发送者和信息接收者的身份均保密。

④ 节点匿名是指组成通信信道的服务器匿名，即不能识别信息流所经过线路上的服务器身份，它要求第三方不能确定某个节点是否与任何通信连接相关。

⑤ 代理匿名是指某一节点不能确定发送者和接收者之间的消息载体。

（2）按技术分类。根据所采用的技术，匿名通信技术可分为基于路由的匿名通信技术和非路由的匿名通信。基于路由的匿名通信技术采用网络路由技术来保证通信的匿名性，即采用路由技术改变信息中的信息源的真实身份，从而保证通信匿名。依据所采用的路由技术不同，又可分为广播式（或组播式）路由匿名通信技术和重路由匿名通信技术。广播式（或组播式）路由匿名通信技术采用广播或组播的方式，借助广播或组播的多用户特征，形成匿名集。例如，用多个接收者来隐藏真实接收者。重路由匿名通信技术采用重路由机制来实现匿名。这种机制为用户提供间接通信，多个主机在应用层为用户通信存储转发数据，形成一条由多个安全信道组成的虚拟路径。攻击者由于无法获得真实的发送者和接收者的 IP 地址信息，从而有效隐藏通信实体的身份信息。

非路由匿名通信技术与基于路由的匿名通信存在较大不同，一般是建立在 Shamir 的秘密共享机制基础之上。Shamir 的秘密共享机制允许多个用户分别拥有不同的秘密信息，只有秘密信息达到一定数目后才可以恢复完整的秘密信息，且这个恢复后的完整信息并不显示任何人所单独拥有的秘密信息。

3. 典型匿名通信系统

洋葱路由是一种电脑网络中典型的匿名通信。在该网络中，消息像洋葱一样加密包装为一层一层的数据包，经网络节点发送，至最外层解密，目的地因此无法获得原始消息。

TOR（The Second Onion Router，第二代洋葱路由系统）作为一种典型的匿名通信系统（如图 3-5），它由一组洋葱路由器组成（称之为 Tor 节点）。这些洋葱路由器用来转发起始端到目的端的数据流，每个洋葱路由器都试图保证在外部观测者看来输入与输出数据之间无关联，即由输出的数据包不能判断出其对应输入的数据包，使攻击者不能通过跟踪信道中的数据流而实现通信流分析。Tor 是一个由虚拟通道组成的网络,团体和个人用它来保护自己在互联网上的隐私和安全。

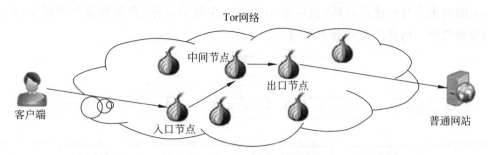

图 3-5　普通 Tor 路由系统

　　Tor 与传统匿名通信系统不同在于其不采用批量处理技术,不会直接对不同用户的数据进行任何精确混合,这样可以有效实现所有连接数据自动公平转发的目的。而当一个数据流缓存为空时,它将跳过当前连接而转发下一个非空连接缓存中的数据。正是得益于 Tor 的低延迟,所以它不会对数据包进行精确延迟、重新排序、批量处理或填充信息丢失等传统操作,可以有效保障通信过程的安全。

3.2.2　数字水印

1. 数字水印

　　数字水印(Digital Watermarking)是一种信息隐藏技术,基于经典的隐写术发展而来。在日常生活里,人们通常将纸币对着光源来寻找其用以鉴别纸币真伪的图像信息,这就是人们所熟悉的"水印"。采用水印技术防伪,是因为水印拥有以下几大独有的特征:第一,水印是一种近乎不可见的特殊印记,只有将其置于特定的环境下才有可能被观察到,该印迹并不会对物品本身的使用与质量造成任何影响;第二,水印的制作和复制比较复杂,需要特定的材料和高水准的工艺方可实现,且印刷品上的水印一般难以去除,因而水印常被应用于支票、护照、发票、涉密文件等重要印刷品中。正是得益于普通水印的功效,数字水印在数字文本、图像、音视频的数字作品中嵌入秘密信息,用以保护数字作品和金融财产的信息或版权,进而可以提供一些作品或财产的附加信息。

　　通常来看,嵌入数字作品中的数字水印具有如下基本特性:①隐蔽性,在数字作品中嵌入数字水印不会引起原来作品质量的明显下降,看不到数字水印的存在。②安全性,数字水印隐藏于数据而非文件中,加入水印和检测水印的方法对没有任何授权的第三方是严格保密的,并不容易被轻易破解,文件的安全性可以保证。③鲁棒性,同其他信息隐藏技术一样,其鲁棒性在于被保护的信息经历多种无意或有意的信号处理过程,如传输、压缩、图像的几何变换等处理后,数字水印仍能保持完整或被准确鉴别及提取。正是得益于水印技术的种种优质特性,数字水印技术已在电子商务、金融科技等领域中的应用变得更加广泛。信息隐藏的分类见图 3-6。

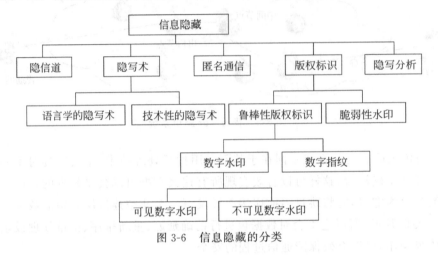

图 3-6　信息隐藏的分类

纸币中的数字水印应用见图 3-7。

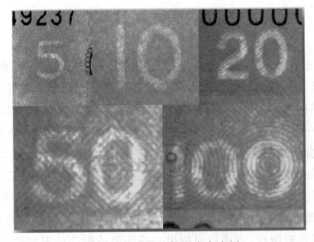

图 3-7　纸币中的数字水印应用

2. 数字水印的基本原理

通用的数字水印生成算法一般包含三个基本步骤,即水印生成、水印嵌入和水印的检测与提取。其中水印生成主要涉及如何构造具有优良随机特性的水印,如若考虑到水印自身的安全性问题,有的算法会在嵌入之前采用其他相关技术先对水印进行嵌入预处理操作,例如扩频、加密或纠错编码等。被嵌入的信息可以是文字、序列号、数字图像等等。本部分以水印嵌入模型和水印检测与提取模型为例进行介绍,水印嵌入模型框架见图 3-8。

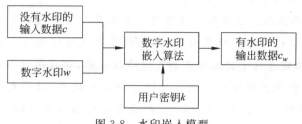

图 3-8　水印嵌入模型

在数字水印的嵌入过程中,可先对被保护的数字产品 c 和数字水印 w 进行预处理。此预处理可以是任一种变换操作(如 DCT、DFT、离散小波变换、傅里叶变换等)或其他一些变换操作的组合,当然也可以为空操作(这时嵌入水印为空间域水印)等。用户密钥 k 表示数字水印嵌入算法的密钥,c_w 为嵌入水印后输出的数字产品。水印提取模型框架见图 3-9。

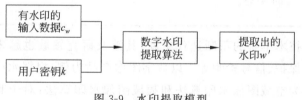

图 3-9　水印提取模型

数字水印在提取完成后会输出两种可能的结果:一种是直接提取到水印,也就直接获得提取的水印信息 w';另一种判断一个水印是否存在。但值得注意的是,水印在提取过程中,其原始的数字载体是可选择的,有的算法需要原始载体,有的则不需要,这都取决于所使用的嵌入算法。

利用上述模型,可以看出目前各种主流的数字水印方案。大部分数字水印算法都集中在预处理和嵌入算法的研究中。算法根据预处理的不同,可以对各种水印方案进行分类,如空间域水印(预处理为空操作)、变换域水印(预处理为各种变换)。变换域水印又根据变换域的不同,分为 DCT 域水印、小波变换域水印等。预处理的形式不同,嵌入算法也存在不同,正是它们的不同组合构成了多种多样的数字水印算法。

3. 数字水印算法

为提高电子文件的安全性、权威性和合法性,2014年8月22日,广西财政厅正式在电子公文中启用电子印章系统。

2012年,广西财政厅已全面实现通过办公自动化系统发送和接收文件。为确保电子文件在传输过程中不被篡改或损坏,财政厅在传输电子公文过程中采用了数字签名技术,但由于电子公文中未加盖财政厅印章,接收单位可以在电子公文打印件上加盖打印机关证明章后视同原件进行保管和使用,这给电子公文的安全性和权威性带来了极大的挑战。2013年,广西财政厅启动电子印章系统调研工作。其间,广西财政厅分别到自治区公安厅等单位进行实地考察,学习其他单位电子印章系统的建设模式和工作经验,并结合广西财政信息化建设实际情况,依托广西财政身份认证体系,以财政部数字证书为基础,以数字签名、数字水印为核心技术,建立起全自治区财政系统标准电子印章服务体系。电子印章具有的防伪易碎水印功能,在电子公文上加盖电子印章后,文档即被锁定,任何修改都将被发现并阻止,并可随时查看印章颁发人的合法身份、颁发时间,验证印章本身是否被篡改,从源头上确保了电子公文的安全。

随着数字水印技术本身的不断迭代更新,其涉及研究领域也越来越广,包括图像处理、数字通信、产权保护、信号检测等。以数字图像产品为例,根据水印嵌入图像的方式,数字水印算法划分为空域图像水印算法和频域图像水印算法;对于其他数字产品,如内容为音视频类产品,其所使用的算法也基本如出一辙。相比之下,虽然文本信息会受到其自身特征的局限,但仍有较大进步。

(1) 基于空域的图像水印算法。在空域图像水印算法中,通常会直接对图像的像素值进行编辑修改,并以此方式将水印信息添加到宿主图像中。此方法的计算复杂度较低,但普遍对噪声及常规攻击的抵抗能力较弱。经典的空域算法包括最低有效位算法(Least Significant Bit, LSB)、拼凑水印算法、直方图修改方法等。LSB算法作为最早提出的算法之一,以人类视觉系统(Human Visual System, HVS)为基础,将水印信息嵌入到宿主图像的最低有效位中。该算法可以在嵌入较大容量水印后依旧保持良好的不可见性,但该方法作为典型的空域图像水印算法,所含的水印图像对噪声等攻击的抵抗性较差。LSB算法嵌入水印图像示例见图3-10。

(a) 未嵌入水印　　　　　　(b) 嵌入水印后　　　　　　(c) 被隐藏的水印

图 3-10　LSB 算法嵌入水印图像示例

（2）基于变换域的图像水印算法。在变换域水印算法中,通常是利用修改宿主图像变换域系数的方法来嵌入水印。相比空域水印算法来说,变换域水印算法具备更为良好的鲁棒性和不可见性特点。常用的变换主要有奇异值分解(Singular Value Decomposition,SVD)、DFT、DCT、DWT、Ridgelet 变换等。该类水印算法同信息隐藏的变换域算法相似,虽然此类算法要求隐藏和提取信息过程较为复杂,且隐藏信息量较小,抗攻击能力强。相比空域算法,变换域图像水印算法的主要优点可归纳如下。

① 有明确的物理意义,可以根据 HVS 特性和宿主信号本身内容,选择出最佳的嵌入位置,以此提高图像水印的不可见性。

② 变换域系数鲁棒性更优,通常都具有较强的抗攻击能力,在对噪声、滤波等处理后仍然保持了较好的稳定性。

③ 频域水印算法更加符合图像的压缩标准。

图 3-11 给出了一幅图像用 DCT 域变换法嵌入水印的示例。

(a) 未嵌入水印　　　　　　(b) 嵌入水印后　　　　　　(c) 被隐藏的水印

图 3-11　DCT 域变换隐藏水印图像示例

4. 数字水印在金融信息安全领域的应用

（1）财务报表内容认证。财务报表作为所有金融机构里最为重要的文件资料,其信息内容一旦被恶意更改,将导致重大损失。尤其是财务报表涉及大量数字、运算相关的信息内容,一旦出现类似于小数点的偏差,字面上看来或许偏差不大,但其结果往往同蝴蝶效应一样引发一连串的恶性事故。因此,财务报表内容的认证准确程度要求非常之高,不能对金融数据有任何形式的更改。再具体一点,准确度较高的认证系统应能识别任何轻微细小的改动,而采取嵌入式的数字水印技术正是极为有效的方法之一。

（2）基于数字水印的电子印章系统。在传统的金融机构商业合作场景之下,金融机构的合同签订会使用到电子印章用以保证电子信息和电子财产的可靠与真实。可实际上,合同上加盖的电子印章打印效果和嵌入印章图片再行打印的效果是高度相似的,所以此类现象极容易产生经济合同纠纷。因而,在金融机构中,电子印章本身的防伪相当重要。

（3）知识产权保护。越来越多艺术作品、发明或创意都选择多媒体来记录或表达,伴随这些活动的数据都蕴含了大量价值不菲的信息,篡改、伪造、复制等成为大数据时代一项轻而易举便能完成的事情,因此数字作品的版权保护是一个亟待解决的问题。数字水印技术得益于其数据隐藏的主要原理,使版权标准不可见或不可听,既不损害原作质量又能保护版权,视为知识产权保护的新途径。

3.3 非法信息的监测

非法信息的监测在金融信息内容安全领域中,主要侧重于对获取后的金融信息内容加以识别、判断和分类,确认其是否为用户、机构等所需要的目标内容,识别的准确度和速度是其重要指标,主要涉及文本、音频和视频等内容,主要包括内容安全监测技术、舆情监测技术、反垃圾邮件技术等。

3.3.1 内容安全监测

内容安全监测是指对网络的数据流进行监测和控制,过滤并剔除那些虚假欺骗、非法及垃圾邮件等有害的信息内容。在金融信息安全领域中,监测的实现有如下几个步骤:首先需要制定内容安全监测策略,即制定过滤规则,标定哪些属于非法的、禁止的、有害金融环境的信息内容;其次是制定信息内容的处理规则。大数据时代下的今天,在保证识别有害信息的同时,又要保证金融系统内部正常的信息传输和使用,绝非易事。

图 3-12 给出了内容安全监测流程模型。图中的监测策略是根据监管要求指定的规则规范;监管处理的部分则是依据制定的规范处理监测的模块组件,通常情况下包含数据获取、内容分析识别、数据过滤与违规处理等。

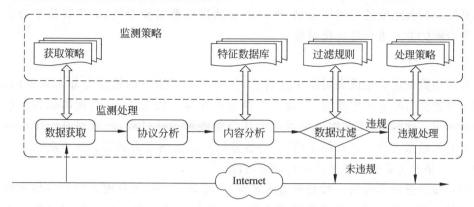

图 3-12　金融信息内容安全系统模型

1. 内容监测策略

内容安全策略的制定是后续执行端的重要依据,其中信息获取策略主要围绕监测对象的范围和获取方式来监测,特征数据库适用于判断被检测的信息内容是否存在违规的特征,诸如敏感文本、音视频字符等;违规处理的策略是指在拦截和过滤后对其进行处置的执行策略,一般情况下为禁止访问或直接删除等。

2. 数据获取

金融数据的获取主要为网络环境下的数据获取和金融业务数据包捕获两种情况。网络数据获取是指从网络收集相关数据的过程,这是后续进行分析处理的基础。面向内容的安全监控首要的就是如何快速、精准地获取所需信息。而数据包捕获机制在业内多采用旁路处理的方法来实现。一般的数据包会根据多层顺序依次向上传输,在此基础上会在数据链路层额外增加一个旁路处理,用于过滤、缓冲流经它的数据包,最后送至特定的应用程序处进行分析。

3. 协议分析

协议分析是指利用互联网协议的高度规范性,进行逐层协议解析和结果保存的过程。在分析过程中,可以模拟 TCP/IP 协议栈的方式,从底层一路向上来分析每个数据包。最后再根据协议分析具体用途情况,对比并将对比结果进行可视化呈现,以供进一步查看。在该监测系统中,将数据包进行协议分析的目的在于应用数据的还原。换言之,经过协议分析后,获得的每一个数据包的概要信息就可以被初步掌握,再根据这些信息对初始数据包进行还原处理。

协议还原又叫应用数据还原,是对协议分析技术的升级和优化。它在对底层协议进行解析的基础上,主要对应用层的协议进行分析。并且不止针对某一个数据包,而是针对由某些数据包组成的应用层会话,对这些会话进行重组和分析,最终将整个会话过程以一种清晰的方式进行可视化呈现。

4. 内容分析

在应用数据还原生成大量结果文件后,想要找到所需要的信息是非常困难的,而且网络本身也会带来大量数据包,导致数据捕获程序存在较大压力,直接出现数据捕获不完整的情况。此时,应用数据还原可能无法完整展示会话过程,严重时甚至生成许多可读性较差的结果文件。针对如上情形,内容分析和过滤则尤为必要。在金融信息内容监测中,主要是对还原的结果文件进行检索过滤。

现阶段信息内容分析一般是通过内容格式、段落、主题、图片或音视频等信息所呈现出的特征来进行分析的一种技术鉴别手段。根据鉴别的信息对象不同可分为文本内容分析鉴别、图像内容分析鉴别、音频内容分析鉴别、视频内容分析鉴别和混合信息内容鉴别。文本内容分析一般过程见图 3-13。要实现信息内容分析一般需要两个方面的工作来完成:一是信息内容的预处理工作,即通过从目标信息源中提取具备能够反映信息性质的隐性和显性特征,从而实现对传播信息内容数据的预处理,才可以将监测的信息内容进行有效标识;二是信息内容的匹配,即根据一定的匹配方法和规则将被监测的信息内容与不良和非法信息进行匹配,通过匹配的结果对被监测信息内容进行相应处理,并将处理的结果返回给用户。常用的匹配方法有统计模式识别、关键词匹配、正则表达式匹配及数据的挖掘分析等。

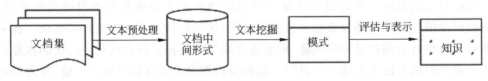

图 3-13　文本内容分析过程

延伸阅读

(1) 互联网中有害信息的提取与收集。由于互联网中各种信息庞杂,真伪难辨,并且不同信息之间缺少关联性,给有害信息的提取带来了极大的障碍。通过构建面向网络文本的特征表示和提取模型,对信息进行特征提取、量化和建模,实现对有害信息内容的有效识别,对有价值数据的快速收集,并构建抵御内容安全威胁、规避未知风险的信息服务平台,是当前信息内容安全研究的一个重要方向。

（2）互联网信息内容的智能化分析与处理。互联网中的有害信息有很多都具有一定隐蔽性,常规的信息提取方法很难获取其中的关键信息。通过构建互联网信息内容的智能化处理和分析平台,采用基于文本匹配、分类、聚类、过滤以及关联分析等相关的文本挖掘技术,实现互联网内容安全信息的快速、高效、准确获取是目前亟待解决的问题。

（3）网络舆情监测系统的构建。网络舆情监测系统主要是对互联网中的海量信息资源进行综合分析,为政府及相关部门决策提供所需的有效信息。网络舆情监测系统是集信息获取、存储、分析、应用于一体的综合平台,文本挖掘作为文本数据获取与处理的重要手段,在其中扮演着重要的角色,与各种数据挖掘技术、自然语言处理技术以及大数据处理技术一起,是当前信息内容安全方面的研究重点。

3.3.2　反垃圾邮件

案例

根据卡巴斯基实验室的统计数据,2014 年垃圾邮件占所有电子邮件总量的 66.8%,同比较 2013 年下降了 2.8 个百分点。其中,排名前三位的垃圾邮件来源分别为美国（16.7%）、俄罗斯（5.9%）和中国（5.5%）。就钓鱼攻击而言,42.6% 的钓鱼攻击以全球门户服务为目标。究其原因在于这些门户服务集成了多种服务,可通过一个账号的搜索引擎进行访问。卡巴斯基实验室的相关数据表明,钓鱼攻击中使用最多的前三的搜索引擎分别为 Yahoo（23.3%）、Facebook（10%）和 Google（8.7%）。结果显示,用于窃取用户登录信息、密码等其他金融信息的恶意程序已连续四年位居以电子邮件传播的最为广泛的恶意软件之首。

1. 垃圾邮件

电子邮件（E-mail）因其便捷性与高效性成为人们日常生活的主要通信手段之一,尤其是在商业和金融领域运用极为普遍。但带来便利的同时,电子邮件产生的问题也逐渐暴露出来。如"德勤邮件门"事件,被曝光的内容使其品牌形象遭遇史上最严重公关危机,同时也使公司遭受了极大的经济和财产损失。这些邮件攻击者恶意获取或篡改邮件、发送病毒邮件和垃圾邮件,严重危及电子邮件的正常使用,甚至对计算机和其信息系统造成严重的破坏,最终导致金融机构蒙受巨大损失。图 3-14 为通用的邮件系统基础结构。

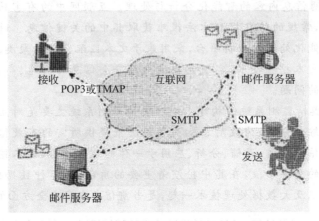

接收
POP3或TMAP
互联网
邮件服务器
SMTP
SMTP
发送
邮件服务器

图 3-14　邮件系统基础结构

随便打开一个用户的电子邮箱,大多都被诸多来历不明的邮件所充斥着,垃圾邮件(Spam Mail)像病毒一样肆意蔓延,侵蚀着网络环境,威胁着金融机构和人们的财产安全,甚至对网络通信造成阻碍。大数据时代的今天,信息爆炸的同时,垃圾邮件数量的增长速度同样呈指数级。其原因来自于两个方面:其一,垃圾邮件一直被吹捧为是一种最有效且最廉价的广告形式,其原因在于邮件地址列表很容易低成本获得,有些企业为了业务需要,在 Web 站点展示其所有员工的电子邮件地址,这使得获取一个邮件地址数据库极其容易,因为在实际操作中,仅需一个廉价的邮件软件即可按数据库中的邮件地址自动按需发送广告。其二,传统的控制方法无法有效地过滤垃圾邮件,这也是为什么终端用户总会收到来自不同渠道的商业广告。一般的垃圾邮件是利用网络中的开放式 SMTP 服务器进行转发。如果网络中的一台 SMTP 服务器没有被配置禁止转发电子邮件功能,那么它极易成为垃圾邮件制造者加以利用的对象。

案例

在当前互联网环境的背景下,网络病毒和黑客攻击时刻威胁着企业的安全。以安全咨询服务为主要业务之一的国际公司德勤(Deloitte),其电子邮件服务器竟然遭遇黑客监控数月,最后发起攻击,导致巨额的经济损失和负面影响。据《英国卫报》报道,这是德勤公司史上最严重的被黑客攻击事件,超过 500 万份内部邮件疑遭泄露,这些邮件中包含了大量客户的敏感信息和知识产权。据报道,黑客攻击的主要目标是德勤的全球电子邮件服务器,通过入侵该服务器的管理员账号,黑客成功获取足够权限访问了德勤 24.4 万名员工与客户之间的往来邮件。这些邮件中包含大量的敏感信息,如账号密码以及部分邮件附件中的知识产权信息。

垃圾邮件(Spam Mail)主要有以下几类。

(1) 收件人事先没有提出要求或者同意接收广告、电子刊物、各种形式的宣传品等宣传性的电子邮件。

(2) 收件人无法拒收的电子邮件。

(3) 隐藏发件人身份、地址、标题等信息的电子邮件。

(4) 含有虚假的信息源、发件人、路由等信息的电子邮件。

案例

2003 年 12 月,巴西的一个黑客组织发送包含恶意脚本的垃圾邮件给数百万用户,那些通过 Hotmail 来浏览这些垃圾邮件的人们在不知不觉中已经泄露了他们的账号。

2014 年 12 月中国警方破获了"翡翠国际投资公司"诈骗案。该案犯罪嫌疑人在境外成立公司进行有组织的网络诈骗。他将服务器放在一个国家,而本人则在另一个国家通过邮件指挥其犯罪组织成员进行相应的非法活动,形成了一个庞大而有序的、有组织架构的、严密的、产业化的诈骗链条,诈骗金额高达数亿元。

现阶段垃圾邮件连同黑客攻击、恶性病毒等相结合的情况也越来越多见,垃圾邮件经常作为病毒、木马程序的载体,被黑客利用进而进行网络攻击。比如,SoBig 蠕虫就是利用安装开放的、可以用来支持邮件转发代理的方式来扩散的。随着垃圾邮件的不断演变,用恶意代码或者监视软件等来支持垃圾邮件的行为已然较为普遍。越来越具有欺骗性的病毒邮件让很多企业深受其害,有时会严重影响企业形象,这一点在以银行为代表的金融机构尤为突出。虽然这些金融机构已采取较为完善的网络安全防护体系,但此类情况依旧难以完全避免,越来越多的安全事故由邮件带来,涉及病毒、木马或者其他恶意程序。面对假冒诡计,普通用户如果没有经历过系统的信息安全培训往往很难作出正确的判断,但是这类看似普通的攻击,造成的损失却是最惨痛、最让人记忆深刻的。

2. 反垃圾邮件技术

反垃圾邮件技术（Anti-spammail Technology）是指对垃圾邮件进行过滤、验证查询和挑战等一些常用技术的集合。过滤是最简单而又最直接的垃圾邮件处理技术，主要用于邮件接收系统辨别和处理垃圾邮件；验证查询是通过密码验证与查询等方法来判断邮件是否为垃圾邮件，而基于挑战的反垃圾技术是通过延缓邮件的处理过程来阻碍发送大量的邮件。

（1）过滤技术。过滤（Filter）是一种最简单却又很直接的垃圾邮件处理技术。这种技术主要用于接收系统（MUA，如 Outlook Express；或者 MTA，如 Sendmail）来辨别和处理垃圾邮件。从应用情况来看，这种技术也是使用最广泛的。比如很多邮件服务器上的反垃圾邮件插件、反垃圾邮件网关、客户端上的反垃圾邮件功能等，都是采用的过滤技术。

① 黑白名单过滤。黑名单（Black List，BL），是已知的垃圾邮件发送者的 IP 地址或邮件地址列表，而白名单（White List）是可信任的邮件发送者的 IP 地址或者邮件地址列表。现在有很多组织都在做垃圾邮件黑名单，即将那些经常发送垃圾邮件的 IP 地址（甚至 IP 地址范围）收集在一起，做成黑名单，比如目前影响较大的反垃圾邮件组织 Spamhaus 的 SBL（Spamhaus Black List）。一个黑名单可以在很大范围内共享。许多互联网服务提供商/ISP 正在采用一些组织的黑名单来阻止接收垃圾邮件。白名单则与黑名单相反，从白名单上的邮件地址或者 IP 地址发送过来的邮件可以正常接收。

目前，很多邮件接收端都采用黑、白名单来处理垃圾邮件，包括邮件客户端程序 MUA（Mail User Agent）和消息传输代理 MTA（Mail Transfer Agert）。当然，在 MTA 中使用得更广泛，这样可以有效地减少服务器的负担。黑名单技术也有明显的缺陷，因为不能在黑名单中包含所有（即便是大量）的 IP 地址，而且垃圾邮件发送者很容易通过不同的 IP 地址来制造垃圾。

② 内容过滤。内容过滤（Content Filtering，CF）通过对邮件发件人与收件人的地址、邮件的标题、正文及附件的内容进行搜索，查看是否具有垃圾邮件的特征，来判定垃圾邮件。常见的内容过滤技术主要有关键词过滤、规则过滤与贝叶斯过滤技术，其特点可参考表 3-1。

如今最新的科研成果大多采用综合集成技术系统的思想，将多种过滤技术组合共用、相辅相成。如图 3-15 给出了综合应用黑白名单过滤与内容过滤的反垃圾邮件处理系统。其中，邮件队列中邮件的来源有三种形式：邮件服务器、邮件客户端或网络设备的数据流复制。经过滤，正常的邮件将被发送到邮件的接收者，如为垃圾邮件，或被删除，或通知接收者该邮件为垃圾邮件。

表 3-1　主流内容过滤技术对比

名　称	简　介	优　点	缺　点	实用程度
关键词过滤	该技术需先创建或简单或复杂的与垃圾邮件关联的单词表,用以识别和处理垃圾邮件。通过在邮件内容中搜索是否包含单词表中的关键词来判定是否为垃圾邮件	技术实现方式简单	过滤能力同关键词高度相关	★★
规则过滤	该技术需要根据某些特征信息形成过滤规则库,通过这些规则来描述垃圾邮件	过滤高效	需要定期维护	★★
贝叶斯过滤	该技术过程为对邮件进行评分来判定是否为垃圾邮件,而评分原理采用机器学习的算法对大量的垃圾邮件和正常邮件进行学习,分别得到垃圾邮件与正常邮件的特征元素,进而给予不同元素一项正或负的分数值,相加求和后得到总分,用以完成最终判定	智能化	相对复杂	★★★

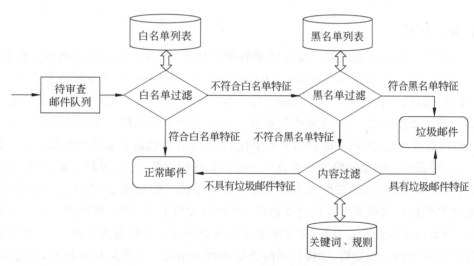

图 3-15　采用过滤技术的反垃圾邮件系统

（2）验证查询技术。垃圾邮件大多都使用伪造的发送者地址来发送,其中只有很少部分会用真实的发送地址。伪造邮件有下面几个特点:一是违法的,二是垃圾邮件不受欢迎,三是会受到互联网服务提供商（Internet Service Provider）的限制。验证查询技术通过验证或查询邮件是否为伪造进而判断是否为垃圾邮件。常用的验证查询技术包括来自雅虎和思科的 DKIM（Domain Keys Identified Mail）技术,来自 IBM 开发的 FairUCE（Fair Use of Unsolicited Commercial E-mail）技术以及最近受青睐的右键指纹技术。无论哪种验证查询技术,其目的都在于阻止垃圾邮件风暴的攻击与威胁,但无论哪种技术都不可能解决所有问题,仅在一定程度上可以保证服务器免受垃圾邮件的吞噬,避免损失更多的金融财产。

(3)挑战技术。垃圾邮件发送者通过使用自动邮件的发送软件可以每天产生数以百万计的垃圾邮件。而挑战技术通过延缓邮件处理过程,从而阻碍大量的邮件发送。对应那些只发送常规数量的邮件用户则不会担心受到影响。目前较为常见的挑战技术包含挑战-响应(Challenge-Response)技术、计算机挑战方案(Computational Challenge)技术等。

3.4 金融档案安全管理

3.4.1 金融档案安全概述

1. 基本概念

金融档案是指金融机构关于金融活动的业务档案,记载了金融活动的各类信息,具有重要价值。金融档案管理(Financial Archival Management)是对金融档案进行收集、整理、鉴定、保管、统计和利用等工作的总称。金融档案管理是金融文秘部门及相关档案管理部门的主要职责之一,在金融机构中是一项必不可少的工作。金融档案管理主要包括:①归档保管制度,即把分散的档案集中化,对有保存价值的档案妥善保管;②分类编目制度,即根据统一的金融档案分类表对立卷档案进行科学分类,编制目录,登记入柜或上架;③档案鉴定制度,即按照有关文件分析并判定档案的价值,从而确定其保管期限,对不需要继续保存的档案进行移交或销毁;④档案保管办法,即采取科学方法或专业手段,维护档案的完整性和安全性,最大限度地延长其寿命;⑤档案统计制度,定期按统一口径通过数据的积累和分析,掌握档案的数量和内容情况;⑥档案利用制度,通过检索、借阅、复制、咨询、编纂等工作,使档案为经济、金融工作服务。档案安全层次见图3-16。

2. 金融档案管理目标

金融档案管理目标根据所属行业的不同而有不同的侧重点,在档案学领域内普遍认为,金融档案管理目标主要是维护金融档案的完整性、真实性、机密性、可用性。

(1)维护金融档案的完整性即保证金融档案的内容、结构、背景信息和元数据等无缺损。GB/T 26162.1—2010《信息与文献 文件管理 第1部分:通则》将电子文件的完整性表述为"文件是齐全的,并且未加改动"。同时指出,在文件管理方针和程序中应当明确

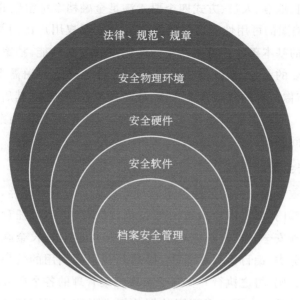

图 3-16　档案安全层次

待档案文件形成后可以具体进行哪些添加和注释,或在哪种条件下可以进行该操作,由谁负责进行,任何对文件的授权添加、注释或删除都应该有明文规定并可追踪。金融档案文件的完整性是保证其内容真实性的基础,也是保证金融档案相关文件有效性和法律证据性的基础。

(2)确保金融档案的真实性。在对金融电子档案的内容、结构和背景信息进行鉴定后,其是否与形成时的原始状况保持一致即为真实性的考量。因此,档案文件的真实性应当包括三重含义:档案文件与其用意相符;档案文件的形成、发送均与其既定的形成者和发送者存在高度吻合;档案文件的形成、发送与既定时间保持一致。为了确保文件的真实性,相关金融机构应执行并记录档案管理方针和流程,以便对文件的形成、接收、传输、保管和处置进行控制,从而确保文件形成者是经过授权和鉴定的。只有金融档案得到有效保护,才可以在一定程度上防止恶意人员未经授权就对其进行增、删、改、利用和隐藏。

(3)确保金融档案的机密性。这里是指保证机密或含有敏感信息的档案文件不被窃取,或窃取者不能了解文件信息的真实含义,确保档案信息不被泄露给非授权的用户。现阶段许多金融机构的档案文件中都包含不少敏感或亟须保密的信息,这些信息中既有敏感的商业和社会信息,也有大量的机构内部信息,其中也包括带有不同密级的其他相关信息。因此,确保金融档案的机密性实际上是确保在档案生成、传输、存储、管理等过程中,被访问的时间、地点、人员、方式四个要素满足金融档案机密性的要求。

(4) 保障金融档案的可用性。确保档案信息可被授权用户访问并按需使用的特性,是确保业务连续性的基本条件。可用性是面向用户的安全性能,档案管理系统的基本功能是向用户提供必要的服务,系统需要满足用户各种各样的利用需求。然而,以电子档案管理系统为例,它像所有的复杂系统一样,故障发生在所难免,其后果极有可能影响整体机构的正常运行。所以保证其系统安全与恢复,保障金融机构档案管理运行不间断,是一个极为重要的问题。

3. 金融档案安全管理原则

目前应用于多数金融机构的金融档案管理原则是:①集中保存,分级管理。一切金融档案集中于档案部门,不得由个人或由外包单位保存,更不可任意转移、分散或销毁。②维护档案的完整和安全。严守机密,积极保护,尽可能地延长金融档案寿命。③便于利用。加强档案的分类、编目等科学管理,提高其检索和利用的效率。金融机构内的各单位应遵循此三项原则,将之执行并贯穿于金融档案管理的各个环节之中。

金融机构的电子档案内容根据不同的划分标准对应有不同的种类。和纸质档案一样,电子档案文件按照形成主体分为公务档案文件和私人档案文件;按照形成档案的业务领域可分为通用电子档案(主要形成于财务管理、业务管理、人事档案等各机构都有的通用业务管理领域)和专门电子档案(主要形成于金融机构所属特有的行业特征,如银行业电子档案、证券业电子档案、保险业电子档案等)。其分类方式的不同对应管理内容会有所不同,但其核心的管理规范是具有普遍适用性的。

📠 **案例**

2017 年年初,芒市农村商业银行启动建立农户电子档案工作,为辖区农户进行建档、评级授信。一年后,芒市农商行共为 57 215 农户完成电子建档,覆盖面为 86.57%;通过各项信贷业务支持建档立卡贫困户 1 868 户,贷款金额合计 9 575 万元。芒市镇拉怀村村民老金一度为新盖房子的装修费用发愁,恰好芒市农村商业银行的工作人员到寨子里为村民做信用评级,建立电子信用档案,根据个人的家庭情况、收支情况和信誉度给予农户授信额度,并颁发贷款证。芒市农村商业银行为农户建电子档案这一创新举措,改进了农村金融服务的便利性,提升了农村金融服务水平,给农民致富奔小康提供了资金支持,为芒市打赢脱贫攻坚战发挥了金融支撑作用。

3.4.2　金融档案安全规范

随着金融机构各类档案数量的爆炸式增长,金融档案管理与全社会的资本、财富安全密切相关,金融档案的利用需求、安全管理也呈现出新问题、新变化、新规范。

金融机构的档案工作部门仅仅关注于传统管理方式,业务核心档案丢失和造假等问题时有发生。尤其是在金融信息化的今天,各类档案都以电子文件的形式生成、流转,其管理规范问题亟待解决。

2007 年,国家档案局与银保监会联合下发了《关于加强银行档案工作的意见》,提出"不断提高银行档案综合管理水平"的要求。2014 年 2 月 27 日,中共中央办公厅、国务院办公厅印发了《关于加强和改进新形势下档案工作的意见》,要求各级党政机关、企事业单位(包括境外派住机构)、社会组织,根据工作实际需要,加强档案管理工作,做好本单位本系统的文件收集、整理、归档工作,集中收集保管本单位各类档案,大力支持档案部门加强统筹协调和业务指导,确保归档文件材料符合要求。2015 年 5 月 5 日,《金融企业业务档案管理规定》正式由档案局下发。这是我国颁布的第一个专门规范所有金融业务档案管理的规范性文件。该规定的内容安排遵循普遍性原则,即金融机构档案工作通用体系框架,按档案管理流程分章节布局,对涉及金融机构业务档案管理各个方面和全过程进行规范,共分 5 章 32 条。内容梗概见表 3-2。该规定的制定对规范我国金融档案具有里程碑的意义,将作为各级档案管理部门和金融机构贯彻执行的指导,将我国企业档案安全管理工作提升到新高度。

表 3-2　《金融企业业务档案管理规定》内容梗概

章　节	核　心　内　容
第一章	阐明《规定》制定的目的、依据,对金融企业业务档案定义进行统一,明确《规定》适用范围,提出金融业务档案管理原则、管理体制和机制、人员要求等
第二章	阐述业务文件材料的整理与归档,制定金融业务档案归档范围和保管期限表,规范业务文件材料的形成、整理、归档时间和归档份数等
第三章	阐述业务档案管理,主要对档案部门保管金融业务档案进行规范,对档案信息化和电子档案管理提出要求
第四章	阐述业务档案的利用、鉴定与处置,对业务档案检索工具、查阅利用过程、档案鉴定处置等进行规范
第五章	内容为附则,明确解释权和生效时间

3.4.3 金融档案管理相关措施

金融档案的安全风险因素涉及的范围很广,因此要保证档案文件在保管和使用时具有安全的环境,必须从系统的角度出发,综合考虑各种影响安全的因素。不但需要涉及通信协议、操作系统、应用软件及用户的共同参与,还需要通过法律规范和规章制度来提供保障,是一项涉及多方面的系统工程,任何孤立的、片面的保护措施都不能从根本上解决安全问题。

金融档案安全风险要素关系见图 3-17。

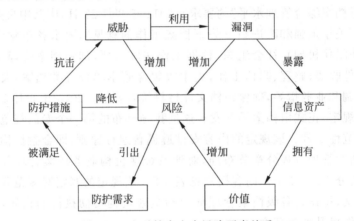

图 3-17 金融档案安全风险要素关系

从大量公共安全事件中可以发现,通过严格管理并且制定行之有效的管理规范能将各类危害降至最低。事实上,这也是在安全管理中最常用方法之一。《中华人民共和国计算机信息系统安全保护条例》第十三条明确规定:"计算机信息系统的使用单位应当建立安全管理制度,负责本单位计算机信息系统的安全保护工作。"这从法律上确定了管理制度的重要性。因此,在制定金融档案安全管理措施时应当考虑以下要点:

- 制订应急计划,进行安全检查和审计,撰写安全情况报告;
- 对重要数据进行备份,指定专门人员完成备份工作;
- 检测与清除病毒;
- 制定系统运行安全管理、数据及文件管理制度;
- 提供政策管理和保护方案;
- 明确负责人职责、管理员职责、录用人员审查条件;
- 严格进行权限管理等;
- 定期进行安全评估。

　　良好的安全规范是维护金融档案日常安全最有力的保障之一,在金融档案的安全维护体制中,它同样直接作用于人员管理,通过规范人员的行为,间接控制由人员导致的风险,是金融档案安全管理的重要手段。

本章练习题

一、选择题

1. 现阶段根据信息加工程度和内容级别作为标准进行分类,金融信息内容可分为若干类别,下列(　　)不是其中正确的类别。
- A. 一次事实性金融信息
- B. 二级加工金融信息
- C. 初级加工金融信息
- D. 三级加工金融信息

2. 不同行业、不同类型、不同载体的金融信息往往具有不同的流通渠道和分布范围,应当根据金融信息采集的效率指标加以评价和权衡,通过不同的途径、采用不同的方法获取。常用的金融信息获取方法或途径主要有以下几种,正确的选项为(　　)。
　　①采购　②调查　③交换　④索取　⑤检索　⑥分析
- A. ①②③④
- B. ②③④⑤
- C. ①②③④⑤⑥
- D. ①②③④⑤

3. 为了避免人力、物力和时间上的浪费,提高金融信息内容获取效率,在采集金融信息时,从业人员需注意以下几个原则,正确的选项为(　　)。
　　①针对性　②系统性　③预见性　④科学性　⑤计划性　⑥可用性
- A. ①②③④
- B. ①②③⑤
- C. ③④⑤⑥
- D. ①②③④⑤

4. 根据国家标准《金融信息服务安全规范》中确定的:"金融信息服务提供商应详细说明金融信息从收集、加工以及到录入的过程中所采用的方法、设备、工具软件以及所采用的数据质量控制规范"原则。下列描述不正确的选项为(　　)。
- A. 使用有合法授权的软件、设备、工具进行数据采集、加工处理和发布
- B. 保证所采用的软件系统、硬件系统持续稳定运行,保证金融信息存储、传输、使用等过程安全可靠
- C. 在金融信息加工处理过程中,保证数据信息不被非法授权者查看、复制和篡

改。金融信息的加工与处理过程中,除了对于加工、处理的基础软硬件支持外,其规范核心为过程端的安全可靠和数据信息本身的内容安全

  D. 根据现阶段各金融机构活动涉及的金融信息,其加工与处理需根据信息内容本身而加以区分,常见的金融信息内容的加工、处理技术主要分为文本信息和非文本信息内容

5. 目前,人们通常采用向量空间模型来描述文本向量,用于表示文本的基本单位通常称为文本的特征或特征项。特征项必须具备以下几种特性,下列描述正确的选项是(　　)。

  A. 特征项要能够准确标识文本内容

  B. 特征项无需将目标文本与其他文本相区分

  C. 特征项的个数没有限制

  D. 特征项分离要较难实现

6. 目前在语义特征提取过程中,应用最为广泛的语义级别是(　　)。

  A. 亚词级别   B. 词级别   C. 多次级别   D 语用级别

7. 下列不为信息隐藏的数据载体的是(　　)。

  A. 文本   B. 图像   C. 音视频   D. 信号

8. 根据表 3-3,判断关于信息过滤的正确说法是(　　)。

表 3-3　信息过滤和其他信息处理的区别

处　　理	信　息　需　求	信　息　源
信息过滤	稳定的、特定的信息	动态的、非结构化的
信息检索	动态的、特定的信息	稳定的、非结构化的
数据访问	动态的、特定的信息	稳定的、结构化的
信息提取	特定的信息	非结构化的

  A. 相对于传统的数据库来说,信息过滤系统是一个针对非结构化数据的信息系统

  B. 信息过滤系统主要处理的是文本信息和非文本信息

  C. 信息过滤系统常常要处理巨大的数据量

  D. 信息过滤同数据访问原理类似,信息需要均以动态的信息为主

9. 过滤是最简单而又最直接的垃圾邮件处理,主要用于邮件接收系统辨别和处理垃圾邮件,下列均为反垃圾邮件中底层过滤的选项为(　　)。

①评价过滤　②内容过滤　③黑白名单过滤　④关键词过滤　⑤贝叶斯过滤

A. ①②③④　　　　　　B. ①③④⑤　　　　　　C. ②③④⑤　　　　　　D. ①②③④⑤

10. 下列不属于数字水印在金融领域应用的描述是(　　)。

A. 电子印章系统　　　　　　　　　　　B. 财务报表内容认证

C. 知识产权保护　　　　　　　　　　　D. 通信保护

11. 信息内容安全的一种定义是:对信息在网络内流动中的选择性阻断,以保证信息流动的可控能力。在此描述中,被阻断的对象是(　　)。

A. 通过内容可以判断出来的,可对系统造成威胁的病毒

B. 因无限制扩散而导致消耗用户资源的垃圾类邮件

C. 危害儿童成长的暴力信息

D. 以上都是

12. 请根据描述选定对应正确的数字水印的嵌入算法(　　):此算法原理为在图像的相应域内进行水印嵌入,即将原始图像经过给定的正交变换,将水印嵌入到图像变换的系数中去,从而利于实现水印的不可感知性,也可以增强水印的鲁棒性。

A. 变换域算法　　　　　　　　　　　B. 时空域算法

C. 压缩域算法　　　　　　　　　　　D. LSB 算法

13. 下列选项不是金融信息内容安全与金融信息数据安全的区别的是(　　)。

A. 金融信息内容安全更侧重于金融信息安全中非结构化内容安全部分

B. 金融信息数据安全不仅考虑数据安全层面,如物理安全、灾备隔离等内容也有涉及

C. 数字水印技术是金融数据安全层面最为核心的保护技术之一

D. 数据加密指的是用某种特殊的算法改变原有的信息数据,使其不可读。基于对信息进行数字编码和解码实现,是内容安全层面涉及较少的部分

14.《中华人民共和国计算机信息系统安全保护条例》第十三条明确规定:"计算机信息系统的使用单位应当建立安全管理制度,负责本单位计算机信息系统的安全保护工作。"这从法律上确定了管理制度的重要性。因此,在制定安全规范时应当考虑以下要点,如下说法正确的是( )。

    A. 制订应急计划,进行安全检查和审计,撰写安全情况报告

    B. 对重要程序和数据进行备份,指派公司内部人员完成备份工作即可

    C. 提供管理政策和保护方案

    D. 进行权限管理,即授予完成工作所需的最小特权

15. 根据国家标准 GB/T 36618—2018《信息安全技术 金融信息服务安全规范》中设定的金融信息服务基本原则中,没有如下哪条原则?( )。

    A. 准确性   B. 可用性   C. 可追溯性   D. 抗抵赖性

二、思考题

1. 金融信息内容安全与金融信息数据安全的区别在哪里?有哪些内容安全技术?

2. 什么样的邮件是垃圾邮件?主流反垃圾邮件技术分别有哪些?

3. 数字水印在不同的金融机构间的应用场景分别有哪些?其特点是什么?

4. 金融档案管理的基本原则是什么?有哪些管理措施?

练习题参考答案

1. B 2. D 3. B 4. D 5. A 6. B 7. D 8. C 9. C 10. D 11. D 12. A
13. C 14. A 15. D

第4章 金融信息数据安全

CHAPTER 4

【学习目标】

通过学习本章了解数据的加密方式及实现安全通信加密的过程,明晰数字证书及数字签名对通信双方的身份验证的作用;简单了解数据库中加密粒度选择的相关规则、密文索引的创建及密钥管理等知识点;区分数据复制与备份的基本概念,了解数据复制及备份的常用软件或技术,掌握一到两种数据库中实现数据复制的常用软件的使用方法;了解数据灾难备份(以下简称灾备)对金融行业的重大意义,明确实现灾备所需的相关底层技术。熟练掌握灾备计划制订的基本流程,通过实例进一步掌握数据库的灾备系统的搭建;了解物理安全基本概念,熟练掌握机房安全及介质安全实现的相关要求;同时,注意区分数据删除与数据销毁基本概念,掌握常用的删除及销毁方法;了解金融行业中大数据、云计算、区块链的发展状况。

【本章知识点】

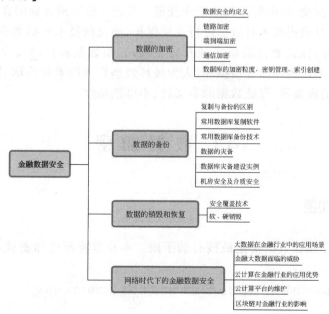

> **案例**
>
> 　　银行业是金融行业个人隐私数据泄露的"重灾区"。某商业银行信用卡中心员工黄某利用工作便利,手工抄录持卡人信息并将其提供给银行外部人员冯某。冯某利用征信报告内容通过银行客服电话认证,修改预留手机号码,最终造成 4 名持卡人卡片通过支付宝快捷支付平台被盗刷,资金损失合计 13 万元。最终,黄某构成共同犯罪并被追究刑事责任。

　　在第 3 章"金融信息内容安全"的基础上,本章以金融行业为背景、以结构化数据的安全为核心,从数据产生、传输、存储、处理直至数据销毁五个阶段讨论数据可能遇到的安全问题。其中,结构化数据指的是以关系数据库表形式管理的数据。

　　早期银行的数据是以省(市)为单位分布存放且金融产品相对较少,没有数据集中分析挖掘的需求。随着各家银行实施了数据大集中,银行每天会产生大量的数据并需要对这些数据作分析挖掘。例如:某银行核心数据已达 300TB①,数据库存放的数据已达400TB。有资料显示 80%甚至更高比例的敏感数据的泄露都是内部人员所为。

　　数据安全,对于对数据要求很敏感的金融行业来说尤为重要,旨在保证应用系统健康高效的运行。数据安全的定义有多种,应用场景不同,定义也会有所差别。《信息安全技术 网络安全等级保护基本要求》中指明数据安全的实现主要是数据安全管理的实现,归属数据安全管理中心管理。简单说,就是从"机构""制度"和"人员"三要素出发,旨在规范数据全生命周期的操作、保护措施、管理人员的职责等,包括但不限于对数据采集、存储、处理、应用、流动、销毁等过程的安全规范。其包含以下两方面的含义:一是数据本身的安全,主要通过密码技术对数据进行主动保护,涉及的技术包括数据加密技术、数据完整性验证技术等,保证数据的机密性及完整性;二是数据防护的安全,保护数据在处理、传输等过程中不因为存储介质损坏、人为破坏或病毒等因素被窃取、篡改、冒充,涉及的技术包括数据的灾备等,保证数据的真实性、不可抵赖性。

4.1　数据加密

4.1.1　数据的加密

　　对数据加密是保证数据安全最核心的手段。本小节将阐述加密技术的基本概念及

---

　　①　太字节(Terabyte),计算机存储容量单位,也常用 TB 来表示。1TB＝1 024GB。

应用,帮助读者更好地理解其基本原理及实现方法。同时,给出一些适用于结构化数据的加密规则。

1. 加密的概念及分类

数据加密指的是用某种特殊的算法改变原有的信息数据。具体说,首先数据会在加密密钥及加密算法的帮助下变成无意义的密文,即数据被发送者用加密密钥加密的过程;其次,借助解密钥匙及解密函数,密文可以被还原成明文,即接收方在收到密文后利用提前给予自己的密钥进行解密的过程。给予的对象可以是发送方一对一地授权给接收者,也可以是第三方可信机构授权给接收者。密钥即秘密的钥匙,可分为加密密钥及解密密钥两种。每个人都拥有其独一无二的密钥,密钥的安全性直接决定了加密的效果。我们常用的登录密码就属于密钥的一种。

就加、解密过程用的密钥是否相同而言,一般将加密算法分为两种。

(1)对称加密。加密和解密过程中使用的密钥是相同的,该方式的计算复杂性较低,适用于对长度较长的数据的加密;常用的算法有 DES、RC4、RC6 和 AES 等。

(2)非对称加密。一般来说,算法中用于加密的是公钥,用于解密的是私钥。公钥对外公开,私钥由个人秘密保存;只有拥有和密文中公钥相对应的私钥的用户才能正确解密密文并读取明文。典型算法包括 RSA、IBE 和 ABE 等。算法的安全性及处理效率相对会高于对称加密,适合对安全性要求较高的少量数据的加密。

就加密技术应用的逻辑位置而言,常用的数据加密可分为三种:

(1)链路加密。数据在被传输之前需加密,传输节点接收该数据后进行解密,成功后再使用下一个链路的密钥对数据进行加密,以此类推。在到达终点前,数据可能要经过许多中间节点。

(2)节点加密。对链路加密的改进。具体来说,链路加密中每个传输节点中的数据会经历解密再加密的过程,因而存在明文数据被暴露或遭非法存取的弊端。节点加密要求解密再加密的过程在安全模块中执行。

(3)端对端加密。要求数据传输过程中始终以密文形式呈现,即使节点暴露也不会使数据泄露。该方式易通过软件实现且成本低,适用于大型网络系统中多个发送方与接收方之间数据的传输。

从概念上理解,也可以直接分为链路加密和端到端加密两种。

2. 加密数据的安全通信过程

数据加密从源头上对数据实施了保护。遗憾的是,单纯的加密并不能保证数据在整个通信过程中的绝对安全。不管是非对称加密还是对称加密,接收者在接收到密文后,正确解密密文的前提是数据拥有者的解密密钥,这个过程就涉及密钥如何安全地从数据加密者传输给数据解密者。数字证书便用于解决互联网场景中对通信双方的身份认证问题。数字证书由数字证书颁发认证机构（Certification Authority，CA）签发，本质上是由互联网通信中标志通信各方身份信息构成的一串数字，内容包括签发证书的机构、采用的加密算法、公钥、证书到期时间等信息。基于以上场景，可能发生的另一个威胁是：数字证书在颁发过程中被篡改。在传输前对数字证书签名可有效验证其是否被篡改，从而提醒接收者注意威胁。美国电子签名标准对数字签名作了如下解释："数字签名是利用一套规则和一个参数集对数据计算所得的结果。用此结果能够确认签名者的身份和数据的完整性。"这里签名的本质是对证书的内容做了一个哈希运算（即对数据做压缩映射），服务器会把自己原有版本的证书做一次哈希，并将结果和用户发送的哈希结果作对比。总而言之，最终传输的内容包括密文、数字证书、数字签名三部分。

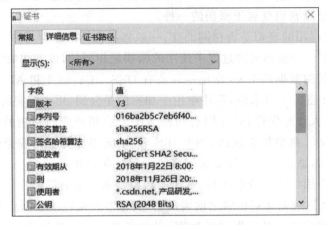

图 4-1　数字证书实例

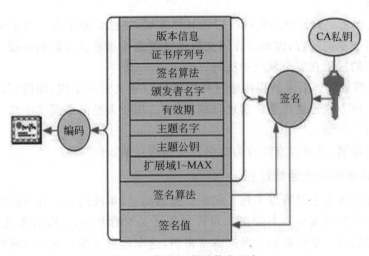

图 4-2　数字证书及数字签名

目前,数字证书的应用环境是在 https(Hyper Text Transfer Protocol over Secure Socket Layer,超文本传输安全协议)中,以 https 开头的网址意味着浏览器和被访问网址之间是加秘密通信。加密效果的实现依赖于 SSL(Secure Socket Layer)/TLS(Transport Layer Security)协议的实现。经过 SSL/TLS 握手协议交互后,数据交互双方便可确定本次会话使用的对称加密算法及密钥,从而进行加密数据的交互。整个通信过程经历了数据封装、压缩、加密等过程。

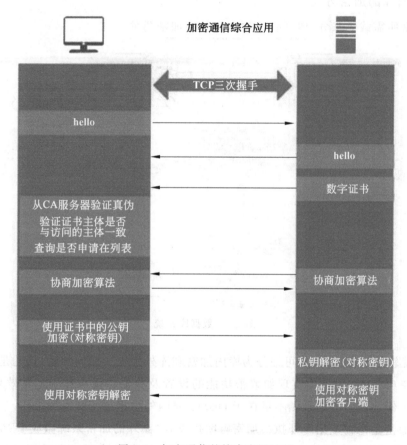

图 4-3　加密通信的综合应用过程

4.1.2　数据库的加密

数据库的加密旨在确保只有授权用户才能够进行访问并解密使用数据。数据库面临的威胁主要有被窃取、损坏和篡改。例如,入侵者可以在篡改数据后将自己的入侵痕迹掩盖掉;或者蓄意破坏用户的数据后,勒索用户支付高额费用以恢复原有数据。目前很多大型数据库,如 Oracle、SQL Server 等都提供了存取控制、审计、数据库备份与恢复等基本安全功能,但这些难以保证高度敏感性数据的安全性,因此主要用于对数据库中数据进行额外的、实现更加严格加密效果的场景。常用的数据库加密算法有 AES、RSA、Base64、SHA 等。

1. 数据库的加密方式

按加密所需载体来分,包括软件加密和硬件加密两种。

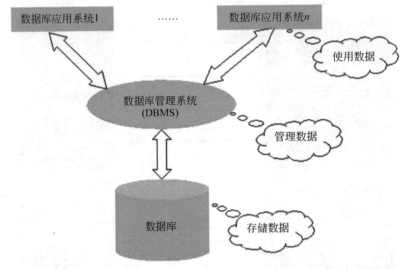

图 4-4　数据库系统

(1) 就软件加密而言,又可细分为库内加密和库外加密。库内加密,指的是借助数据库管理系统(DBMS)的能力实现加解密功能的设置及验证。优点在于加密效果很稳定,源于系统工作和加密的结合。不足在于 DBMS 要额外承担加密解密的工作。

库外加密是指在数据库外执行加密解密操作,将额外的加密系统做成 DBMS 的外层工具,用户端通过系统反馈来完成加密解密。例如,加密系统可以先采用 RSA、DES 等算法加密,然后再把内存中的密文存放到数据库中。优点在于因为密钥和数据库内数据不在同一个系统,所以密钥管理比较简单。缺点是会降低对数据读写以及程序的效率。

(2) 就硬件加密而言,指的是在数据库系统和存储器间添加一个硬件中间层完成加解密的工作,区别于库外加密。该方式适用于大中型应用环境,优点是易扩展。

除此之外,还可按数据的级别,分为文件级加密、DBMS 级加密、应用程序级加密和客户端加密等。

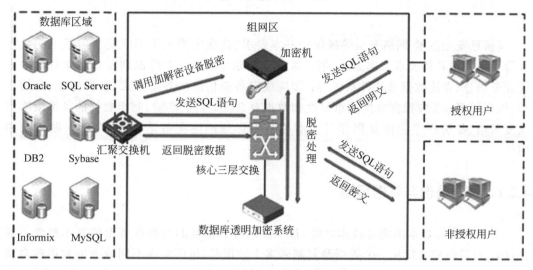

图 4-5　数据库的加密系统实例

2. 数据库的加密粒度选择、索引创建及密钥管理

(1)按照数据库的结构层次,加密粒度可以分库级、表级、记录级、字段级和数据项级。数据库的加密一般只能对数据库中的特定数据进行加密,否则会对应用系统造成较大影响。比如说,索引字段、关系运算的比较字段及 SQL 语句内数学运算的字段都是不能加密的。

(2)索引的创建主要用于解决数据在加密状态下如何实现高效的检索,进而提高数据的查询效率。数据的安全性和查询效率也是密文数据库领域研究最多的一个方向。目前,有很多方法可对密文创建索引,比如说,基于桶标识(Bucket ID)转换的加密,该方法支持密文区间查询;或通过额外存储特征值先实现粗糙查询,再通过解密粗糙查询的结果进行精确匹配。

(3)就密钥的管理而言,明文经过加密后,数据库管理系统将无法识别库中密文且无法实现直接查询。"一次一密"对数据库加密来说是最安全的,但它需要为数据库中每一个数据生成并保存一个密钥,效率极低。数据库的密钥管理通常采用的是多级密钥管理体制,用于防止特权用户直接存取密钥。比如,在二级密钥管理体制中,主密钥用于加密工作密钥,工作密钥则用于加密数据库中的数据。

4.2 数据的备份

《信息安全技术 网络安全等级保护基本要求》标准中给出了不同安全需求下的数据备份和恢复的具体要求。比如说,第二级安全要求中表明:①应识别需要定期备份的重要业务信息、系统数据及软件系统等;②应规定备份信息的备份方式、备份频度、存储介质、保存期等;③应根据数据的重要性和数据对系统运行的影响,制定数据的备份策略和恢复策略、备份程序和恢复程序等。本小节将详细阐述灾备是什么、为什么做以及如何做。

4.2.1 数据备份与数据复制

在详细介绍数据的灾备技术之前,首先要区分数据复制与数据备份的基本概念。复制(Copy)是将原数据从一个数据源复制到多个数据源,进而实现不同地点的数据的自动同步更新。备份(Backup)则指对数据进行处理,达到提高备份速度、增加数据安全性、提升存储介质的利用率等。从某种意义上讲,"备份=复制+管理"。

相比数据备份,数据复制技术具有实时性更高、数据丢失更少或零丢失、容灾恢复快等优势;当然,数据复制的成本也相对较高。

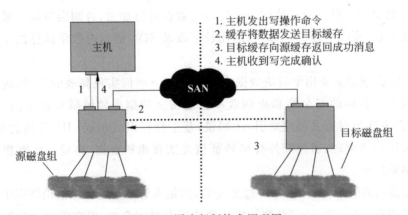

图 4-6　同步复制技术原理图

1. 数据复制形式

SAN(Storage Area Network,存储区域网络)数据的复制在形式上一般分为同步和异步两种。

（1）同步数据复制。任何一个节点的数据更新会立刻反馈到其他所有复制节点,会最大限度地保持数据的一致性。缺点在于对网络状况有很高的要求。

（2）异步数据复制。可在主存储设备上设置时间间隔,实现定时将数据同步到备份存储设备上的效果。优点在于网络和备份存储设备发生故障时不一定会影响主存储设备,但异步复制处于未完成状态时,数据的一致性无法保证。

2. 常见数据库复制工具

下面介绍了几种常用的数据库复制软件,如表 4-1 所示。读者可根据需求自行选择并进行更细致地学习。

表 4-1　常见数据库复制软件对比表

对比项	数据卫士（Data Guard）	流复制（Stream）	金门（Golden Gate）
原理	通过传输线程,基于触发器的日志挖掘	基于日志挖掘	基于日志挖掘
主要用途	高可用性	数据共享	实时数据集成
实现简易	实现过程和管理简单	复杂,对数据库管理员的要求非常高	配置较简单
安全性与稳定性	较稳定、可靠	稳定、可靠	稳定、可靠
对源数据库的影响	一般	一般	影响非常小
拓扑结构	支持一对多模式,备用数据库最多 9 个	支持一对一、一对多、多对一、双向复制等	支持一对一、一对多、多对一、双向复制等
收费情况	免费	免费	收费
其他	基于 Oracle 数据库实现数据的同步复制	可实现数据的同步复制	可用于各种不同的操作系统平台和各种数据库系统之间的数据同步

3. 数据备份技术

常用数据备份的实现技术包括数据重复删除技术（De-duplication）、数据复制技术（Du-plication）、数据加密技术（Encryption）及数据缓冲技术（Staging）等。通过各种机制来降低备份数据的大小,以便占用更少的存储空间。

（1）数据重复删除技术。当多个相似系统的数据要备份到同一台存储设备上时,重复备份的数据会产生大量的冗余,这项技术通过避免冗余数据的重复复制来节省设备的存储空间。

（2）数据复制技术。通过将数据生产中心的数据复制到不同的物理节点服务器上，来支持分布式应用或者建立备用的数据中心。具体可参考数据复制技术部分。

（3）数据加密技术。数据的加密一般在数据压缩之后实施，因为加密后的数据将生成一个随机数据流，是不可压缩的。

（4）数据缓冲技术。备份数据先被复制到缓冲磁盘、再到磁带，可以缓解系统对备份带宽的需求，常用于基于网络的备份系统中；当备份系统需要执行其他数据操作时，缓冲磁盘可充当数据中心的角色。

在灾备系统中，比较典型的实现数据级数据备份的底层关键技术有远程镜像技术、快照技术及互联技术等。

- 远程镜像技术主要是把数据从生产中心备份到物理距离相距较远的灾备中心。
- 快照技术适用于避免人为失误等软故障造成的数据损失，软件会对数据所在磁盘子系统做快速扫描，可在不影响在线业务运行的情况下做完全备份。该技术多数情况下会与远程镜像技术结合将数据备份到远程的磁带库、光盘库中。
- 互联技术基于 IP SAN（Storage Area Network，存储局域网络）互联协议将数据生产中心的数据通过现有的 TCP/IP 网络远程复制备份到 SAN 中。

4.2.2　数据的灾备

本书前文提及，受汶川地震影响，2008 年整个银行业净亏损 50～130 亿人民币，且在灾祸发生的同时又无法后期恢复的企业里，近 60% 的企业在两至三年后退出市场。2008 年国家成立了灾备技术国家工程实验室，专门进行灾备技术相关法律法规的制定。以下将针对灾备的概念、目前主流的灾备技术等进行阐述。同时以金融业数据库的灾备为例，具体分析金融机构应该如何合理构建灾备系统，帮助读者更好地了解灾备的相关知识，并掌握一定的灾备常识。

1. 什么是灾备

灾难指由于人为或自然的原因造成信息系统出现严重故障或瘫痪，使信息系统支持的业务功能停顿或服务水平降至不可接受的突发性事件。[①] 系统泄漏、人为破坏等为可控因素；自然灾害等为不可控因素。

灾备，即灾难预备或容灾备份，在计算机科学技术领域，灾备除了要维持系统的正常运转，还需要维护系统工作所需的良好工作环境。灾备中心应运而生，用于灾难发生后接替主系统进行数据处理，同时支持关键业务运作，可提供专业技术支持及运行维护管

---

① 该定义源于"在信息系统灾难恢复规范与重要信息系统灾难恢复指南"。

理能力。

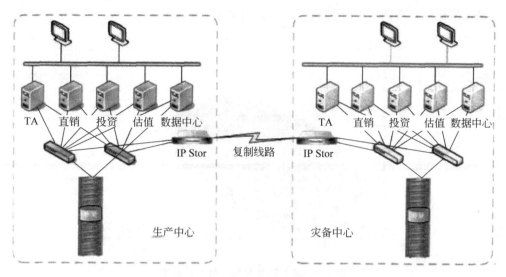

图 4-7　灾备系统中数据的流向演示图

注：IP Stor 是一个实现数据统一管理的软件平台

2. 实现灾备的要素

建立完善的灾备系统,除了需要考虑备份的数量、恢复数据的占比,还应考虑数据恢复速度的快慢、数据的传输方式,考虑资金投入的预算等。角度不同,对灾备方式的选择不同。下面将详述不同角度下的灾备因素的选择,读者可按照该过程一步步选择,设计自己的灾备计划。

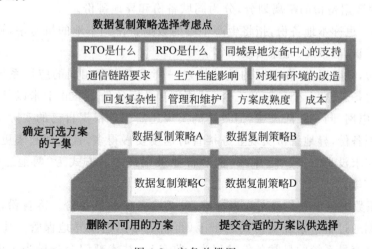

图 4-8　灾备总揽图

（1）按照灾备系统对灾难的抵抗程度,可分为数据级灾备、应用级灾备及业务级灾备。这是根据恢复等级与需要的成本投入进行的划分。

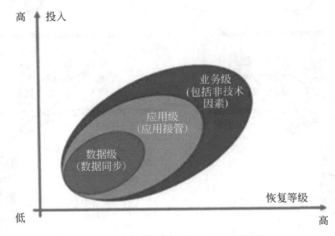

图 4-9　灾备恢复与成本投入关系图

数据级灾备是前提,主要包括对数据的复制、备份、恢复等。应用级灾备是基础,用于确保信息系统自身的容灾抗毁能力,旨在减少系统的停机时间;实现该效果的关键技术包括冗余技术、集群技术、网络恢复等。其中,冗余技术用于系统的主部件发生故障时代替主部件继续工作。集群技术通过集合分散的主机,可实现操作系统的高可用性。业务级灾备是关键,旨在考虑计算机系统之外的业务因素。当发生大的灾难时,用户除了需要原来的数据以外,还需要工作人员在一个备份的工作场所能够正常地开展业务。

（2）按照数据备份的距离划分,分为同城备份和异地备份。

同城备份,也称本地备份,指将生产中心的数据备份到本地的机房中,使用的主要设备通常为磁带机、磁带库、光盘塔或库等。

异地备份,顾名思义,在不同的地域构建一套或者多套相同的应用系统或者数据库系统。异地灾备遵循“一个三”和“三个不”原则:必须备份至 300 千米以外,不能在同一地震带、同地电网、同一江河流域,但具体的实现还需用户根据自己的实际情况作综合判断。相比本地备份,异地备份实现业务接管时速度要慢得多,且实现起来更困难和复杂,但对带宽的需求没那么高。近年来,金融行业采用最多的方式为“两地三中心”模式和“双活”“多活”等。

（3）按照数据备份时是否离线为标准,分为冷备份与热备份。冷备份,即离线备份,指的是将数据通过备份系统备份到磁带上,再将磁带运送至异地保管。比如说,我国目前的一些期货交易系统的日常备份过程为:收盘后,技术部门会备份当天的交易数据并

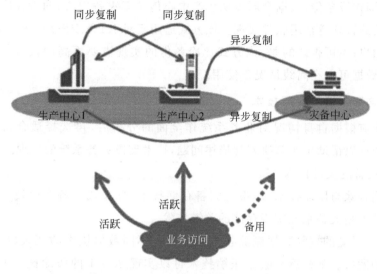

图 4-10　同城灾备与异地灾备实例图

上传至异地的重报盘,以实现双重备份。该方式缺点在于数据恢复速度慢、数据恢复的滞后,适用于资金受限及对灾难恢复所用的时间(Recovery Time Object,RTO)、灾难发生时可容忍的数据可丢失范围要求较低的用户。恢复点目标(Recovery Point Object,RPO)指可直接反映数据的完整程度。一般认为两者之间的比例越小,系统的操作性就会越高。值得注意的是,冷备份中心的目标数据只有在数据齐全的情况下使用。

表 4-2　冷备份和热备份对比表

	冷 备 份	热 备 份
优点	备份和恢复迅速,容易达到低维护,高安全效果 执行效率高	备份和恢复更精确 不需要关闭数据库
缺点	单独使用时,只能提供到某一时间点上的恢复,需关闭数据库	过程较复杂,操作不允许失误,否则恢复不能进行
应用场景	数据库需暂时关闭时 与热备份配合时	数据访问量较小时 需实现表空间①或文件级的备份时 需高精确备份时

---

① 表空间:是一个逻辑概念,若干操作系统文件可以组成一个表空间。

热备份,即在线备份,数据会同步从生产中心传送至灾备中心,两者在应用层被集群管理。应用层的管理通常用软件实现。该方式适用于对 RTO、RPO 要求较高的用户,如金融行业的用户;不可否认的是,该方式比冷备份的实现需要更高的投入。区别于冷备份,热备份的数据可以在离线情况下使用。

3. 数据灾备的相关底层技术

金融企业应根据自身情况对业务系统作全面的分析后,再选择适合自己的灾备方式。模式选择可以帮助企业解决宏观描述问题,技术支撑灾备系统的实现。

1) 实现灾备的关键技术

重复数据删除与压缩技术、虚拟化灾备存储技术、分布式灾备存储技术和基于信息的灾备存储技术是灾备系统实现存储的关键技术。

其中,基于磁盘的重复数据删除技术在于寻找不同数据块中的冗余数据并删除,实现数据压缩的效果。某些重复数据压缩技术可以实现 20∶1 的压缩比。主流的重复数据删除有 Avamar 和 Veritas Net Backup 等。

分布式存储系统主要通过利用大量分布式的廉价存储资源构建安全的灾备存储系统。以应用于广域网中的分布式文件存储系统为例,该系统有效地为用户提供文件存储服务,实现了多用户间的文件共享。基于 P2P 的分布式存储技术是当前的研究热点。

2) 金融界灾备计划的制订

建立完善的灾备系统是一个复杂的过程,需要对业务系统进行全面的分析,尤其是金融行业对数据的完整性要求较高。下面举例说明了金融行业实现灾备的大致过程:

(1) 系统分析。将风险管理决策建立在函数关系上。灾备系统的投入和产出分析、业务系统的风险分析、灾备系统对业务系统的影响分析是当前常用的三种系统分析方法。

(2) 选择灾备技术。现阶段使用的灾备设施已经达到了较高的技术水平,用户可在某种灾备技术的基点上搭配使用其他类别的灾备技术。

(3) 确定设计指标。Share 78 是目前世界各地广泛使用的检测灾备技术的标准之一。在设计灾备系统框架时,要综合制定各项参考指标,如用户所在地域的特征、实现同城还是异地、同步复制还是异步复制、投资成本等,以实现高性能且低总成本投入的效果。以数据库的灾备为例,数据全部复制成功是硬性指标。

(4) 制订灾备计划。灾备计划指的是恢复数据时所需要的任务、行动、数据或资源的操作文件,可指导相关人员在预定目标内恢复关键的业务功能,是金融行业有效实施灾备项目的必备步骤之一。对于非 IT 行业的 IT 系统管理工作人员及企业而言,建立一支完整的灾备系统服务队伍所需管理成本较高,灾备系统的使用概率却又较低,因而外包给专业的灾备服务中心更为划算。

3) 数据库灾备建设实例

一些数据库软件厂商或软件供应商会向用户提供一定的灾备服务,比如说,Oracle的 DB2 数据库目前在市场上就得到了广泛应用。结合灾备计划的制订过程,下面详细灾备给出了数据库灾备系统搭建的实例,包括了软、硬件设备的搭建。

(1) 灾备机房。租用运营商的互联网数据中心作为灾难恢复的计算机房。

(2) 灾备中心搭建。在灾备中心部署与生产中心相同品牌、相互兼容的服务器和平台软件。存储系统采用同构方式,生产中心和灾备中心的数据实时同步。

(3) 负载均衡设备部署。一种把网络请求分散到一个服务器集群中、增加有效的网络带宽的硬件设备,生产中心和灾备中心均部署该设备。

(4) 灾备中心部署防火墙、入侵防御等系统,实现访问安全控制。

(5) 数据库的灾备实现。以 Oracle 数据库平台为例,数据生产中心与灾备中心都选用 Data Guard 作为备份软件。

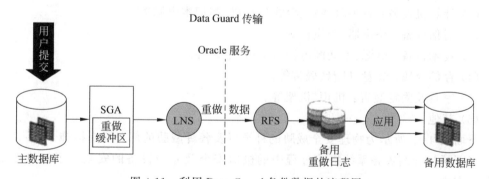

图 4-11　利用 Data Guard 备份数据的流程图

数据库部署在 X86 PC 服务器和虚拟化服务器中,同城数据中心实时承载数据库数据,RPO<1 分钟,RTO<15 分钟。对数据库采用 Oracle ADG 实时复制方式,将生产中心数据库异步复制至灾备中心。生产中心业务通过 XTTS(移动单个表空间数据以及将一个完整的数据库从一个平台迁移到另一个平台实现备份的方法)等工具将数据迁移至新建立的资源池。

4.2.3　数据的物理安全

> **案例**
>
> 　　某银行机房因为动力负载过高,造成动力配电柜开关跳闸,供电中断,空调停止运行,生产机房温度升高导致设备宕机。值班工程师在多次尝试合闸失败之后,业务较长时间中断。银监会发布《中国银监会办公厅关于银行业金融机构数据中心基础设施外包风险提示的通知》的内容中提示要规避此类风险。

　　硬件、软件及物理设施会面临多种威胁,信息系统设备所在的工作环境温度过高会造成设备宕机,这属于非人为因素造成系统故障的一种。自然环境或技术故障等原因也属于非人为因素的范围。除此之外,人员失误或恶意攻击等类型的威胁被归类为人为因素。我们首先给出物理安全的定义:物理安全是指确保信息系统在对信息收集、处理、传输、存储的过程中,对计算机设备、设施(包括机房建筑、供电等)、环境、系统等采取的安全措施。

　　物理安全的直接保护对象通常包括以下内容。

　　(1) 计算机设备:各种服务器、台式计算机、笔记本电脑等。

　　(2) 通信设备:路由器、交换机等。

　　(3) 技术设备:电源、不间断电源(UPS)、空调等。

　　(4) 存储介质:光盘、U盘、磁带等。

　　(5) 家具及固定装置:机柜、机架等。

　　(6) 其他。

　　下面图4-12所示为物理安全威胁的种类以及各种威胁的部分应对措施。

　　以下通过介绍灾备系统搭建过程中的机房安全及介质设备的安全来了解物理安全的具体实现。

1. 机房安全

　　机房安全包括:①物理位置的安全;②实现访问控制;③防盗窃和防破坏;④防雷击;⑤防火、防水、防潮及温湿度控制;⑥防静电;⑦电力供应;⑧电磁防护等。以防水和防潮为例,空调的冷凝水管安装不当造成各种事故,是现实中经常发生的事情。GB/T 22239—2019《信息安全技术 网络安全等级保护基本要求》中给出了具体的实践要求,且不同的安全级别对应的需求不同。表4-3简单罗列了一些要求可供参考。

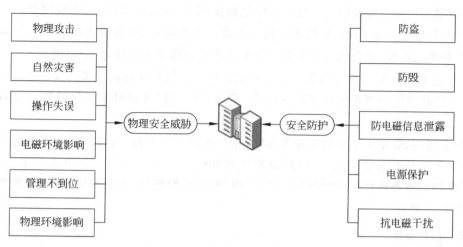

图 4-12　物理威胁及安全防护措施

表 4-3　机房安全的基本要求

安 全 需 求	防 护 要 求
物理位置的选择	应避免设在建筑物的高层、地下室、用水设备的下层或隔壁
防盗窃和防破坏	机房出入口应配置电子门禁系统 设置监控报警系统
防雷击	设置避雷装置 设置交流电源地线
防火、防水、防潮、温湿度控制	设置火灾自动消防系统 采用具有耐火等级的建筑材料 安装对水敏感的检测仪表或元件 设置温、湿度自动调节设施,如智能温湿度调节仪
防静电	采用防静电地板,或主要设备采用接地防静电措施
电力供应	配置稳压器和过电压防护设备 配置短期的备用电力供应设备
电磁防护	电源线和通信线缆应隔离铺设 采用接地方式,以防止外界电磁干扰或设备耦合干扰

　　银行的数据中心在搭建机房时,应根据机房功能需要,总体划分为主机房区、配电室、监控室(专用监控室)三个区域。

　　(1)主机房。整个机房的核心区域,用来放置网络机柜、服务器机柜、空调、新风机、强排烟风机、灭火报警探头及消防设备。配备大功率专用空调,采用上下送风;房间要求恒温、恒湿。通信电缆和电力电缆由不同的桥梁隔开,安装有 MDF 等布线框架。

（2）配电室。用于保证机房所有设备供电。设置配电柜（负责市电输入）、双向大功率不间断供电系统、双备用大功率柴油发电机组提供可靠的备用电源、电池柜。

（3）监控室。机房保卫及管理工作在此进行。监控台及视频录像机保证机房安全的设施,视频共享服务器用于机房设备管理,动力环境监控可随时掌控机房环境设备的运行情况。

综上所述,数据中心不但要妥善选址,并且在设计施工和运营时,要合理划分机房物理区域、布置信息系统的组件,以防范物理和环境潜在危险（如火灾、电磁泄漏等）。同时,运维部门要严格执行访问控制、安保措施、例行监控审计、应急响应,以确保数据中心的物理和环境安全。

2. 介质安全

> **案例**
>
> 2008 年 2 月 1 日,巴西石油公司存有机密文件的电脑设备在托运过程中被盗。据当地媒体报道,被盗机密文件包括巴西石油公司对新发现的图皮油田的研究报告,据地质学家估计该报告的售价可达 10 万美元。

存储介质的安全影响着整个数据中心的安全性和稳定。介质就是磁盘阵列、硬盘、磁带、U 盘之类的存储。移动介质的安全隐患包括易丢失、信息失效、病毒危害、公私钥混用及管理困难等威胁。例如,将 U 盘等随身携带和在不同的环境下使用的现象,即公私钥混用的情况会造成内部的资料和个人的资料混杂在一起,一些重要信息资料存在泄露的风险。以下就可移动介质的销毁管理办法做详细介绍。

数据中心的移动存储介质可分涉密移动存储介质、内部移动存储介质和普通移动存储介质三种类别。

（1）涉密移动存储介质用于存储涉密信息,工作人员在使用涉密移动存储介质时,应严禁将高密级的移动存储介质用于低密级计算机或信息系统中。

（2）内部移动存储介质用于存储不宜公开的内部工作信息,应严格禁止将内部移动存储介质用于与互联网连接的计算机上。

（3）普通移动存储介质主要用于存储公开信息,不能用于存储国家机密信息和不宜公开的内部工作信息。

具体实现原理可参看 4.3 数据的销毁和恢复。

4.3　数据的销毁和恢复

数据销毁主要适用于敏感度较高的数据需被彻底销毁的情形,包括涉及的内存、缓冲区或其他重要存储设备。不同于主动防止数据外泄的数据销毁,数据恢复针对的是数据库在正常运作和使用过程中,因自身出现严重的故障而导致计算机在运行时的所有事务被终止时,需要及时恢复原有数据的情况。以下将较详细解释两种情形下数据的安全处理。

4.3.1　数据的安全销毁技术

数据销毁是数据生命周期的最后一个阶段,但并不意味着数据的销毁并不重要。销毁数据时,需要根据数据的敏感度等级来确定策略。敏感度较高的数据需被彻底销毁,包括涉及的内存、缓冲区或其他重要存储设备。对于不敏感的公共数据或者敏感度较低的数据需进行清除。数据销毁有对应的标准需遵循,比如说,美国国防部制定的 DOD 5220.22-M 标准是目前应用最广的一套标准。数据销毁的方式一般分为软销毁和硬销毁两种。

(1)软销毁又称逻辑销毁。硬盘上的数据都是以二进制的“1”和“0”的形式存储的。数据覆盖指的是使用预先设定的无意义、无规律的信息反复多次替换原有数据的序列,从而达到无法获知原有数据信息的目的。根据数据覆写时的具体顺序,数据覆盖的模式可分为逐位覆写、跳随机覆写、随机覆写等。值得注意的是,软销毁方式并没有真正将磁盘区的数据擦除,数据仍然占用存储空间,该方式不能达到节省存储空间的目的。

(2)数据硬销毁指的是采用物理破坏或化学腐蚀的方法把记录有高敏感数据的物理存储介质直接销毁,从根本上解决数据泄露问题。较为常见的硬销毁方式有硬盘格式化、文件粉碎等。格式化方式会在操作系统中新创建一个空文件索引给用户,即修改了硬盘主引导记录和系统引导扇区,该方式通过数据恢复软件可以将数据区的数据恢复。文件粉碎方式同样是不彻底或可被恢复的,不能用于销毁涉密文件。物理销毁是最彻底的方式,包括消磁、用折弯机销毁、熔炉中焚化等方法。消磁之后磁盘就失去了数据记录功能。化学腐蚀、溶解、剥离磁盘等方法适合由专业人员在通风良好的环境中进行。

4.3.2 数据的恢复技术

数据恢复共有三种方法,即应急恢复、版本恢复和前滚恢复。较为常见的是建立并利用冗余数据实现的数据恢复。建立冗余数据的常用技术有数据转储和登记日志文件。

4.4 网络时代的金融数据安全

近年来,科技创新的速度不断加快,以大数据、云计算、人工智能、区块链等为代表的新技术正在逐渐成为金融发展的新动力,并逐步与金融业务深度融合。

4.4.1 大数据背景下的金融数据安全

数据显示,互联网大数据、金融大数据及电信大数据是大数据应用中占比最大的三大类应用。金融大数据以金融数据为核心,面向银行、证券、保险和互联网金融等细分的行业,实现包括数据采集、存储、分析挖掘到可视化展示这一全流程的方案。

1. 什么是大数据?

大数据(Big Data)概念形成于 2000 年前后,最初被定义为海量数据的集合。2011年,美国麦肯锡公司在《大数据的下一个前沿:创新、竞争和生产力》报告中最早提出:大数据指大小超出典型数据库软件工具收集、存储、管理和分析能力的数据集。

2. 大数据基本特征有哪些?

(1) 体量大。大型数据集一般在 10TB 规模左右。实际应用中很多企业甚至形成了PB[①]级的数据量。举例说明,如果智能手机相机拍摄的相片平均大小为 3MB[②],打印的照片平均大小为 8.5 英寸,那么总共 1PB 的照片的并排排列长度就达到 48 000 英里,大约可以环绕地球 2 周。

(2) 类别多。囊括了半结构化和非结构化数据,包括文本、图片、视频、地理位置信息等,数据类型繁多。

(3) 处理速度快。针对超大规模数据的存储管理和查询分析,需要提供实时或准实时的响应才能很好地满足企业经营管理需求。这也正是大数据技术和传统的数据挖掘

---

① 拍字节(Petabytes),计算机存储容量单位,也常用 PB 来表示。1PB=1 024TB。
② 兆字节(Mebibyte),计算机存储容量单位,也常用 MB 来表示。

技术最不一样的地方。

（4）追求高质量的数据。换句话说，就是这些数据的可利用价值低，即有用数据占总数据量的比例低。需要不断设计和利用强大的机器算法来更高效地完成数据的"提纯"。

3. 金融行业大数据的应用

金融大数据在银行的科技研发、产品创新、运维管理等方面都发挥着重要的作用，业务驱动主要由精准营销、风险控制、改善经营和服务创新四个方面组成。

（1）精准营销。对客户进行精准营销、个性化推荐等智能营销。其中，推荐对象主要分为个人和企业两类。个人客户画像包括消费能力数据、兴趣数据、风险偏好等；企业客户画像包括企业的运营、财务、销售等。

（2）风险控制。就银行业而言，具体的应用包括中小企业贷款风险评估及欺诈交易识别和反洗钱分析。例如，摩根银行（Mogan Bank）利用大数据技术追踪盗取客户账号的罪犯；IBM 采用的金融犯罪管理解决方案曾在大数据的背景下帮助银行有效地预防了金融犯罪。

国内不少银行已经开始尝试通过大数据来驱动业务运营，比如说中信银行信用卡中心实现的实时营销，招商银行开发了小微贷款等。当然，大数据在金融机构的逐步扩大范围的应用也有政府政策的原因。在"十二五"规划中，大数据上升为国家战略。随着国家对数据的重视、对国产化的支持，银行等金融机构对大数据技术的选择已经成了必然趋势。

4. 金融业大数据面临的挑战

（1）数据共享的实现。作为人口大国和制造大国，我国数据的产生能力巨大。以银行业为例，每创收 100 万元，银行业平均产生 130GB 的数据。在金融机构内部，海量数据仍处于分散状态。大数据共享目前仍存在"不愿""不敢""不会"等问题。除此之外，秉持着开放与共享的理念，如何界定、保护个人隐私权却成为法律难题，相关法律法规仍待完善。

（2）人才的培养。很多领域的大数据应用还只停留在想象层面，大数据发展需要大量掌握计算机软件技术，并具备数学、统计学等方面专业知识的复合型人才。

> 📚 **延伸阅读**
>
> 英国是欧洲金融中心，2013 年英国投资 1.89 亿英镑开发大数据。2015 年创建了"英国数据银行"data.gov.uk 网站。英国统计局利用政府资源开展"虚拟人口普查"，仅此一项每年节省 5 亿英镑经费。

4.4.2 云计算背景下的金融数据安全

1. 什么是云计算?

云计算(Cloud Computing)指的是通过网络访问可扩展的、灵活的物理或虚拟共享资源池,并按需自助获取和管理资源的模式。

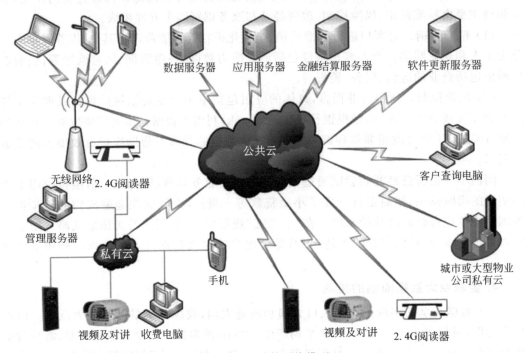

图 4-13 云计算系统模型

云有三种模式:公有云、私有云和混合云。公有云即可公开供第三方用户使用的云。第三方可以是广大用户、个人或企业,最大的优点在于成本低廉或免费,用户可以按需付费来使用,无须担心安装或维护的问题。私有云供某个用户单独使用,成本较高,但相比其他两种云,安全性也是最高的,前身是数据中心。混合云是私有云和公有云的结合体,凭借高性价比及效率成为近年来云计算的主要模式及发展方向。混合云在金融行业的典型应用场景包括:

(1) 在公有云上实现一些非监管类型的业务,比如说一些互联网类型的业务或者官网数据的维护等。

(2) 在私有云上实现核心业务,比如说业务系统、财务系统的管理等。同时,也包括一些本地的业务灾备或数据灾备。

2. 云计算在金融行业的应用优势

（1）云计算可提高金融业务的运营效率。云计算依赖的基础是超大规模的，能帮助用户在短时间内从海量数据中快速提取有用信息，进而为金融机构的各类分析或商业决策提供依据。举例来说，谷歌的云计算资源有超过 100 万台服务器，亚马逊、微软、雅虎等平台的云均拥有几十万台服务器。

（2）云计算可降低金融机构的资源获取成本。首先，云是一个庞大的资源池，可以像自来水、电、煤气那样按需购买。其次，云实现的是自动化集中式管理，可以很大程度地帮助用户减轻对数据的管理成本，同时可促进数据的利用率。用户一般只需要花费几百美元、几天时间就能完成以前需要数万美元、数十天时间才能完成的任务。

（3）云计算可减小金融机构的资源配置风险。云计算并不只针对某个特定的应用，一个平台上可同时运行不同的应用程序，具备高扩展性；同时，云计算技术使用了计算节点网构可互换等措施来提高可靠性。

3. 云计算对金融行业的挑战

（1）云平台的维护。云平台由于集群规模的扩大，很多边界效应及之前从未遇到的各类问题都会出现。对于云平台运维人员而言，需要具有包括对工具脚本的安装部署能力，日志收集及处理网络、数据库、负载均衡、数据备份等能力。运维人员应熟练掌握应用自动化运维管理工具，从而能更高效地管理云系统内的各种对象，包括基础设施监控软件、运维流程管理平台等。对于运维外包的客户应该按级别进行分类管理并签署相关的保密协议等，从而有效保障用户数据的安全。

（2）云平台具有半可信的潜在危险。值得注意的是，云服务提供商是半可信的，存储在云平台上的数据是保密的，但是云服务提供商对数据是可获取的。关于隐私的一些潜在危险是商业机构和政府，尤其是像银行这样持有敏感数据的商业机构需要重点考虑的。应运而生的云安全（Cloud Security）是目前国内外学者重点研究的内容，借用密码学技术及安全协议来保障云端数据的安全。

4.4.3　区块链背景下的金融数据安全

案例

　　2010 年，胡某以妻子叶某的名义开设银行账户并存入 1 900 万元，同时委托该行的理财经理叶国强进行理财。2014 年胡某意图提出这笔钱，叶国强声称合约期限未到,建议 2015 年提出。但一年后胡某发现账户里仅剩 30 余元。涉事理财经理因诈骗获刑,银行却没有承担责任。叶某称在自己未到场情况下,理财经理伪造签名将钱款转出属违规操作,银行应担责。法院二审均判决叶某败诉。

实例中,事件发生主要原因在于用户过于相信该理财经理,无法实时查阅自己资金的动向。以小见大,就金融行业而言,银行可以将用户理财需求编程为代码,理财推荐、签名确定、密码输入等都在区块链上实现,从而有效避免理财经理违规操作导致的资产损失,做到实时掌控。

1. 什么是区块链?

区块链(Block Chain)是一种分布式账本技术。不同于现实世界中的签名、护照、印章以及公证书、商标等,虚拟世界中的数据是点状分布的,难以建立连续性。区块链最核心的竞争力就在于从本质上解决了虚拟世界中连续性的问题,最终达到解决虚拟世界中的信任问题。

2009—2012 奠定基础	2012—2014 推向市场	2014—2015 繁荣发展	2016—2017 跨越鸿沟	2018—2020 应用爆发	2020及以后 加速应用
• 比特币诞生自中本聪的一篇论文 (2009年1月3日,挖出比特币的创世区块)	• 比特币交易所出现 • 比特币应对洗钱等违法犯罪行为 • 基于比特币的初创企业成立 • 比特币价格飙升至1000美元 • 区块链引起金融服务公司的关注(启动内部试验)	• 比特币的支撑技术区块链引起金融服务公司、监管机构和风投机构的高度重视并获得投资 • 宣布成立区块链联盟,以加快区块链的应用、创新及通用标准的制定 • 多个区块链社群和论坛涌现	• 多种区块链在各行业得到应用 • 获得风投和财团支持的初创企业需要拿出成绩,证明对其投入的巨额资金、时间及资源的合理性 • 需解决可扩展性和吞吐量问题,以推动区块链技术"跨越鸿沟",进入主流应用	• 以定义区块链协议和通用标准为重点,促进区块链技术的广泛应用 • 监管机构在促进区块链应用方面发挥了关键作用,同时确保合规 • 区块链用例在银行、金融、保险之外的行业中大量涌现 • 首次代币发行(ICO)和独角兽在区块链初创企业生态中出现	• 区块链在银行金融、保险业及其他行业均得到了应用,促进新的业务模型在高级分析、物联网和基于区块链的智能合约的交叉领域产生

图 4-14 区块链的发展与演变

(来源:BCG 分析)

2. 区块链的特性有哪些?

(1) 去中心化。大家凭借共识一起写入数据,从各记各的账变为共同记账,用于保证数据的一致和公开透明。只允许写入数据,不允许删除和修改。集中化数据库模式下,医院 A 的医疗记录因某种原因损坏后无法恢复;而由于区块链技术会在多台计算机上完整地复制或分发数据,病人信息便不会因为医院 A 自身数据的丢失而无法恢复。

(2) 分布式账本。以电子医疗系统为例,区块链技术将病人在不同医院就诊的所有数据打包成块并链接在云端。打包起来的数据块为"区块"可以被随时随地访问。每个区块类似一个硬盘,会加密保存在上面的数据,使得患者的病历隐私也能得到保护,只有经过医学授权的人才可以在特定时间段进行访问。

分布式记账与存储功能具有非常强大的容错能力,一个或几个节点出错不会影响整个数据库的运转、数据的存储与更新。

(3) 数据信息不可篡改。区块链中包含交易信息的区块是按顺序有序连接起来的,每个区块都指向前一个区块,所有的交易数据都可以被追踪和查询,形成的数据记录不可篡改。不可篡改性可以有效地解决交易验证和交易后续纠纷等问题。

3. 区块链在金融行业中的应用

(1) 数字货币。比特币是基于区块链的第一个也是最成功的应用。比特币(Bit Coin)是一种虚拟的加密数字货币,是依据特定算法并通过大量计算产生的。在比特币的世界里,人们习惯将挖掘区块并确认交易的过程称之为"挖矿",本质是抢夺第一个记账权并获得奖励的过程。一次"挖矿"的时间大致在 10 分钟左右。比特币的获取需要先申请一个比特币地址,该地址相当于自己的账户,私钥验证通过后可用于存款及提款。比较著名的竞争币(即去中心化数字货币)还有莱特币、狗狗币、蝴蝶币、瑞波币等。

(2) 支付清算。传统模式下,实现交易支付、清算等都需要借助银行系统。但每一个机构都有自己的账务系统,不同系统交易前需要先建立代理关系,这就使得用户体验很差。相比之下,区块链支付可以为交易双方直接进行端到端支付,不涉及中间机构。尤其是在跨境支付方面,可实现全球范围的任意币种的实时支付清算服务,过程便捷且成本低廉。2018 年蚂蚁金服推行的 AlipayHK 项目是全球首个跨电子钱包区块链汇款服务,为 AlipayHK 和菲律宾持牌电子钱包 GCash 提供结算服务,可实现两个电子钱包间的即时款项转账。

除此之外,现阶段很多区块链应用都是围绕金融领域展开的,应用包括智能合约、银行征信管理、金融审计、数据票据及物联网金融等多个方面。

延伸阅读

2008 年 10 月 31 日下午,几百个朋克密码成员收到了一封自称"中本聪"的电子邮件,内容如下:"我一直在研究一个新的电子现金系统,这完全是点对点的,无须任何可信的第三方",并附上一份 9 页的白皮书,里面描述了一个打开新世界大门的全新的货币体系。

2008 年 11 月 16 日,中本聪发布了比特币代码的先行版本。

2009 年 1 月 3 日,中本聪挖出了比特币的第一个区块——创世区块(Genesis Block),并获得了首批"挖矿"奖励——50 个比特币。从此,比特币进入人们的视野。

本章练习题

一、选择题

1. 数字资产安全管理策略需要从哪几方面考虑?(　　)
   A. 机构　　　　　　B. 制度　　　　　　C. 人　　　　　　D. 以上都正确

2. 加密的安全实现依赖于什么?(　　)
   A. 密钥的管理　　　　　　　　　　B. 密文的安全存储
   C. 通信设备的完全可信　　　　　　D. 黑客破解加密算法的能力

3. 数据安全通信的实现需要依靠哪些技术实现?(　　)
   A. 加密　　　　　　B. 数字证书　　　　　　C. 数字签名　　　　　　D. 以上都有

4. 数据库面临的主要威胁有哪些?(　　)
   A. 窃取和篡改　　　　　　　　　　B. 窃取、损坏和篡改
   C. 窃取、审计和篡改　　　　　　　D. 窃取、损坏、篡改和审计

5. 常用的数据库数据复制工具不包括哪一项?(　　)
   A. DataGuard　　　　B. GoldenGuard　　　　C. GoldenGate　　　　D. Stream 复制

6. 灾备中常用的数据备份底层技术有哪些？（　　　）

    A. 远程镜像技术　　　B. 快照技术　　　　　C. 互联技术　　　　　D. 以上都正确

7. 哪一项属于备份系统创建需要考虑的要素？（　　　）

    A. 备份的数量　　　　　　　　　　　　B. 通信链路要求

    C. 资金的投入　　　　　　　　　　　　D. 以上都正确

8. 哪一项不属于冷备份的特点？（　　　）

    A. 将数据备份到磁带上

    B. 目标数据完整时方可正确恢复原有数据

    C. 适用于对 RTO、RPO 要求较高的用户

    D. 适用于对 RTO、RPO 要求较低的用户

9. 就物理安全而言，设备可能遭受的威胁有哪些？（　　　）

    A. 电磁环境影响　　　　　　　　　　　B. 操作失误

    C. 物理环境影响　　　　　　　　　　　D. 以上都是

10. 哪种技术可以实现数据的彻底销毁？（　　　）

    A. 格式化　　　　　　　　　　　　　　B. 安全数据覆盖

    C. 软销毁　　　　　　　　　　　　　　D. 物理销毁

11. 哪一项不属于较为常见的硬销毁方式？（　　　）

    A. 随机覆写　　　　　　　　　　　　　B. 硬盘格式化

    C. 硬盘分区　　　　　　　　　　　　　D. 文件粉碎

12. 哪一项不属于大数据的基本特征？（　　　）

    A. 数据量大　　　　　　　　　　　　　B. 数据种类繁多

    C. 能准确提取高质量的数据　　　　　　D. 数据的处理速度快

13. 云计算的在金融行业的应用优势有哪些？（　　　）

    A. 为金融机构的各类分析或商业决策提供依据

    B. 按需购买，最大限度地帮助用户减轻对数据的管理成本

    C. 具备高扩展性，一个平台上可同时运行不同的应用程序

    D. 以上都正确

14. 区块链在金融行业的应用包括哪些？（　　）

    A. 数字货币   B. 支付清算

    C. 银行征信管理   D. 以上都是

二、思考题

1. 数据安全的含义是什么？

2. 加密算法中，非对称加密和对称加密哪个安全级别更高？

3. 在制订灾备计划时，目前世界各地广泛使用的检测灾备技术的标准是什么？

4. 以防水和防潮为例，列举现实中常发生的机房事故。

5. 数据的软销毁能否达到节省磁盘存储空间的目的？为什么？

6. 区块链是如何实现数据的不可篡改性的？

练习题参考答案

    1. D   2. A   3. D   4. B   5. B   6. D   7. D   8. C   9. D   10. D   11. A   12. C
13. D   14. D

第 **5** 章

金融信息系统安全

CHAPTER 5

【学习目标】

通过学习本章可以了解操作系统的基本概念,了解主流操作系统与常见的安全配置,在工作中消除因操作系统配置不当导致的系统安全隐患;可以理解系统漏洞、补丁之间的关系,了解病毒、木马、勒索软件等常见的安全威胁,提高防范意识;可以了解金融信息业务系统的基本情况,理解金融信息系统的安全开发策略、安全开发原则与常见的安全测评标准,把理论应用于实际的开发工作中,切实提高金融业务系统的安全性。

【本章知识点】

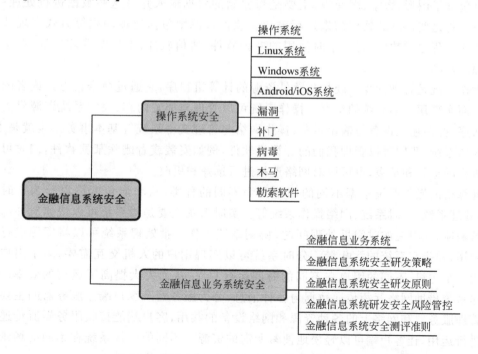

5.1　操作系统安全

操作系统是直接运行在计算机硬件上的基础软件,其他的软件必须在操作系统的支持下才能运行。操作系统的主要功能包括为用户提供图形化界面,管理计算机软件、硬件与数据资源,控制程序运行,为其他软件提供系统服务与相应的接口等。

在本节中,选取了金融行业中使用比例最高的四款操作系统,重点介绍了它们可能存在的安全问题以及推荐的安全配置。在此基础上,为了方便读者深入理解操作系统面临的威胁,本书还介绍了漏洞与补丁的关系以及病毒、木马等针对操作系统的攻击手段。

5.1.1　操作系统概述

计算机系统里包括硬件资源和软件资源,其中硬件资源主要包括四个部分,存储器、控制器、输入设备和输出设备。控制器是有序执行计算机内各部件的程序,其目的是实现计算机的自动化运行过程;存储器承担计算机中储存信息的任务;输入设备中所输入的信息包含了图形、数字、声音等,主要是将原始的数据输入并对这些数据进行处理;输出设备是将这些信息的处理结果进行输出。软件资源则包括通过编程等方式实现某些具体功能的程序或软件,我们平时使用的办公软件、通信软件、支付结算软件等,都是软件资源的范畴。

操作系统是管理计算机硬件与软件资源的计算机程序,它通过命令行方式或者图形化的界面实现用户与系统的交互。操作系统可以管理与配置内存、决定系统资源供需的优先次序、控制输入设备与输出设备、操作网络与管理文件系统等基本事务。也就是说,通过操作系统,我们可以管理我们的计算机软件,例如安装或者删除某款软件,同时可以调整进程的运行和结束,也可以对网络连接进行选择和更改。

计算机的操作系统根据不同的用途分为不同的种类,从功能角度可以分为实时系统、批处理系统、分时系统、网络操作系统等。实时系统主要是指系统可以快速对外部命令进行响应,在对应的时间里处理问题,协调系统工作。批处理系统可以将资源进行合理的利用,并提高系统的吞吐量。分时系统可以实现用户的人机交互需要,多个用户共同使用一个主机,不同的用户在不同的时间运行程序,从而大大提高了运行的效率。网络操作系统借助网络互相传递数据与各种消息,分为服务器及客户端。服务器的主要功能是管理服务器和网络上的各种资源和网络设备的共用,客户端能接收服务器所传递的数据进行运用,让客户端可以轻松地搜索所需的资源。不同的操作系统在不同的场景下发挥着不同的功能,我们生活中常用的计算机操作系统都是分时系统。

5.1.2　Linux 系统安全

1. Linux 系统简介

在 Linux 操作系统面世之前,计算机操作系统主要由两大系统占领:UNIX 系统和 Windows 系统。UNIX 是 20 世纪 70 年代初出现的操作系统,主要用于大中型机、工作站和高档微型机,拥有众多用户,并已成事实上的操作系统标准。Windows 系统则以易用性占据微型机的绝大部分份额。但是,这两种操作系统价格昂贵,无法在普通用户中普及,于是荷兰计算机科学家 Andrew S. Tanenbaum 开发了类似 UNIX 操作系统的 MINIX 用于教学。芬兰大学生 Linux Torvalds 在 MINI 基础上编写了一个操作系统核心软件,并于 1991 年 10 月公布 Linux 2.0 版。随后,世界上众多的 UNIX 爱好者共同完成了其余部分。

Linux 是一种多任务多用户的操作系统。这类操作系统的最基本功能是避免使用同一台计算机的不同用户之间相互干扰,所以 Linux 的设计宗旨之一就是确保系统的安全性。但是,即使是最新版的 Linux 系统中仍然存在很多安全问题,新功能的不断加入以及安全机制的错误配置都有可能带来安全问题。

2. Linux 安全配置

Linux 是一个开放的系统,管理人员可以对系统的绝大部分功能进行设置。本节内容主要针对使用 Linux 系统的开发人员。为了使大多数的读者能够理解本节的内容,本书选取了 Linux 系统中最具有代表性的安全配置进行介绍。

(1) 关闭无用的端口。端口是操作系统为应用程序提供的一套编号,应用程序可以认领一个编号,与 IP 组成"IP 端口"的结构在网络中标识自己。操作系统中所有网络连接都是通过开放的应用端口来实现的。如果管理员尽可能少地开放的端口,网络攻击就会变成无源之水,这大大减少了攻击者成功的机会。

(2) 关闭不需要的服务。在进行系统安全配置时,总的原则是将不需要的服务一律关闭。Linux 会默认运行很多的服务,但有许多服务是不需要的,很容易引起安全风险,比如 shell、login、exec、talk、ntalk、imap 等,除非真的需要,否则统统关闭。

(3) 不设置缺省路由。在主机中,应该严格禁止设置缺省路由。建议为每一个子网或网段设置一个路由,否则其他机器就可能通过一定方式访问该主机。

(4) 设置安全的口令。口令的长度一般不要少于 8 个字符,口令的组成应以无规则的大小写字母、数字和符号相结合,严格避免用英语单词或词组等设置口令。用户应当避免在多台设备上使用相同的口令,并且应当养成定期更换口令的习惯。

(5) 完整的日志管理。日志文件时刻记录着系统的运行情况,即使黑客入侵时也会在日志中留下痕迹。所以黑客往往在攻击时通过修改日志文件来隐藏踪迹。完整的日志管理要包括网络数据的正确性、有效性和合法性。

5.1.3 Windows 系统安全

1. Windows 简介

Windows 是微软公司研发的一套操作系统,它问世于 1985 年,起初仅仅是 DOS(一种早期的无图形界面的操作系统)的模拟,其后续版本逐渐发展成为面向个人计算机和服务器用户的操作系统,并最终获得了世界个人计算机操作系统的垄断地位。Windows 操作系统可以在不同类型的平台上运行,如个人计算机、移动设备、服务器和嵌入式系统等,其中在个人计算机领域应用的最为普遍。

目前 Windows 拥有多个版本,根据腾讯御见威胁情报中心监测数据,结合系统脆弱性和系统受安全事件的影响,《2018 企业网络安全年度报告》对企业用户使用不同版本的 Windows 系统的安全性进行了评估。报告显示使用 Windows 10 的用户系统安全度最高,使用 Windows XP 的用户安全度最低,因此用户应该及时升级至最新版本的 Windows。

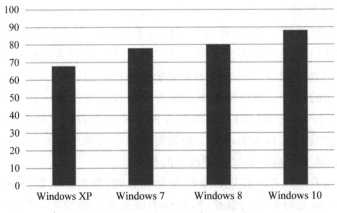

图 5-1　企业用户系统安全指数

(https://cloud.tencent.com/developer/news/427737)

2. Windows 安全配置

为了保证 Windows 系统在使用过程中的安全,用户可以根据使用环境,有针对性地做好安全配置和系统管理工作,尽可能提升系统的安全性能。安全配置系统可以有效防止高危入侵行为。

（1）升级为新版 Windows。对于使用 Windows XP 的用户来说，升级到 Windows 10 操作系统可以将安全性提高。Windows 10 里有很多 Windows XP 所没有的安全机制，可以有效保证操作系统的安全运行。

（2）更新操作系统补丁。给系统安装补丁程序是最有效且最简单的提升操作系统的安全手段之一。Windows 操作系统具有检测更新和安装更新的功能 Windows Update，我们只要将这个功能设置为自动检查更新，Windows Update 就可以自动下载系统的已知漏洞的修补程序并安装。

（3）设置安全密码和屏保密码。可靠的密码对一个系统来说十分重要，一些网络管理员创建账户时通常使用公司名称、计算机名称等易于猜测的字符作为用户名，并且将这些账户的密码设置的比较简单，甚至用户名与密码相同，这些都会给系统带来严重的威胁。同时，设置屏幕保护密码是防止内部人员破坏系统的必要手段。

（4）增加管理员账户和禁用 Guest 账户。在控制面板的"用户账户"→"管理其他账户"→"在电脑设置中添加新用户"中创建一个标准用户或管理员，对管理员及其他用户设置强口令，并禁用 Guest 用户。

图 5-2　增加管理员账户

（5）关闭不必要的服务。对于任何的系统来说，更多的服务意味着更多的危险。因此，只保留必要的服务，把多余的服务和端口关闭对于系统安全来说是十分重要的。

（6）禁止自动运行。如果使用光盘或 U 盘等设备引导并启动 Windows 系统，必须禁用这些设备的自动运行功能来保护系统启动安全，因为自动运行时病毒很容易通过 U 盘等移动存储介质进行传播。只有禁止自动运行才能有效避免自动运行病毒通过移动存储介质干扰 Windsows 系统的启动。

（7）禁止运行脚本。很多病毒和木马都是通过网页中的活动脚本或 ActiveX 控件将启动威胁项目植入到 Windows 系统中，通过将 IE 浏览器的脚本执行功能禁用能有效地避免许多威胁。禁用这项功能可以从 IE 浏览器的选项中实现,首先打开 IE 浏览器的"Internet 选项"窗口,选择"安全"选项卡,单击"自定义级别"按钮,弹出"安全设置"对话框,从中找到"脚本"设置项,将下面的"活动脚本"和"Java 小程序脚本"都设置为禁用,最后单击"确定"按钮保存即可。在禁用 ActiveX 控件时,只要找到该对话框的"ActiveX 控件"设置项,将下面所有的 ActiveX 控件运行权限全部设置为"禁用"即可。

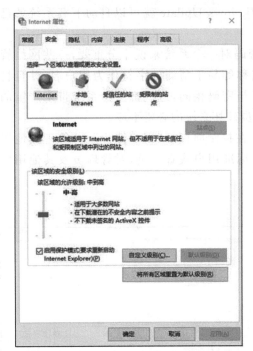 

图 5-3　禁止运行脚本示意图

(8) 安装反病毒软件。对用户而言,最常见的威胁通常来自于木马、恶意软件、病毒等,因此装备一款合适的杀毒软件是十分必要的。经常检查和保持杀毒软件的更新能够有效防范新的恶意程序攻击。微软官方平台向用户推荐了 10 款 Windows 系统中适用的杀毒软件,它们分别是 AVG、诺顿、卡巴斯基、McAfee、Trend Micro、Panda Security、F-Secure、Webroot、BullGuard、G-Data。当然国内用户也可以选择安装 360 安全卫士、360 杀毒软件来防范病毒和木马。

5.1.4　Android/iOS 系统安全

近年来,智能终端得到了广泛的应用,移动应用在国内甚至全球诸多产业发展中的重要地位逐渐显现。在金融领域,随着移动支付的普及,用户通过智能移动终端进行投融资、借贷、交易支付等活动愈加频繁,大部分的金融机构平台通过移动 APP 开展业务,移动金融应用正在扮演着越来越重要的角色。然而,移动金融应用在给大众生活带来巨大便利的同时,也带来了巨大的安全挑战。据《全球关键信息基础设施网络安全状况分析报告》统计,金融行业是国家关键信息基础设施行业中遭受网络攻击最多的行业,移动金融应用的安全问题亟须关注。

1. Android 简介

Android 是谷歌公司推出的一种基于 Linux 的源代码开放的操作系统,是目前适用范围最广的移动端操作系统,根据国家互联网应急中心提供的 2019 年第二季度移动端操作系统市场份额数据显示,Android 操作系统占比最高,为 77.13%。iOS 操作系统占比 22.83%,位居第二,如图 5-4 所示。而其他移动端操作系统相加占比也才 0.04%,完全不及安卓和 iOS 的零头。开发者可以任意修改 Android 源代码来开发各种实用的手机 APP 软件。

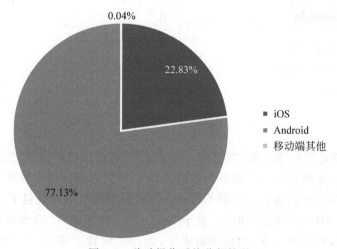

图 5-4　移动操作系统分部情况

2. Android 系统安全配置

由于 Android 手机开放的政策导致用户可以在任意商店下载、安装手机应用,同时也能通过多方渠道下载安装。除了目前品牌手机自带的品牌应用商店略微保证安全外,其他渠道存在极大的安全隐患。下面对 Android 系统常用的安全设置进行介绍。

(1) 关闭"安装外部来源应用"功能。用户应该只在官方应用商店下载手机 APP,如果官方应用商店没有搜索到,那就到这个 APP 的官方网站下载。如果担心点错下载到危险 APP,可以进入手机设置在相关的选项界面中找到并关闭"安装外部来源应用"选项,这样非官方应用商店下载的手机 APP,在安装前都会弹出安全警告,只要你不允许安装就不会安装。

图 5-5　关闭"安装外部来源应用"功能

（2）关闭"浏览器自动下载"功能。一些浏览器（包括浏览的网页）里都会弹出各种广告,用户稍有不注意就会自动下载某个手机 APP。目前大部分浏览器里面都提供了类似"自动安装下载"的选项,将它关闭就不用担心下载到不需要的安装包了。

（3）关闭"USB 调试模式"功能。对于 Android 手机来说,USB 调试模式是非常危险的选项。在 USB 调试模式下,如果手机丢了,无论是设置了多复杂的密码,攻击者只要连接电脑输入一串代码就能攻克所有安全设置。因此,请不要打开 USB 调试模式,即使必须使用 USB 调试模式也要在操作完成后马上关闭该功能。

（4）关闭"自动连接 WiFi"功能。在公共场所经常会有非官方提供的免费 WiFi,因此有些黑客会建立了一个没有密码的免费 WiFi,如果用户无意中接入了,对方就能通过技术手段截取传输数据,从而获取用户手机内的隐私。为了防止这种情况发生,应当在手机的 WiFi 设置中找到并关闭类似"自动连接 WiFi""自动连接信号更好的 WiFi"等此类的选项,同时也避免连接非官方提供的免费 WiFi。

（5）根据需求分配应用权限。Android 手机都自带应用权限管理,通常被集成在设

图 5-6 关闭"浏览器自动下载"功能

置的"应用权限"选项中。用户在使用 APP 时应当首先检查一下 APP 申请的权限,禁止操作系统分配不需要的权限,例如不需要定位的应用,关闭"位置信息"权限;不需要读取短信的应用,关闭"读取短信"权限,以此类推,将每个应用程序的应用权限配置好。

3. iOS 系统简介

iOS 是由苹果公司开发的移动操作系统。苹果公司最早在 2007 年 1 月 9 日的 Macworld 大会上公布这个系统,最初是设计给 iPhone 使用的,后来陆续套用到 iPod-touch、iPad 以及 Apple TV 等产品上。iOS 与苹果的 Mac OS 操作系统一样,属于类 UNIX 的商业操作系统。原本这个系统名为 iPhone OS,因为 iPad、iPhone、iPodtouch 都使用,所以 2010 年苹果公司在全球开发者大会上宣布将其改名为 iOS。

4. iOS 系统安全配置

虽然相对于 Android 系统手机来说,苹果 iPhone 的 iOS 系统相对封闭安全一些,但如果手机的保密设置不当,依然会造成个人隐私信息的泄露。下面介绍一下常见的 iOS 安全设置。

（1）设置双重身份验证。保护数据的最佳方法之一是设置并使用双重身份验证。这意味着,即使攻击者拥有用户的 iCloud 用户名和密码,Apple 也会发送预先选择的设备

图 5-7 关闭"USB 调试模式"功能

身份验证码,这能够阻止大多数攻击。可以在"设置"点击"屏幕顶部用户的姓名"→"密码和安全性"→"双向身份验证"开启双重认证功能。设置后,如果没有此密钥,或使用 Apple ID 登录的其他设备时将无法重设密码。

(2) 密码自动填充和第三方密码管理器。iOS 13 现在既具有密码自动填充功能,可以使用 iCloud 钥匙串中存储的信息,还可以连接到第三方密码应用程序,例如 LastPass,Dashlane 和 One Password。可以在"设置"点击"密码和账户"→"自动填充密码"开启此功能。

(3) 控制位置信息分享。安装 iOS 13 之后,用户可能会发现某些应用提示正在使用位置信息,用户可通过"设置"→"隐私"→"位置服务"更改应用程序的权限,禁止应用获得不必要的权限。

(4) 开启查找设备功能。iOS 13 拥有一个名为"查找我"的新功能,用户可以使用它来查找朋友和家人,分享用户的位置或查找丢失的设备。该应用程序具有两个主要功能:一是"启用离线查找"功能,可帮助你查找未连接到 WiFi 或蓝牙丢失的设备;另一个是"发送最后一个位置",当电池电量不足时,它将设备的位置发送给 Apple。

图 5-8　根据应用需求分配权限

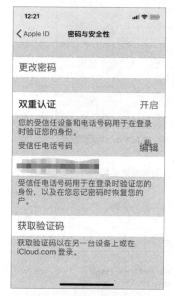

图 5-9　设置双重认证

图 5-10　密码自动填充和第三方密码管理器

图 5-11　控制位置信息分享

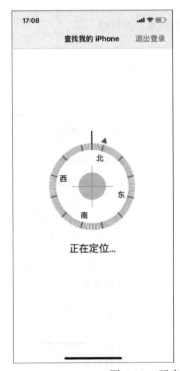
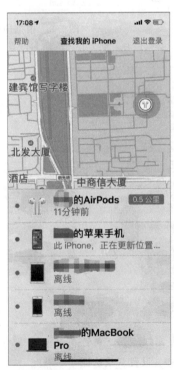

图 5-12　开启查找设备功能

（5）设置暴力保护功能。暴力保护功能可防止未经授权的用户通过枚举的方式猜测密码。转到设置→面部识别码和密码，输入现有的密码，然后向下滚动至擦除数据。尝试 10 次（最后将出现时间锁定，以减慢输入过程）后，加密密钥将被删除，数据将被擦除。

（6）检查密码重用。如果用户使用 iCloud 钥匙串来存储 Web 密码，则现在可以使用它来检查密码重用的危害。转到设置→密码和账户→网站和应用程序密码，然后使用 Face ID/Touch ID 或密码进行身份验证。重复使用的条目旁会显示带有感叹号的灰色三角形，用户需要对这些密码进行修改。

图 5-13　设置暴力保护功能

图 5-14　检查密码重用

5.1.5　漏洞和补丁

1. 漏洞产生的原理

漏洞是指一个系统中对特定威胁攻击或危险事件的敏感性和可能性形成的弱点及缺陷。在不同种类的软硬件设备之间，在同种设备的不同版本之间，在不同设备构成的不同系统之间，以及同种系统在不同的设置条件下，都会存在不同的安全漏洞。漏洞可能来自应用软件或操作系统设计时的缺陷或编码时产生的错误,也可能来自业务在交互处理过程中的设计缺陷或者逻辑上的不合理之处。这些缺陷、错误或者不合理之处可能有意或无意地被利用,从而对一个组织的资产或运行造成不利影响,如信息系统被攻击或被控制,重要资料被窃取,用户数据被篡改,系统被作为入侵其他主机系统的跳板等。从目前发现的漏洞来看,应用软件中的漏洞远多于操作系统中的漏洞,特别是 Web 应用系统中的漏洞更是占信息系统漏洞中的绝大多数。

2. 漏洞的危害

漏洞的存在是网络攻击成功的必要条件之一。漏洞主要分为以下四类。

表 5-1 漏洞的分类

编号	类 型	解 释
1	权限绕过和权限提升	获得期望的数据操作能力,如普通用户权限提升、获得管理员权限等
2	拒绝访问服务攻击	获得对系统的某些权限,导致服务被停用
3	数据泄露	黑客能够访问本来不可访问的数据,如读取受限文件、服务器信息等
4	执行非授权指令	让程序将输入的内容作为代码来执行,从而远程获得程序系统的访问权限或本地系统的更高权限

3. 系统补丁

当开发者发现系统存在能够被黑客利用的漏洞后,会发布一些应用程序来修复这些漏洞,这些应用程序称为"补丁程序"。用户安装这些补丁程序后,黑客就无法再利用这些漏洞来攻击用户了。就好像修船,船的某些地方连接不好,进水了,我们使用杀毒软件和防火墙,就好比只是用勺子把水舀出去,我们给系统安装补丁,就好比是直接用木板或者焊枪把这个洞补上,水再也进不来了。

及时给系统打补丁能够有效地避免绝大部分的网络攻击。例如在 2017 年造成大量主机瘫痪的"永恒之蓝"漏洞,就可以通过及时打补丁获得保护。"永恒之蓝"是指 2017年 4 月 14 日晚黑客团体 Shadow Brokers 公布的一大批网络攻击工具之一,"永恒之蓝"利用 Windows 系统的漏洞可以获取系统最高权限。5 月 12 日,不法分子通过改造"永恒之蓝"制作了 Wannacry 勒索病毒,整个欧洲以及中国国内多个高校校内网、大型企业内网和政府机构专网中招,被勒索支付高额赎金才能解密恢复文件。然而在 2017 年 3 月14 日发布的编号为 MS17-010 的补丁中,微软已经修复了"永恒之蓝"的系统漏洞。

5.1.6　操作系统面临的攻击形式

操作系统面临的最主要威胁是恶意代码,它是指在未授权的情况下,以破坏软硬件设备、窃取用户信息、干扰用户正常使用为目的而编写的软件或者代码片段,如图 5-15 所示。恶意代码包括计算机病毒、木马、间谍软件、恶意广告、流氓软件、逻辑炸弹、后门、僵尸网络等。

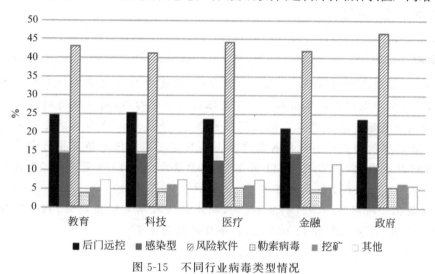

图 5-15　不同行业病毒类型情况

> **案例**
>
> 从腾讯《2018 企业网络安全年度报告》提供的数据可以看出,政府、教育、医疗等传统领域更容易感染勒索、挖矿病毒,这也是为什么频繁曝出医疗、学校等机构感染勒索、挖矿病毒的事故的原因,而科技、金融等新兴行业则更容易受风险软件的威胁,对科技、金融等行业,窃取机密往往成为恶意攻击的首选目的。

1. 计算机病毒

计算机病毒可以是一个程序,也可以是一段可执行代码。就像生物学中的病毒一样,计算机病毒具有强大的复制能力,它们能把自身的攻击代码附着在各种类型的文件上。当带感染病毒的文件被复制或从一个介质传到另一个介质时,它们就随着该文件一起被复制或传送,蔓延开来。计算机病毒的危害主要表现在下面两个方面。

(1)占用磁盘空间,直接破坏计算机数据。病毒在计算机系统中总要非法占用一部分磁盘空间。病毒会利用操作系统某些功能来检测出磁盘中的未使用空间,把病毒的传染部分写到磁盘的未用部位。有些病毒感染速度很快,在短时间内感染大量文件,每个文件都不同程度地加长了,造成磁盘空间的严重浪费。

（2）抢占资源,干扰系统的正常运行。大多数病毒在活动状态下都是驻留内存的,这必然抢占了部分系统资源。病毒抢占内存,导致内存减少,一部分软件不能运行。病毒不仅占用内存,同时也占用 CPU 资源。病毒为了判断传染激发条件,要不间断地对计算机的工作状态进行监视。

> **案例**
>
> 据《每日经济新闻》报道,华夏银行原科技开发中心经理覃某利用其职务上的便利,在北京市朝阳区环球金融中心华夏银行开发中心内,将其编写的计算机病毒程序植入华夏银行总行核心系统应用服务器中,并通过该计算机病毒程序使其跨行 ATM 机取款的交易不能计入客户账。覃某通过其掌握的华夏银行卡多次在跨行 ATM 机上取款,从 2016 年 11 月 11 日起总共发生了 1358 笔跨行 ATM 机取款交易未入账（从 ATM 机取走了现金,但账户里未有显示）,合计金额 717.9 万元。根据覃某犯罪的事实,依照《刑法》规定,判决被告人覃某犯盗窃罪,判处有期徒刑 10 年 6 个月,罚金人民币 11 000 元,剥夺政治权利 2 年。

2. 木马

木马的全称是"特洛伊木马",实际上是一种典型的黑客程序,它是一种基于远控程序的黑客工具。特洛伊取自希腊神话中的特洛伊战争,将黑客程序形容为特洛伊木马,就是要体现木马的隐蔽性和欺骗性。

通过木马,攻击者可以远程窃取用户计算机上的所有文件、篡改文件和数据、删除文件甚至格式化硬盘,还可以将其他病毒传染到计算机上,可以远程控制计算机鼠标、键盘,查看用户的一举一动,甚至可造成系统的崩溃、瘫痪。

> **案例**
>
> 据外媒报道,总部位于莫斯科的网络安全公司卡巴斯基实验室警告称,使用银行木马发起的网络攻击数量正在激增。据这家网络安全公司称,2018 年,银行木马攻击了使用该公司反钓鱼软件的 889 452 名用户。卡巴斯基实验室在报告中表示,这一数字比 2017 年的统计数字上升了 16%。该公司指出,2017 年大约有 76.7 万

起网络攻击。卡巴斯基实验室在报告中还指出,位于俄罗斯、美国、中国、印度、德国、越南和意大利的终端用户在"银行木马"的受害者较多。俄罗斯和德国分别占 22% 和 20%。

3. 勒索软件

勒索软件是近年来对金融信息安全威胁极大的一种攻击软件,主要以邮件、木马程序、网页挂马的形式进行传播。该病毒性质恶劣,用户感染病毒后,计算机上所有文件都会被病毒使用加密算法加密,感染者一般无法破解,只有向黑客支付赎金才有可能解密,这往往会给用户带来巨大的损失。例如 2018 年 3 月,国家互联网应急中心通过监测共发现 23 个锁屏勒索类恶意程序变种。该类病毒通过对用户手机锁屏,勒索用户付费解锁,对用户财产和手机安全均造成严重威胁。

由于感染政府、大型企业计算机系统更有可能获得赎金,再加上勒索软件本身也以服务器定向攻击为主,所以,2018 年政府、大型企业被勒索软件攻击的势头尤为凶猛,各行各业都遭到了同样的攻击。根据奇安信《2018 勒索软件白皮书》报告,金融行业的终端最容易遭到勒索软件攻击,占被攻击总数的 31.8%。

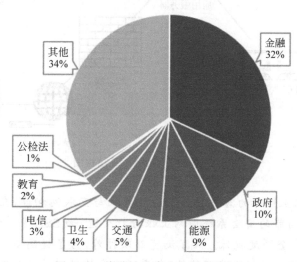

图 5-16　终端被勒索攻击行业的分布

2018 年第三季度,针对亚太及中东地区银行发动的 ATM 及 SWIFT 网络攻击活动又出现活跃的迹象,直接关联到巨额的金融资产,因此一旦攻击得手,银行将会遭受重大损失。

5.2 金融信息业务系统安全

案例

以某网上银行系统为例,其系统架构如图 5-17 所示。

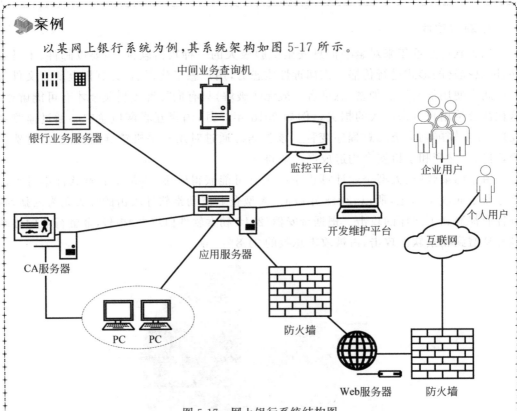

图 5-17　网上银行系统结构图

在客户端,网上银行的客户把自己的计算机与互联网相连,在客户计算机中,可以利用浏览器自带的安全系统同网上银行打交道,如 SSL 等。但是受到进出口限制的影响,其安全强度较低。除了浏览器软件外,为了提高安全性,还可以使用网上银行系统的客户端安全代理软件,负责对客户的数据进行加密和数字签名,从而保证网络传输的安全和身份的可靠。此外针对企业用户,还提供了用 IC 卡进行身份验证和数字签名的服务。在保证安全性的同时,该系统在设计时还对相近的业务模型抽象出交易模板,在处理新增业务等情况可以通过套用模板等方式完成,极大地提高了便捷性。

5.2.1　常见金融业务系统

金融信息化是指在金融领域全面发展和应用现代信息技术,以创新智能技术更新改造和装备金融业,使金融业活动重心从物理空间向信息空间转变的过程。金融信息化最直观的表现就是越来越多的金融信息业务系统被应用到行业中。当前的信息系统可以分为以下三类。

1. 前端业务处理系统

前端业务处理系统是指连接金融客户的信息系统,主要包括柜台业务处理系统、非柜台业务处理系统、线上业务系统等各个前端业务处理系统。以银行为例,银行推出了面向大众的各类自助服务,建立了自助客户服务系统网络,为客户建立了企业银行,为大众建立了电话银行、家庭银行,再通过各类终端为客户提供各类周到、多样的金融服务。这些系统完成信息采集及初次加工后一般汇集于关系信息系统,然后通过对需求的数据建模,利用数据库技术对全部信息进行加工处理,最后反馈给各个应用系统。

2. 后端支持系统

后端支持系统是指金融企业之间的信息系统,包括资金清算系统、支付系统、非银行金融机构的信息系统、稽核系统等各个后端支持系统。随着各项业务之间交往频繁,银行间的支票、汇票等转账业务急剧上升。如何使资金清算得到及时有效的处理,成为提高银行经营管理效率的一个重要问题。为此,各国银行纷纷建立统一的、标准化的资金清算体系,以实现快速、安全的资金清算。如我国的中央银行会计核算系统、美国联邦储备体系的资金转账系统等,这些系统的建立,既降低了交易成本,又加快了交易速度,还能为客户提供各种新的银行业务。

3. 金融管理信息系统

金融管理信息系统是指金融行业内部的信息管理系统,主要包括以银行会计为依据的内部处理系统、相互协调的柜台业务网络,以及以银行经营管理为目标的银行管理信息系统网络。金融管理信息系统是金融机构经营的中心环节,是一个集成了计算机网络技术、通信技术、信息处理技术,对金融信息进行收集、传递、存储、处理,用于进行金融业务处理和辅助决策的一种智能化计算机系统。它通过采集并整合金融机构的各种业务信息,实现对客户信息、业务交易信息和经营管理信息的集成和一体化,为金融机构的各级管理人员、客户经理和分析人员提供充足的信息资源。这将有助于金融信息快速准确的传递与利用,为客户提供全方位的服务,提高金融机构的科学管理水平,增强金融业内部控制和风险管理水平,为金融机构科学合理的决策提供支撑,提高金融机构的竞争能力。

5.2.2　金融信息系统安全研发策略和原则

1. 安全研发策略

安全策略是由管理层制定的,它规定安全在组织机构内所扮演的角色。安全策略可以是组织化策略,也可以是针对特定问题的策略或针对系统的策略。在组织化安全策略中,管理层应该规定如何建立安全计划,制订安全计划的目标,分配责任,说明安全的战略和战术价值,并且概述应该如何执行安全计划。这种策略必须涉及相关法律、规章、责任以及如何遵守这些规定。组织化安全策略为组织机构内部未来的所有安全措施提出范围和方向,还要体现高级管理层愿意接受多大的风险。

拟定安全策略,实际上就是确定信息系统的安全保障体系如何建、怎么建,建好如何管、怎么管等事关全局的大事。因此在决策前需要理清头绪,抓住关键环节,即制定安全策略。

制定安全策略首先需要确定方案。建设一个具有安全方案组成的信息系统,包括硬件设备、操作系统和数据库、网络拓扑结构、数据存储方案和存储安全设备、软件开发平台等。这些全局性组成因素的确定是否合理,对以后整个系统的信息安全方案的确定具有决定性的作用。

其次是配置团队,确定负责信息系统安全开发的部门、岗位、人员和职责。当前我国金融机构普遍在信息科技部门设置安全处室,少数单位还建立专职的安全团队,明确了信息安全工作由安全处室或安全团队负责。但是,这样还不完全满足安全研发策略的需要,还应在研发团队中指派专职安全员,负责研发过程中的信息安全和风险管控工作。后续的安全制度和工作流程由安全开发岗位的人员负责完成即可。

2. 安全设计原则

在信息化发展进程中,人们总结出许多信息系统安全设计原则,是指导开展研发风险管控工作的宝贵经验。在大量的安全设计原则中,一部分经典原则总是被广泛引用的。

(1)薄弱环节保护原则。根据木桶原理,信息系统的安全水平是由其最薄弱环节决定的,这些最薄弱的环节往往也是最易受攻击的部分。因此,开发人员应该优先对信息系统进行全面的风险分析,识别出最薄弱的环节,并且消除这些环节的风险隐患,而不是最容易整改的风险隐患。

(2)纵深防御原则。纵深防御的原则是使用多重防御策略来提高系统安全水平,以便在一层防御不力时,另一层防御也能阻止侵害的发生。因此,新建信息系统所采用的安全措施需要与金融机构总体安全措施结合起来考虑与设计。根据信息系统的重要等级不同,分别在物理层、网络层、应用层及数据层实施各种必要的安全控制措施,建立信息安全纵深防御体系。

(3) 安全错误退出原则。当系统发生错误时,应该能够安全退出。在系统时效期间,能保证信息的保密性和完整性,即使破坏可用性,也不能让攻击者获得敏感信息。为此,研发人员应该提前考虑到发生错误时应该避免哪些安全问题。很多系统发生错误时可能表现出不安全的行为,这样攻击者只要引发一个错误,或者等待错误发生,即可以根据系统在错误处理时的不安全行为发起攻击。

(4) 权限分离原则。使用多个特权条件来限制用户访问某个对象。如果攻击者能够获得一个特权,但没有第二个时,将部分地发起有效攻击。如果系统主要由一个组件组成,那么使用多种检查措施访问不同组件的想法将无法实现。因此,将系统分离成多个组件且需要多次访问检查,便能够有效地避免对整个系统的一次性攻陷。

(5) 操作留痕原则。对于系统管理员、业务人员在维护系统及处理业务过程中的某些重要操作,应通过日志记录的方式进行留痕,以保证操作过程被完整地保留下来。操作日志应当通过管理及技术的手段加以控制,使得应用系统管理员、业务操作人员不能修改、删除应用信息系统操作日志。

(6) 保护隐私原则。保护系统隐私信息免受攻击者窃取非常重要。如果一个攻击者攻破一个软件并窃取了客户隐私信息,那么用户会对整个系统失去信任。因此,要尽可能保护每个用户放在系统里的个人信息。黑客入侵时,可能通过网络服务器入侵整个用户数据库,也可能劫持其他用户例如通过购物会话的方式进而得到私人信息。因此,要尽量避免各种场合的隐私的泄露和滥用用户隐私。

5.2.3　金融信息系统研发安全风险管控

1. 源代码安全审核

研发人员在编码过程中可能会犯一些小错误,例如少了一个括号、多了一个空格等。通常编译器都会指出这种错误,但是由于有的程序员缺乏必要的安全编码知识,导致源代码中可能存在被黑客利用的安全漏洞。为解决这个问题,就必须开展源代码的安全审核工作。

由于人工审核的效率低且效果无法保证,而且审核人员必须对安全漏洞的知识十分了解,因此近年来,许多企业广泛采用静态分析工具检查源代码。这种方法审核速度快,可以频繁审核,不需要审核人员具备特别的专业知识,还可以定期或根据最新发现的安全漏洞更新扫描规则。

另一种情况是源代码中没有安全漏洞,但由于所开发的软件使用了第三方组件,如果第三方组件安全性出现问题,仍然会导致整个软件受到破坏。在这种无法获取源代码的情况下,就只能采用二进制代码审核。二进制代码审核是通过逆向工程对程序进行逆向分析后得到代码,再根据安全编码规则对这些逆向代码进行安全审核。

(1) 源代码安全审核原理。源代码安全审核工具的核心技术是静态分析技术。静态分析是在不执行程序的情况下对其进行分析的技术,是与动态分析(需要实际执行程序)相对应的代码分析技术。大多数情况下静态分析的对象都是源代码,只有极少数情况会对可执行程序进行分析。静态分析越来越多地被应用到程序优化、软件错误和系统理解领域,其基本方法包括以下三种。

① 文本查找。文本查找是一种最简单的方法,即查找源文件中的有安全隐患的函数。

② 词法分析方法。静态分析工具对源文件进行预处理和标记分析,这一点和编译系统的第一步操作相同。然后将得到的标记流结果与容易受到攻击的结构库重点内容进行匹配。词法分析方法比文本查找方法高明,但是会产生大量的假阳性,即误报的错误。

③ 基于语法树的语义分析。为了增加精确度,利用更多的编译器技术,建立抽象语法树,对评估的程序进行语义分析,得到抽象语法树后,确定分析的范围。局部分析每次分析一个函数,不考虑函数间的关系。模块分析每次分析一个类,会考虑同模块中函数间的关系。全局分析考虑整个程序中所有函数间的关系,通过这种方式,减少误报。

(2) 源代码安全审核工具。通过使用源代码安全审核工具,研发人员可以快速消除已知编程缺陷和脆弱性的源代码。使用源代码安全审核工具主要有两点好处:一是有助于将代码审核过程规模化;二是有助于执行安全编码策略。根据美国国家标准技术研究所统计的源代码安全审核工具列表,目前市场上主流的源代码安全审核工具表如表 5-2 所示。

表 5-2　主流源代码安全审核工具

序号	名　称	公　司	检 测 领 域
1	Checkmarx	Checkmarx	不依赖编译环境,覆盖所有已知 OWASP 和 SANS 漏洞,兼容 PCI 和其他标准。采用 CxQL 查询语言查找安全问题,降低误报率
2	CodeSecure	Armorize Technologies	能够检测跨站脚本、SQL 注入、命令注入、脏数据流等
3	Coverity	Coverity	缺陷检测和安全弱点,最大限度地减少误报漏报的可能性
4	Fortify	HP	安全流动、脏数据流等 470 种以上的软件安全漏洞

尽管源代码安全审核工具大大提高了工作效率,但仍存在一些缺点。金融机构在选择源代码安全审核工具时需要重点关注以下几点。

① 误报。当程序中不存在问题时却报告了问题。大量的误报会使研发人员必须花费更多的精力对付那些并非漏洞。这不仅会浪费大量人力,而且长长的误报列表还可能埋没真正的问题,所带来的负面效应就是研发人员最终停止使用该工具。

② 漏报。漏报比误报更为严重,程序中存在问题却没有报告出来,不但使用户因代码中存在的漏洞承担潜在的损失,还会给用户造成一种安全的假象。

③ 无法发现的设计错误。大多数工具仅能发现源代码缺陷,而不是设计错误。为便于解释,可以将软件缺陷总体分为两类:一般性缺陷和某种环境特有的缺陷。一般性缺陷是指在用各种编程语言写的,几乎所有程序中都会产生的问题;环境特有的缺陷需要根据程序的语义确定。

2. 渗透测试

渗透测试是指从一个攻击者的角度来检查和审核一个网络系统的安全性的过程。通常由安全工程师尽可能完整地模拟黑客使用的漏洞发现方法和攻击手段,对目标网络、系统、主机、应用的安全性作深入的探测,发现系统最脆弱的环节。渗透测试的主要作用包括以下几个方面。

(1) 帮助金融机构发现安全短板。一次渗透测试过程也就是一次黑客入侵过程,其中所利用到的攻击渗透方法,也是其他具备相关技能的攻击者最可能使用到的方法;由渗透测试结果所暴露出来的问题,往往也是金融机构的安全最短板。结合这些暴露出来的弱点和问题,可以协助金融机构了解目前网络系统的脆弱性、可能造成的影响,明确目前降低风险最迫切的任务,以便采取必要的防范措施。

(2) 展示金融机构的网络安全状况。渗透测试的结果可以作为向金融机构管理层、外部监管部门提供网络安全状况方面的具体证据。一份文档齐全有效的渗透测试报告可以以案例的形式直观展示金融机构的安全现状,从而增强管理层和外部监管部门对信息安全的认知程度。

渗透测试不能等同于风险评估。因为风险评估比渗透测试复杂得多,除渗透测试外还要加上资产识别、风险分析等内容。事实上,渗透测试属于风险评估的一部分。渗透测试也不能等同于黑盒测试。

渗透测试主要针对的对象包含主机操作系统、网络设备、数据库系统、应用系统、安全管理系统,目的是发现上述对象存在的安全性问题。渗透测试涉及的具体测试检查内容主要有账号口令、远程或本地溢出漏洞、安全策略及配置漏洞、应用脚本安全问题、数据通信安全问题、网络隔离和访问控制问题、社会工程学欺骗等。

5.2.4　金融信息系统安全评估标准

随着标准化的发展,现在世界范围内的信息安全标准数量、种类繁多。其中,与金融机构信息系统研发风险相关的主要包括信息安全评估标准和信息安全管理标准。

1. 信息安全评估标准

由于信息安全技术变得越来越复杂,信息安全产品国际市场逐步形成,仅覆盖一个国家的信息安全评估标准已经无法满足国际市场的需求,因此很多国际化的标准被制定出来。信息安全评估标准的主要作用是明确企业信息系统安全现状,确定企业信息系统的主要安全风险,指导企业信息系统安全技术体系与管理体系的建设。当前世界上主要的信息安全评估标准如下。

(1) 可信的计算机系统安全评估标准。可信的计算机系统安全评估标准(Trusted Computer System Evaluation Criteria,TCSEC)由美国国防部于 1985 年公布,是计算机系统信息安全评估的第一个正式标准。它对用户登录、授权管理、访问控制、审计跟踪、隐蔽通道分析、可信通道建立、安全检测、生命周期保障、文档协作、用户指南等内容提出了要求。

TCSEC 是具有划时代意义的第一个对信息产品的安全性进行评估和分级的标准。TCSEC 最初主要解决保密性问题,随着 TCSEC 应用进入商业领域,人们对 TCSEC 提出许多意见和问题,包括没有考虑网络、数据库等方面的问题;对完整性要求不足;测试周期过长,过于严格等。为此,人们在 TCSEC 的基础上对范围进行了扩展,形成了包括数据库、网络等方面的一系列文件,根据其出版的文件封面颜色的不同,统称为彩虹系列。

(2) 信息技术安全评估标准。信息技术安全评估标准(Information Technology Security Evaluation Criteria,ITSEC)由英国、法国、荷兰、德国于 20 世纪 90 年代联合发布,主要应用领域为政府部门和商业部门。该标准并不把保密措施直接与计算机功能相联系,而是只叙述技术安全的要求,把保密作为安全增强功能。另外,TCSEC 把保密作为安全的重点,而 ITSEC 把完整性、可用性与保密性作为同等要素。ITSEC 定义了从 E0 级到 E6 级 7 个安全等级,对每个系统,安全功能可分别定义。ITSEC 把可信计算机概念提高到可信信息技术的高度上来认识,对国际信息安全的研究、实施产生了深远影响。

(3) 信息技术安全评估通用准则。信息技术安全评估通用准则(ISO/IEC 15408)成为评估信息系统及产品安全性的世界通用准则。它定义了作为评估信息技术产品和产品系统安全性的基础准则,提出了目前国际上公认的表述信息技术安全性的结构以及如何正确有效地测试这些功能的保证要求,是目前系统安全认证方面最权威的标准。作为评估信息技术产品和系统安全性的世界性标准,通用准则是信息技术安全评估结果实现国际互认的基础。

2. 信息安全管理标准

(1) 信息安全管理要求。信息安全管理要求是全球普遍认同的信息安全管理标准,它提供了一整套针对企业信息安全管理的最佳实践和实施指南,适合包括金融机构在内的各类企业使用。信息安全管理实用规则 ISO/IEC 27001 的前身为英国的 BS 7799 标准,是由英国标准协会(British Standards Institution,BSI)于 1995 年 5 月修订而成。1999 年 BSI 重新修改了该标准。

(2) 信息及相关技术的控制目标。信息及相关技术的控制目标(Control Objectives for Information and related Technology,COBIT)模型是美国国际信息系统审计协会(Information Systems Audit and Control Association,ISACA)所提出的一个信息技术审计和治理框架。它为信息系统审计和治理提供了一整套控制目标、管理措施、审计指南。COBIT 架起了沟通强调业务的控制模型和强调信息技术的控制模型之间的桥梁。COBIT 提供了包含规划和组织、采购和实施、交付和支持以及监控 4 个域,34 个表达信息技术过程的高层控制目标,通过解决这 34 个高层控制目标,组织机构可以确保已为其信息技术环境提供了一个充分的控制系统,支持这些信息技术过程的是用于有效实施的300 多个详细控制目标。

(3) 信息技术基础架构库。信息技术基础架构库(Information Technology Infrastructure Library,ITIL)由英国中央计算机与电信局(Central Computer and Telecommunications Agency,CCTA)在 20 世纪 80 年代末制定,现由英国商务部负责管理。20 世纪 90 年代后期,ITIL 的思想和方法被美国、澳大利亚等国家广泛引用并取得了进一步发展。2001年,英国标准协会在国际信息技术服务管理论坛年会上,正式发布了基于 ITIL 的英国国家标准 BS 15000。ITIL 主要包括六个模块,分别是业务管理、ICT (Information and Communications Technology)基础架构管理、服务管理、信息技术服务管理规划与实施、应用管理和安全管理。

(4) 网络安全等级保护标准。网络安全等级保护标准是指导网络安全健康发展的主要制度,依据系统受破坏后危害的范围和严重程度,等级保护分为五级。网络安全等级保护标准的发展分为两个阶段。第一个阶段以 2007 年颁布的《信息安全等级保护管理办法》和 2008 年颁布《信息安全等级保护基本要求》为标志,被简称为"等保 1.0"。该阶段主要针对具体的信息和信息系统提出保护要求。第二个阶段以 2019 年 5 月 13 日国家市场监督管理总局、国家标准化管理委员会共同发布包括《信息安全技术网络安全等级保护基本要求》《信息安全技术网络安全等级保护测评要求》《信息安全技术网络安全等级保护安全设计技术要求》等一系列网络安全领域政策法规为标志,被简称为"等保2.0"。相比"等保1.0","等保2.0"扩大了网络安全的内涵,保护对象扩大到信息网络、信息系统、云计算平台、大数据应用平台、物联网、工业控制系统等。

"等保2.0"更加注重全方位主动防御、动态防御、整体防控和精准防护,除了安全通用要求外增加了扩展要求,实现保护对象全覆盖和领域全覆盖。

"等保2.0"的发布对加强网络安全保障工作、提升网络安全保护能力有重大意义。一方面,政府机关、重点行业为了满足标准的新要求,必然加大对网络安全的投入和人才的培养,将全方位提高我国网络空间安全能力建设;另一方面,"等保2.0"的保护范围不再局限在特定的信息系统,而是将传统的网络安全、云计算、大数据、物联网、移动互联网等技术和应用场景统统囊括在内,这对我国安全行业的繁荣发展也将起到极大的促进作用。"等保2.0"是网络安全的一次重大升级,随着标准的逐步落地,国内的网络安全行业有望迎来更大的发展。

延伸阅读

2014年4月8日微软公司正式终止Windows XP操作系统的服务支持,尽管该公司在过去18个月已发出了很多警告,仍然有很多公司和组织继续运行Windows XP操作系统。

在这些公司和组织中有英国皇家海军,英国皇家海军携带核弹的战略潜艇目前就运行着Windows XP的操作系统,但官员声称,尽管缺乏系统补丁,但一切都是100%安全。《卫报》曾发表一篇文章,介绍英国皇家海军三叉戟核潜艇的潜艇计划。基本上,目前英国皇家海军核潜艇最大的威胁是:潜艇在软件更新时,操作系统未打补丁的漏洞可以被恶意攻击者利用,入侵核潜艇的操作系统。

早前英国《卫报》曾报道,英国前国防大臣德斯·布朗表示未来 3 年内英国无法保证"三叉戟核武器"计划不被黑客攻击。同时布朗先生称,他的看法是基于美国国防部门的国防科学委员会 2013 年发表的一份报告。该报告警告说,如果不及时升级,美国及其盟国的防御体系将在未来五年变得易受黑客的攻击。

本章练习题

一、选择题

1. 以下哪些措施不是 Windows 常用的安全措施?(　　)

　A. 升级为新版 Windows　　　　　　B. 设置安全密码和屏保密码

　C. 开启 Windows 自动更新功能　　　D. 增加管理员账户和 Guest 账户

2. 以下哪种行为是不建议的?(　　)

　A. 使用手机自带的应用商店安装 APP

　B. 关闭"USB"调试模式

　C. 根据需求分配应用权限

　D. 在公共场所连接无密码 WiFi

3. 以下哪个选项不是操作系统面临的主要威胁?(　　)

　A. 病毒　　　　　B. 木马　　　　　C. 垃圾邮件　　　　　D. 勒索软件

4. 以下哪个选项不是金融信息系统开发安全设计原则?(　　)

　A. 纵深防御原则　　　　　　　　　B. 保护隐私原则

　C. 权限聚合原则　　　　　　　　　D. 操作留痕原则

5. 以下哪种方式是给 Windows 操作系统打补丁的最佳方式?(　　)

　A. 始终开启 Windows 的自动更新功能

　B. 使用腾讯管家的漏洞修复功能

　C. 出现安全事故后去互联网上寻找打补丁的攻略

　D. 定时使用杀毒软件扫描系统

6. 以下哪个密码的安全性最强？（　　　）

    A. 123456

    C. ${Iww1}0012

    B. 112BUWWsze％8^

    D. ABC123$

7. 以下哪个选项是木马最典型的特征？（　　　）

    A. 破坏操作系统

    C. 窃取用户信息

    B. 加密用户文件

    D. 在计算机之间传播

8. 以下哪个项不是等级保护的主要对象？（　　　）

    A. 基础信息网络

    C. 工业控制系统

    B. 云计算平台

    D. 员工自用的笔记本电脑

9. 以下哪个选项不是渗透测试主要针对的对象？（　　　）

    A. 人员操作规范

    C. 网络设备

    B. 主机操作系统

    D. 数据库系统

10. 为什么需要对源代码进行安全审核？（　　　）

    A. 软件的运行环境可能存在漏洞

    C. 软件的测试环境可能存在漏洞

    B. 软件的开发环境可能存在漏洞

    D. 开发人员可能因疏忽引入漏洞

二、思考题

1. 系统漏洞、系统补丁分别是什么？它们之间的关系是什么？

2. 源代码安全审核是什么？源代码安全审核过程中常见的问题有哪些？

3. 操作系统主要面临的攻击形式有哪些？

4. 如何才能避免被勒索软件攻击？

5. 渗透测试与代码审计的主要区别是什么？它们有哪些相同点？

练习题参考答案

1. D　2. D　3. C　4. C　5. A　6. B　7. C　8. D　9. A　10. D

第 **6** 章

金融信息网络安全

CHAPTER 6

【学习目标】

通过本章学习了解网络的基本概念、网络的组成结构以及网络通信过程中涉及的技术知识;理解日常金融生活中的网络行为与哪些网络技术相关,能理解其运行机制,具备一定的操作能力;在上述两点的基础上,理解网络通信过程中哪些行为或现象可能存在安全风险,并具备相应的防范意识。

熟悉相关的网络安全防护技术与防护手段;能够区分各种安全产品,并知晓它们的具体功能;针对金融生活中的网络安全问题,能够在相应的技术知识的指导下进行简单的处理。

【本章知识点】

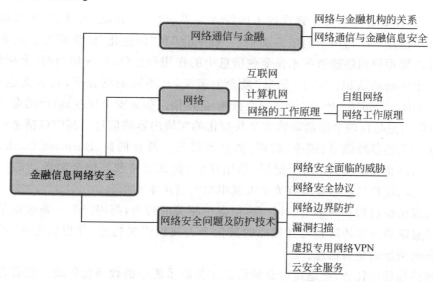

> **案例**
>
> **案例 1**：2019 年 3 月 2 日，俄罗斯某企业遭受大规模网络攻击。攻击者伪装成欧尚、马格尼特、斯拉夫尼奥夫等知名公司，向公司内部发送钓鱼电子邮件，并对点击钓鱼邮件中的带病毒附件或恶意链接的公司员工进行勒索。
>
> **案例 2**：李女士在使用手机时，突然收到一条某银行的银行卡消费积分兑换的短信，没有多想就点开了链接，并按提示输入了自己的银行卡卡号和身份证号码，同时还输入了银行短信发来的验证码，没想到短短数十秒，因此收到了多条共计转款 10 万元的短信提示，李女士这才意识到自己被骗。原来，李女士由于没有打开手机防护功能，无意中连接了骗子架设的伪基站信号，因此收到了与银行官方号码一样的短信信息，并点击了钓鱼链接，从而泄露了个人信息。

6.1 网络通信与金融

6.1.1 网络通信技术在金融活动中的作用

近年来，随着金融信息化建设的不断深入发展，以人工智能、云计算、大数据为代表的新兴技术已经广泛运用于金融活动中。"数字化"和"信息化"已经成为金融业发展的时代特征。要理解网络通信技术在金融信息中的作用和地位，首先应当对"金融信息"的概念有一个明确的认识。对于"信息"概念的定义，在不同的场合下，其含义也不相同。国家标准 GB/T 36618—2018《信息安全技术 金融信息服务安全规范》给出的金融信息定义是：金融信息是反映金融活动状态及其变化的实质内容的信息。其中包括金融活动和金融市场相关的各种信号、指令、数据、消息和报告。商业词典（Business Dictionary）给出的金融信息相关定义为：用于记账、信用评估、贷款交易和其他金融活动的信用卡号码、信用评级、账户信息和其他有关个人或组织的货币事实信息。

个人或组织机构在网络上的每一次与金融相关的行为，都将产生一条金融信息。这条金融信息随着网络传输到与其相关的其他个人或组织机构处，并根据需求，不断产生相应的影响或新的金融信息。

而网络通信的任务，正是负责金融信息在金融系统中的数字化传输。随着移动终端的普及以及移动无线网络技术的发展，越来越多的金融活动在向线上操作转移。中国金融新闻网发布的，截至 2019 年三季度末银行账户数据显示，仅 2019 年三季度全国银行

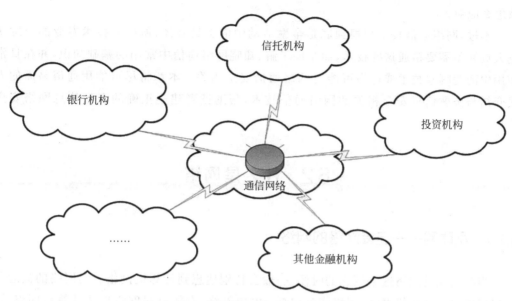

图 6-1　网络与金融机构的关系

共办理非现金支付业务 897.60 亿笔,金额 926.03 万亿元;三季度,银行共处理电子支付业务 594.64 亿笔,金额 612.90 万亿元。可以说,如今的金融是信息化的金融,网络化的金融。网络用户的每一次非现金或电子支付操作,每一笔线上股权交易,都基于网络通信技术的支持。如同人体的血管网络是血液流动的通道和载体,金融信息之血在金融系统中的数字化传输,需要准确与安全的通信网络为基础。

6.1.2　网络通信安全与金融信息安全

作为金融行业的重要资产,金融信息在网络中进行交互时势必会成为不法分子所觊觎的目标。此外,金融信息在网络通信中依赖的网络服务也会被各类安全威胁"重点照顾"。由于网络技术的专业性,使得非技术人员往往认为网络通信安全与自己不甚相关,甚至认为网络通信安全与金融信息安全是完全无关的两码事。所以金融从业者需要将网络通信技术及其安全的相关知识作为必修课程进行学习。

网络通信是一个复杂的交互过程,作为网络通信的基础,网络的协议与层次划分是非常重要的内容。金融信息如何在网络间传递、有着怎样的逻辑流程,清楚了这些问题,讨论金融信息在网络层面的防范才显得有的放矢。通过了解网络通信协议、网络配置和网络类型,读者可以了解网络提供通信服务的基本思路和方法,了解金融信息在网络通信中都需要做哪些具体的操作以及需要遵守哪些规则,进而了解网络安全问题出在哪,该怎么应对。

不过,网络通信技术归根到底是金融活动中的工具载体,所以非技术专业的金融从业人员并不需要精通这些技术,而是要了解、知晓网络通信中常用的基础知识,并在日常使用中清楚哪些技术或行为可能与网络通信安全相关。本章将尽可能用通俗易懂的方式介绍与金融信息安全相关的网络通信技术,帮助读者建立正确的金融信息网络安全意识。

6.2 什么是网络

6.2.1 互联网——连接网络的网络

当我们谈及网络这个概念的时候,一般会特别地想到计算机网络。但网络的概念并不仅仅局限于计算机网络,网络实际包括:电信网络、有线电视网络以及计算机网络等。这三种网络在信息化发展的过程中发挥着非常重要的作用,但其中处于发展核心地位的还是计算机网络(本章中的网络一般统一代指计算机网络)。

提及计算机网络,读者们可能想到的第一个词可能大概率是"Internet",但读者朋友们应该留意,"Internet"一词的中文译名存在"因特网"和"互联网"两种不同的方式。看似一种方式属于音译,一种方式属于意译,其内涵应当接近或相同。但其实两种翻译的内涵并不完全相同。一种有趣的说法是:开头字母 i 小写的"internet"一般代指互联网,是一个通用名词,泛指由多个计算机网络互相连通构成的虚拟网络;开头字母 I 大写的"Internet"则特指因特网,特指全球最大的、开放的、采用 TCP/IP 协议为主的计算机网络,是一个专用名词。"互联网"一词目前是最受大众欢迎和广泛使用的说法。本章内容将采用最广泛的解释方法,统一使用"互联网"一词。

互联网之所以能够如此快速的发展,是因为其优秀的信息传输能力和信息传播效率满足了我们对通信的需求。这种能力来源于互联网的两大特点:连通性和共享性。良好的连通性可以使信息的传输能力得到极大的提升。例如各种社交平台,打破了人与人之间的时空壁垒,使得交流沟通和信息传递可以随时随地进行。共享性可以使某一信息或资源同时被多个用户访问,极大地提高信息利用率。例如网络上的服务器,可以同时为大量的用户提供服务。

网络一般可以抽象为是由结点(node)和连接这些结点的链路(link)组成的。这些结点可以是计算机主机、服务器、交换机或路由器等。如同地图上的城镇和道路,各种各样的

城镇通过道路连通在一起。不过这样的网络还不能称之为互联网,根据互联网的概念"由
多个计算机网络互相连通构成的虚拟网络",因此互联网是"连接网络的网络"(见图 6-2)。

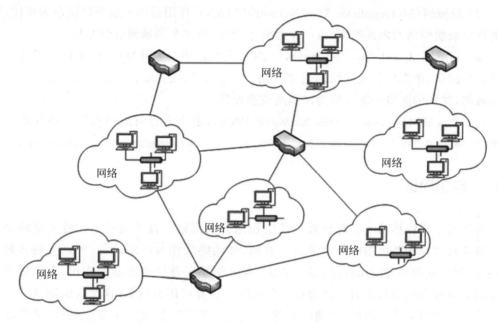

图 6-2　互联网的抽象结构

6.2.2　计算机网络

1. 计算机网络的定义

本书将计算机网络定义为主要由通用可编程的硬件互联而成的硬件,并非用来实现
某一特定的目的。

根据这个定义,计算机网络所连接的设备,就不仅仅局限于计算机,还包括其他可以
进行通用可编程的硬件设备。POS 机、可实现网络通信的移动设备、路由器等都是网
络中的一部分。其次,计算机网络的主要功能是实现应用业务功能及数据传输。对金
融行业来说,就是要实现交易信息、用户个人信息、产品信息等各类金融信息的传输
工作。

2. 计算机网络的分类

随着应用需求的发展和改变,计算机网络的类别也随之发展。一般来说,计算机网
络可以按照网络的作用范围进行分类,按照作用范围的大小分为:

（1）广域网（Wide Area Network，WAN），作用范围为几十到几千公里不等，是互联网的核心，负责长远距离传输，具有较大的通信能力和较好的通信设备支持。

（2）城域网（Metropolitan Area Network，MAN），作用范围一般是以城市为单位，可作为单位或组织间的内部网络，也可作为公用设施，对多个局域网进行互联。

（3）局域网（Local Area Network，LAN），一般是指个人计算机、微型计算机或工作站之间的网络，作为单位或组织的内部网络。一般学校或企业内部的网络，是多个互联的局域网，这样的网络一般被称为校园网或企业网。

（4）个人域网（Personal Area Network，PAN），是个人将所属的电子设备互联成为网络。

6.2.3　自组网络

自组网是指将移动通信与计算机网络相结合的网络。自组网的最大特征是移动终端同时兼有终端和路由器两种功能。一方面，移动终端作为终端设备，可以实现各种应用操作，比如使用各种应用程序；另一方面，移动终端还兼顾路由器的作用，大大提高了网络的灵活性和抗毁伤能力。因为只要自组网中还有可用的设备，这个自组网就可以照常工作。每个设备在自组网中"地位平等"且"能力平等"，如果发生安全事件，既可以对重要设备进行断网自保，还可以对问题设备进行及时剥离，这都不会影响自组网的整体工作。

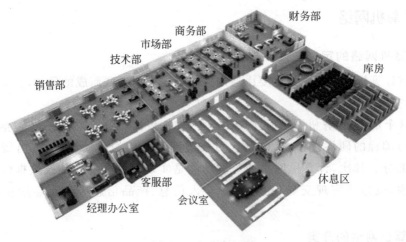

图 6-3　企业自组网

目前,自组网已经被广泛地运用在许多领域,包括车载网络、Mesh 自组网、NexFi 战术自组网等等。尤其是 Mesh 自组网,不仅可以用做家庭智能网络,还被应用在应急救援、应急指挥以及森林防火等场景中。在企业内部网络建设中,也常常使用自组网技术。例如企业的内网建设,办公网络场景搭建等。金融机构由于拥有较为复杂的部门分工,不同部门的局域网建设可能存在差异,因此考虑自组网技术协助机构内部网络构建具有一定可行性。

6.2.4　网络的工作原理

1. 网络的分层与协议

(1) 网络的分层。考虑一个简单的文件传输实例,同网络中的设备 A 向设备 B 传输一个文件,我们首先需要考虑两个层面的问题:一是两台设备对该文件的存储方式或编译格式是否匹配,如果不同,此时至少一台设备需要知道对方文件的存储方式或编译格式,并进行文件格式转换;二是发送方必须了解接收方是否可以接收并存储文件,以确保文件可以被接收而不会丢失导致传送失败。这两个工作应当在同一个模块的指导下完成。

其次,在传输过程中,管理文件的模块并不需要了解具体的传输方式或方法,即通过何种链路以什么样的传输机制传输的。因为这项工作对文件管理来说毫无关系。这就需要另一个模块管理传输,我们暂时称其为通信模块。通信模块中有完整的关于文件该由什么样的方式方法(传输格式)进行传输的详细协议(要求)。传输工作到此并未完全结束,还需要注意最底层的网络问题。网络的服务种类繁多且复杂,同样需要在物理层面进行简单分类以缓解上层的工作难度,所以网络接口处仍有许多细节工作要做,这些工作显然与通信模块无关。所以还需要第三个模块,网络协议模块。如图 6-4 文件传输示例图所示。

通过这个简单的例子,我们可以很好地理解协议的作用以及分层的好处,而且我们也可以理解分层的特点:①各层独立;②高灵活性;③结构独立;④易维护。由此我们可以得出一个认知上的结论:网络的各层及其协议的总和就是网络的体系结构。

目前公认使用最广泛的分层方法有两种:一种是偏理论学习的五层协议体系,分为物理层、数据链路层、网络层、运输层、应用层;另一种是实际应用中常用的 TCP/IP 四层体系结构,分为应用层、运输层、网络层和网络接口层。五层协议体系结构与 TCP/IP 体系结构如图 6-5 所示。

(2) 协议。协议也称作网络协议。所谓网络协议,实际上就是为保证网络中数据传输交换准确实现而建立的规则和标准。网络协议主要包含三个要素:语法、语义和同步。其中,语法是指所有数据和控制信息在网络中传输的结构和格式,与语言中的语法含义

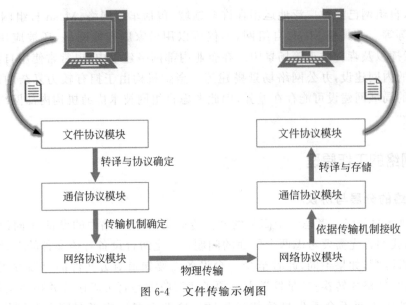

图 6-4　文件传输示例图

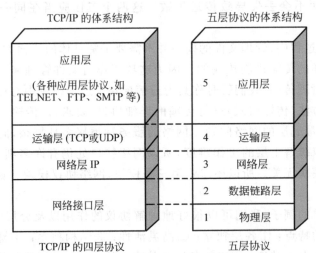

图 6-5　五层协议体系结构与 TCP/IP 体系结构

相近。语义是指信息中包含的含义,包括告知该实现什么样的功能,应做什么样的操作和响应等。同步是指各个步骤实现的顺序,相当于一份时间表。

通俗来说,就像企业管理守则中的各项条例,语法就是条例的写作格式或规范,语义就是条例的实质内涵,同步就是条例的执行顺序。可见,网络协议是网络通信的行为法则。当涉及一台设备想要同网络里另一台设备完成某项活动或任务(这些活动或任务包括为自己实现的或为第三方实现的)时,就必须有协议进行规范。

不同用途的协议分布在网络系统的各层之中,图 6-6 TCP/IP 四层协议关系图详细描述了各层协议之间的逻辑关系。下面我们将通过一个实例来简单地梳理网络通信的工作过程。

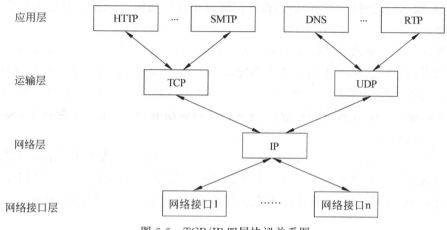

图 6-6　TCP/IP 四层协议关系图

2. 网络通信过程

某天,股民小 A 得知自己购买的股票涨了,于是他想卖出一些股票换点钱。小 A 填写好相关的股票卖出信息,并按下了提交按钮。

(1) 应用层。无论小 A 使用的是浏览器还是股票应用客户端,都是一种应用程序。这些应用程序把小 A 刚刚填写的所有信息加工处理成数字信息(Digital Data),因为实际的物理传输过程是电信号的传输,电信号又由数字信息控制。这些应用程序所使用的协议,包括浏览器 HTTP(Hyper Text Transfer Protocol)协议、电子邮件 SMTP(Simple Mail Transfer Protocol)协议、远程登录协议(Telnet)等会根据自身规则(上文提到的语法、语义、同步),为数据信息添加相应的控制信息。以 HTTP 协议为例,图 6-7 为 HTTP 协议控制信息所示。

图 6-7　HTTP 协议控制信息

应用层的工作完成之后,就会把处理好的信息交给运输层。

(2) Socket 套接字。在介绍运输层工作之前,需要考虑一个问题,编写添加控制信息以及解读返回信息的工作具体是如何完成的呢? 网络功能是计算机设备和操作系统共同提供的,而非应用程序。所以应用程序需要调用这些功能。Socket 套接字正是要解决这个问题。

如果网络是一条通道,那么 Socket 就像通道的出入口。有了 Socket,应用层才能找到收发信息的"口"。Socket 包含一个功能库,通过编写相对应的程序来调用这些功能。上文提到的添加控制信息,以及读取信息,都是通过调用 Socket 库中的对应功能实现的。

(3) 运输层。小 A 提交的信息已经由相应的应用处理,并建立了套接字,接下来需要运输层对信息进一步加工。

运输层的工作分为两部分:一是收集和分发各应用层应用发出和返回的数据;二是添加网络通信需要的其他控制信息。收集信息称为复用,指的是各个应用共同使用运输层的功能;分用与其相反,是运输层根据传回的信息,在 Socket 的帮助下识别并分发给各个应用。

关于运输层的控制信息,需要了解两个运输层协议:TCP 和 UDP。用户数据报协议(User Datagram Protocol,UDP)是一种无连接的不可靠的传输协议,UDP 并不关心报文是否被成功接收,只会尽最大努力将所有报文第一时间发送出去。就好像传统农业的播种,无法控制出芽率,只能保证所有的种子都播撒到田中。TCP(Transmission Control Protocol)协议与 UDP 协议正好相反,是一种追求准确性的传输协议。就好像与传统农业相对应的精细作业,每一颗种子的出芽生长都需要精确控制。TCP 在传输的过程中需要在两点间建立一个稳定的传输通道,建立传输通道的过程俗称"三次握手"。这个过程如图 6-8 TCP 连接三次握手规则所示。

运输层会根据应用的需求决定使用 UDP 还是 TCP,并确定需要添加的控制信息都有哪些。以 TCP 为例,其添加的控制信息就包括:源端口、目的端口、发送数据序号、ACK 号、数据偏移量等。但这些控制信息还不够,它们大多是传输层上的控制信息,还有一些网间通信的操作与控制信息添加,要由网络层完成。

📚 **延伸阅读**

源端口和目的端口指的是数据发出和接收的虚拟端口。端口包括虚拟端口和物理端口,其中又可以细分为硬件端口、网络端口、软件端口等。网络端口指的是网络中协议使用的服务端口,是一种虚拟端口。这些端口针对不同的服务协议或功能提供相应的执行环境或指令,就像流水线上的分流阀一样,将不同的业务分流

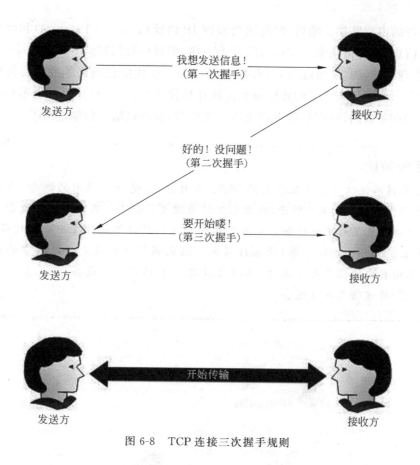

图 6-8　TCP 连接三次握手规则

到计算机的不同功能区。每一个端口都有属于自己的端口号(PID),便于管理。端口就像一个阀门,当阀门打开,也就是端口服务开放,设备上的网络服务或程序再通过调用相应的网络端口,才能实现数据的接收和发送。虽然这些虚拟端口被叫作网络端口,但实际上是在运输层定义的。运输层的分用复用功能也可以通过网络端口得到体现。

(4) 网络层。经过运输层处理,小 A 发送的数据已经整装待发,在出发前还需要最后一步工作——"让数据带上地图"。

网络层负责主机之间的逻辑通信,其任务是把运输层产生的报文或用户数据分装成组或包,并选择合适的路由(Routing)。所谓逻辑通信,就像沙盘推演一样,网络层在数据实际通信之前根据路由选择协议(Routing Protocol)计算的结果,为需要发送的数据选择一个最好的出行路线。随后,网络层会根据 IP 协议(Internet Protocol)和路由选择协议提供的信息,像对待从未出过远门的孩子一样,把目的地(目标 IP 地址)、个人信息(服务端口,物理地址,源 IP 地址等)写在数据的首部。这些信息确保了数据在传输中能在各个路由器上找到适合自己的传输路径。这样确保了数据不会"迷路",也不会被接收方认错。一切准备就绪,数据只需再做最后一次变身,就可以踏上传输之路了。

> **延伸阅读**
>
> 　　路由器不仅仅是指平日常用的 WiFi 路由器,它是一个通用的概念,网络中有着大量路由器。如图 6-9 所示,路由器工作原理大致如下:路由器中存储着一张路由表,表中记录了网络地址和通往这些网络地址的最佳路径的下一个物理设备(包括路由器、交换机、主机等等)的地址信息。路由器根据接收到的数据中的地址信息,与路由表中的信息进行比对,选择最佳路径上的下一个设备(专业上习惯称为"下一跳")将该信息发送过去。

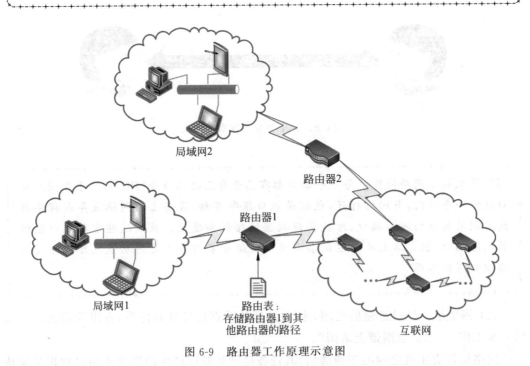

图 6-9　路由器工作原理示意图

　　(5) 数据链路层与物理层。电子信息的传输实际上传输的是数字信号。数据需要在数据链路层变身成数字信号,即封装成帧(Frame)。由于数字信号只有"0"和"1"的二进制形式,所以直接解读一条二进制信息往往毫无现实意义。为了能够准确地解读一长串字符,需要通过控制字符文头 SOH(Start of Header)和控制字符文尾 EOT(End of Transmission)以完成封装成帧的过程。这些控制字符就像标点符号,使得对信息的解读有迹可循。在此之后,再通过硬件物理设备把二进制数据转化为电信号传输数据。

至此,小 A 的股票卖出的数据终于传递给了服务器。服务器通过上述流程的反向操作,解读小 A 传输的信息,并进行相应的操作。一次网络传输就完成了。

6.3　网络安全问题及防护技术

6.3.1　网络安全面临的威胁

针对计算机网络的攻击一般分为主动攻击和被动攻击两种。被动攻击指攻击不会对目标设备或系统产生可观察到的影响,而是在被攻击者毫无察觉的情况下窃取通信内容。这种攻击既可以通过在物理端口上安装信息窃取设备实现,也可以通过在利用虚拟网络端口的漏洞实现。这种攻击又被称为流量分析。

主动攻击的方法则主要分为:①篡改;②恶意代码;③拒绝服务。

顾名思义,篡改就是攻击者通过攻击手段首先截获目标数据包,并修改其中内容,再将修改后的数据发送给原接收方。不过该攻击手段的实现难度大,成本高,并非主流攻击方法。相比之下,恶意代码与拒绝服务更容易实现,是主流的攻击手段。恶意代码又可以细分成很多具体的攻击方式,例如蠕虫攻击、木马攻击、SQL 注入攻击、脚本攻击、勒索软件等等。拒绝服务攻击(Denial of Service,DoS)是通过大量的恶意访问占用目标主机或服务器的系统资源,使正常的服务因资源不足而中断或停止,进而使系统崩溃或宕机。分布式拒绝服务攻击(Distributed Denial of Service,DDoS)是指攻击者通过攻击并控制至少两个以上互联网上的其他主机作为"僵尸",并向特定目标发起的 DoS 攻击。

早年间的网络攻击多是个人或小团体行为,但近年来的一些网络攻击依稀可以看到大型团体组织甚至民族性组织、国家组织的身影。这些网络攻击团队训练有素,实施攻击所使用的资源庞大且充足,俨然是已经成为专业的"网络部队"。这些有组织的网络攻击体现出有组织、有预谋、高水平的特点。美国国家标准与技术研究所针对这些高强度的网络攻击提出了高级可持续威胁攻击(Advanced Persistent Threat,APT)的概念,其特点为:

(1) 攻击者:拥有高水平专业知识和丰富的攻击资源。

(2) 攻击目的:破坏目标组织的关键设施,或阻止/破坏某项任务的正常运行。

（3）攻击手段：使用多种攻击方式结合的手段，在目标设备上建立长久且隐蔽的后门窃取信息。

（4）攻击过程：在一个很长的时间段内潜伏并反复对目标进行攻击，同时可以适应安全系统的防御措施。

近几年勒索软件同样发展迅猛。《2017 年度网络空间安全报告》公布了世界范围内的十大勒索软件攻击，其中就有轰动一时的 WannaCry、NotPetya 等。这些勒索软件感染目标主机后，将主机加密上锁，如不缴纳赎金就无法使用设备，甚至可能永久破坏设备。据统计，全球至少 150 个国家（地区）、30 万用户被 WannaCry 感染，造成损失高达 80 亿美元。

下面我们将介绍几种常见的网络安全威胁，供读者进一步理解网络安全威胁。

1. DDoS 攻击

分布式拒绝服务攻击（Distributed Denial of Service，DDoS）的目的是通过占用目标设备（包括主机或服务器等）的服务资源，进而使正常的网络服务无法进行。DDoS 最具特点的地方在于"Distributed"，也就是分布式（DoS 攻击同样是拒绝服务攻击，但不强调分布式）。所谓分布式，通俗来说就是把许许多多不同类型、不同构造甚至广泛分布在不同地理位置上的设备综合起来做同一件事，再把结果汇总起来。本章中我们提到，在网络通信过程中，访问一台设备的资源需要首先与该设备进行连接，这至少需要进行一个"三次握手"的过程。而且这个过程需要进行身份的识别。如果仅适用单一的设备实施占用资源的拒绝服务攻击，很容易被检测识别和阻止。如果适用遍布各地的大量不同设备同时访问目标设备的资源，就可以在都是正常访问的假象中实现拒绝服务攻击的效果。

DDoS 攻击可以继续细分为资源消耗类攻击、服务消耗类攻击、放大攻击以及混合攻击四类。如表 6-1 DDoS 攻击类型所示。

表 6-1　DDoS 攻击类型

攻击类型	攻 击 原 理	典 型 攻 击
资源消耗类攻击	通过大量的访问请求使得正常的带宽和资源被占用，从而导致设备阻塞或直接崩溃	SYN FLOOD、UDP FLOOD、ACK FLOOD
服务消耗类攻击	针对服务的特点进行精确打击，不需要大量的访问，只需要请求高消耗型的服务业务	数据服务的检索、文件服务的下载等
放大攻击	通过请求回应远远大于请求本身大小的流量占用带宽	UDP 协议攻击
混合攻击	混合以上三种攻击，并探测选择最佳的攻击方式	综合以上三种

　　读者或许会问,DDoS 可能需要大量的设备实现攻击,这些设备从何处来呢？这些用于攻击的大量设备一般被称为"肉鸡"。这些"肉鸡"的来源可以分为两种：一种是攻击者所在的组织或机构有实力提供这样数量的设备作为"肉鸡"；第二种则是通过渗透攻击控制其他设备进而成为"肉鸡"。而且,"肉鸡"不只是计算机或服务器,还可能包括个人电脑、手机、智能设备、打印机、摄像头等。这些联网的物理设备由于防护措施较差,甚至根本没有任何防护技术的保护,所以很容易成为"肉鸡"。

　　现实中也有类似的例子,如春运或节假日高峰期使用 12306 网站购票时常受阻或失败,原理类似。12306 购票网站的服务器在瞬间的峰值期会接受千万乃至亿级的访问和操作请求,这些访问和操作数量一旦超过服务器所能承受的压力上限或超过带宽上限,就会导致服务器崩溃或操作失败。DDoS 攻击的量级可能远远超过正常访问的量级,会导致正常的服务受到极大的影响,出现崩溃和操作失败的情况。

　　DDoS 之所以能够成为最热门的攻击手段之一,主要是因为其攻击方式简单粗暴,且对技术的要求和成本较低,同时可以造成非常可观的破坏。此外,防御 DDoS 攻击所消耗的成本远高于攻击成本。许多企业往往因为较高的物理防护设备或解决方案价格而选择"偷工减料",致使在攻击方看来其"性价比"非常高。

2. IP 伪造

　　IP 伪造技术的核心是通过伪造 IP 地址隐藏真实的 IP 地址,达到做坏事不留名的目的。上文中我们详细介绍了网络通信的规则,尤其是"三次握手"规则,如果直接使用虚假的 IP 地址,那么实际的连接根本无法实现。因此,实际上 IP 伪造并不能完全隐藏,就像邮政快递,虚假的地址终究无法收取信息。所以 IP 伪造大多使用代理转发功能,通过一个代理服务器,来隐藏自己。就像在自己和目标之间增加了一个匿名的中介。无论是 DDoS 攻击还是匿名访问,都会使用该技术进行身份隐藏。防范 IP 伪造的方法是进行源 IP 校验,相当于在车站检票进站之前,不仅要验票,还要验身份证和本人信息是否一致。

　　由于金融行业对信息十分敏感,所以应当重视这一问题。一条经过 IP 地址伪造的信息如果被误认为是官方信息或有用,对金融机构或个人进行误导,可能会造成非常严重的后果。

3. 邮件安全威胁

　　许多基于邮件的网络攻击,尤其是钓鱼邮件攻击,核心的方法是通过分析用户使用的服务器种类（比如,".edu"是教育机构通用的域名）,监听窃取用户个人或组织的邮件之后,向用户发送与其日常工作生活相关主题的邮件,并在邮件中夹带恶意代码链接或附件进行攻击。用户单击这些链接或附件就会激活病毒程序,进而"帮助"攻击者实现攻击。所以在日常的邮件使用中,一方面要注意邮件信息的保密,同时对陌生的、来历不明的用户发来的邮件要有所警惕,在确认核实之前不点开任何链接、不下载任何附件。另外,不在敏感设备上收发邮件也是保护敏感数据的方法之一。

4. 端口扫描

端口扫描是指攻击者通过发送一些扫描信息到目标网络,检查目标网络都有哪些端口是打开的,再根据这些端口存在的漏洞实施攻击的手段。由于端口在逻辑上实际控制着网络服务或程序与外界网络的连通,所以即便物理网络接通,如果网络端口关闭,网络通信也无法实现。同理,如果网络端口打开,即便没有相应的服务,一些信息依旧可能通过端口进出。因此许多网络攻击就利用端口存在的漏洞实施,例如 23 号端口支持 Telnet 服务,许多远程监视或控制攻击就利用该端口发起。2019 年 10 月,国家信息安全漏洞库发布关于 TeamViewer 远程控制的安全漏洞,虽然声明是针对旧版本 TeamViewer 的漏洞,但仍说明其中存在着巨大安全风险。

5. 病毒、木马与勒索软件

上文中我们介绍了有关病毒、木马及勒索软件的基本内容。本节不作过多赘述。需要进一步强调的是病毒、木马级勒索软件在互联网上传播的方式。它们的传播一般是通过邮件或带有恶意文件或链接的网站进行的。需要受害者点击恶意链接或者访问恶意网站,这些病毒、木马及勒索软件才能与受害者设备建立连接,并被下载到受害者设备上。这就像挂着鱼饵的鱼钩,等着受害者咬钩。所以这种感染受害者的传播方式也被统称为钓鱼攻击,其恶意链接与网站也被称为钓鱼链接和钓鱼网站。

这种传播方式虽然相对被动,但由于其是由受害者主动点开恶意链接或网站,所以往往可以绕开一些安全防护。这一方面导致这类攻击成为主流的攻击手段,另一方面,这种传播性也为防护技术的发展提供了思路。

6. 伪基站

读者可以思考一个问题,如果通信频道发生了冲突或者通信频道被屏蔽占用,会发生什么情况。伪基站利用的就是类似的思路。伪基站首先搜索信号范围内的手机设备,并通过屏蔽运营商或发射与运营商相似且更强的信号实现与手机设备的连接,进而发送伪装成运营商或其他官方的短信信息,这些短信信息中往往带有恶意链接,受害者如果点开就可能遭受攻击。严格来说,伪基站攻击的前期行为是针对通信信号的攻击,与其他计算机网络攻击不太相同。但其后续的攻击手段是典型的网络钓鱼攻击,所以伪基站攻击总体上是劫持基站信号进行的钓鱼攻击。

伪基站虽然隐蔽但并非不能甄别。首先,伪基站在工作时必然会造成手机设备出现短暂的信号中断;另外,伪基站一般只支持 2G 或 3G 网络,所以如果手机信号突然中断且出现网络降级,读者就要留意潜在伪基站攻击的可能性。

目前市面上的绝大多数安全防护软件都带有伪基站防护功能。但随着伪装技术越来越高,难免存在疏漏,所以仍需要读者提高警惕。

延伸阅读

5G 技术（第五代移动通信技术，5th generation mobile networks 或 5th generation wireless systems、5th-Generation）本质上是一种通信技术，可以理解为是网络的一部分，也可以理解是通信领域的技术。5G 通信速度是 4G 的百倍；其时间延迟可控制在 1 毫秒左右，但网络容量可达千亿级，实时通信、智能通信（包括无人驾驶技术，远程通信技术）将无处不在。5G 网络由于其技术的突破，与传统网络存在着许多不同，应用领域也更加广泛，所以面对的安全问题也就更多。5G 设备与基站之间存在双向认证的机制，这可能在一定程度上解决伪基站问题。但对金融企业来说，最主要的问题可能出现在智能互联和自组网领域。由于智能互联和自组网络将万物进行互联，那么每个设备的安全都十分重要。金融行业应当加强整体的网络安全建设，所使用的联网设备必须拥有足够安全防御能力。

7. 局域网内部威胁

局域网有许多类型，常见无线局域网 WLAN（Wireless Local Area Networks）一般会根据使用场景的不同分为私用和公共两种。公共 WLAN 是指公共场所使用的 WLAN，任何人都可以接入；私用一般是指家庭使用的 WLAN。一般来说，公共 WLAN 是网络攻击的高发地带。公共场所的 WLAN 可以近似地看成一个没有任何安全保障的开放的内部网络，接入 WLAN 的设备组成了一个小型的内部网络。前面我们解释了网络之间通信的工作原理，并说明路由器是连接网络的中间环节。在内部网络中，所有的设备都在同一个网段里（同一个网络设备管理下），这些设备的通信完全可以不经过外网，而通过网络广播的方式就可以完成一对多的直接通信。也就是说，这个内部网络中的设备之间可以通过技术手段实现直接通信。许多公共 WLAN 所使用的设备并没有任何安全防护功能，许多不法分子通过在这个内部网络中散发诈骗信息或钓鱼链接实现网络攻击。这些信息往往会被伪造成高仿的官方信息，并向拟攻击对象索要账号和密码。

还有许多场所，包括企业或机构的 WLAN 并不能严格界定是公共还是私用。因为这些场所既有一定的私密性，又存在一定的公开性。这些场所的 WLAN 更容易成为攻击目标。对于这些企业或机构来说，构建具有高安全性的内部网络，或区分内部网络与公用网络并严格控制准入要求是非常必要的。

6.3.2 网络安全协议

网络安全协议是规范或保护网络传输安全的各类协议的统称。其中较为知名的安全协议包括 IPSec 协议、SSL 协议、TLS 协议等。

互联网安全协议(IP Security,IPSec)为 IPv4 和 IPv6 协议,提供基于加密的安全服务。IPSec 并不是一个单一的协议,而是一个包含多个安全协议的协议族。这其中包括 AH(Authentication Header,报文头验证)协议,ESP(Encapsulate Security Payload,封装安全载荷)协议,IKE(Internet Key Exchange,网络密钥交换)协议,SSL(Secure Sockets Layer,安全套接字层)协议,TLS(Transport Layer Security,运输层安全)等等。IPSec 主要功能为加密和认证,我们常说的密钥交换,就是基于该协议进行的。但读者需要注意,IPSec 所说的加密认证并不是常用的密码技术,正如其全称所指,是 IP 数据上的安全,因此是对数据包的加密和认证。具体的加密原理已经在第 4 章中作过讲解,在此不再赘述。这里再次借助邮政快递的例子方便读者理解,IPSec 就像在快递上加了一个密码锁,只有接收方手中有发送方颁发的密钥,才能打开这个密码锁。而且,这个密码锁可能只是将包裹里的内容锁起来,也有可能将整个包裹都锁起来。根据这两种不同的方式,IPSec 也分为传输模式和隧道模式。传输模式只对 IP 数据包中的有效载荷进行加密(对包裹内容加密),隧道模式则对整个数据包进行加密(对整个包裹加密)。

网络安全的众多协议主要位于应用层、运输层和网络层。网络层中主要有包括 AH、ESP 及 IKE 等。这些协议主要用于网络传输的加密。运输层的 SSL 协议和 TLS 协议主要用于防止安全服务中出现窃听、冒充和篡改的问题,为 TCP 传输提供安全保障。应用层最典型的安全协议就是邮件安全服务所使用的优良保密协议 PGP(Pretty Good Privacy)。该协议将一些加密算法(如 RSA 和 MD5 加密算法等)综合起来,以提供邮件的内容安全、发送方鉴别和鉴别报文完整性的服务。

网络安全协议的使用,使得数据过滤成为可能,在很大程度上提高了网络的安全性。同时,网络安全协议使用灵活,其算法的更新并不需要硬件或系统随之更新。而且,网络安全协议对 VPN 的建设有着很大的贡献。

6.3.3 网络边界防护技术

网络边界是指内部安全网络与外部非安全网络的分界线。结合上文的内容通俗来说,由于互联网是网络的网络,网络边界可以理解为网络与其他网络的逻辑或物理边界。

上文我们讲述了目前网络安全面临的各种威胁以及主要的几种网络攻击形式。不难发现,大规模网络攻击或具有极强针对性的网络攻击多是从网络外部向内部发起的,即需要突破目标网络与外界的网络边界。针对这些安全威胁,许多安全防护技术的解决思路就是在网络边界上架设网络防护设备,以抵御这些网络攻击。

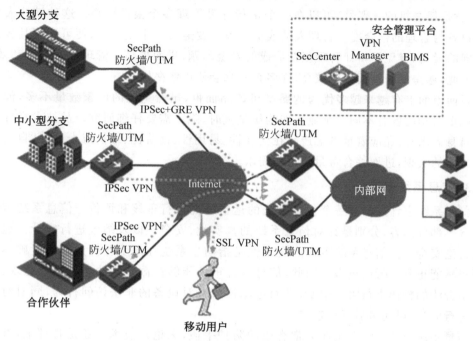

图 6-10　网络边界防护(图片源自百度)

病毒、木马及勒索软件就像是客观世界中无处不在的病毒与细菌,防范它们的一个重要手段就是佩戴口罩。这是防止感染最有效也最具性价比的方式。边界防护就像为网络戴上了一层与外界网络过滤的口罩,将一些病毒、木马和勒索软件阻挡在网络之外。

下面我们将列举一些网络边界防护的技术或产品,以帮助读者进一步理解各种网络边界防护技术或产品的主要功能和区别,进而对网络边界防护有一个更全面的认识。

1. 防火墙

防火墙是大家非常熟悉的一种边界防护设备。防火墙采用了访问控制技术,依据某种预先设置好的检查策略,严格控制进出网络边界的数据信息。这些访问控制的检查策略可以根据需求进行定制,所以现在许多安全产品厂商都推出了根据公司企业需求定制的防火墙产品或服务。防火墙作为一种经典的边界防护设备,其技术细节值得读者深入了解。本书第 8 章将详细讲解防火墙相关的技术知识。

2. 堡垒机

堡垒机也叫运维安全审计系统。对于它的称呼目前有许多种,但它的功能主要集中在四个方面:身份验证(Authentication);账号管理(Account);资源授权控制(Authorization);安全审计(Audit)。堡垒机的工作方式类似于银行。一个用户通过身份证(也就是堡垒机的主账号)可以在一个银行开设管理多个银行账户。这种模式大大降低了设备与管理的耦合度。管理人员或员工只需要通过一个主账号,便可访问其权限下可访问的设备,避免了审计管理复杂造成的安全问题,进而提高了管理的安全性和效率。正因如此,堡垒机的商用价值较高,许多企业都会使用堡垒机。

目前市面上有越来越多优秀的堡垒机产品面世,虽然主流的厂家数量不多,但每家产品侧重的功能各有不同。企业在选购堡垒机时,除了需要仔细研究产品技术指标是否满足自身需求外,还应着重考虑产品在交互性、易用性、性价比、维护成本、产品自身安全性等方面的表现,进而综合考量自身的需求。

3. 信息系统审计

信息系统审计是指对一个信息系统的运行情况进行审核和评价。信息系统审计其实包含三部分内容,分别是针对信息系统的真实性、安全性以及绩效进行审计。这里我们仅讨论安全性。信息系统审计的安全性是指信息系统在遭受各种人为因素破坏的情况下仍然能正常运行的概率。因此,信息系统审计能够拦截非法的访问和恶意攻击,并且对不合法的操作进行阻止中断,进而过滤掉所有对设备的非法访问行为,同时对操作人员进行监控,以便事后责任追踪。

信息系统审计也是对企业非常有用的防护手段,无论是技术上还是管理上,都可以为企业提供巨大的安全性支持。尤其是在金融领域,一个金融系统的操作量非常庞大,安全层面的审计工作实际非常困难,依托信息系统审计,可以很好地解决这个问题。

4. 入侵检测系统

入侵检测系统(Intrusion Detection Systems,IDS)就是用于检测入侵行为的安全防护系统。IDS通过分析网络或系统的行为和运行状况,判断是否存在潜在的可疑攻击或正在发生的攻击行为。与防火墙不同的是,入侵检测系统并不需要网络流量流经,而是依靠监听设备对关键位置的网络流量进行监控。如果将防火墙理解为大楼的门禁系统,那么IDS应该是大楼的监视系统。其主要工作就是监视已经进入大楼人的行为,如果存在违规违法行为,就会发出警报。

IDS的工作方式分为两种,第一种是通过预置系统或网络的正常工作模型,当发现任何与之相异的行为时,该行为将被判定为入侵行为;第二种是预置入侵行为相关模型与当前行为作对比,任何与之相符的行为将被判定为入侵行为。基于这种思路,IDS一般会有目的地设置在需要保护的网络资源或网络攻击最先出现的资源上。最后,IDS还会记录检测结果,为后续的分析提供依据,在审计管理层面也具有很大的价值。

基于 IDS 的工作原理,IDS 有一些功能是无法实现的。首先 IDS 不能主动进行防御,其功能主要集中在检测上,缺乏应急能力。其次,IDS 很难对加密的网络数据进行检查,这就留下了极大的安全隐患。

5. 入侵防御系统

入侵防御系统(Intrusion Prevention System,IPS)的出现可以更加有效地对入侵行为进行检测和防御。

首先,与 IDS 不同,IPS 不会等到网络流量到达网络系统内部再进行检测,而是在网络数据进入网络系统的网络边界处就开始。这不仅可以提高检测的效率,同时还提高了内部网络的安全性。其次,IPS 会解读网络数据内部的信息,包括应用层和运输层的数据内容也会被检测。进而通过匹配查找网络入侵或攻击的特征,过滤或丢弃有害的网络数据流量。最后,IPS 在遭到攻击造成失效时,会进行切断网络的应急处理。保证网络系统在缺少保护时,仍处于相对安全的环境中。

如今,由于 IPS 与 IDS 所侧重的检测方式和位置不同,两者常常互为补充,产品的选择也要进一步分析。关于 IDS 与 IPS 及其产品的具体内容将在第 8 章介绍。

6. 下一代防火墙

下一代防火墙(NG Fire Wall,NGFW),是近年来较为热门的一个概念。下一代防火墙很重要的功能特征是其对防护功能进行了集成化,另外可以进一步对应用进行安全控制。

防火墙最基本的功能是进行网络流量数据的过滤。下一代防火墙与之相比,防护能力更加完整。传统的防护思维常常是多个防护技术的堆叠,例如防火墙＋IPS＋审计等等。这样的堆叠会消耗较大的网络资源,且效率不高。NGFW 将功能进行集成,提高了防护性能和管理效率。但一般来说 NGFW 的价格不菲,更适合满足大型企业的安全需求,中小企业可以通过统一威胁管理(Unified Threat Management,UTM),也就是传统的防护手段叠加的策略节省开支。

6.3.4　其他网络安全防护技术

1. 漏洞扫描

漏洞扫描技术是一种使用比较广泛的安全防护技术。许多网络攻击实质上是利用目标网络系统中存在的各种漏洞才得以实施的。例如上文中我们提到 TeamViewer 利用漏洞,使得攻击者可以通过应用程序远程访问目标主机设备。再例如许多钓鱼邮件,在成功入侵主机设备后,会利用一些系统漏洞,对自身进行隐藏,因而漏洞扫描是网络防护中非常重要的一部分。通过使用漏洞扫描工具扫描设备,可以预先了解设备上是否存在相关漏洞,以达到提前预防的效果。

漏洞扫描工具大致还可以根据扫描对象的不同,分为针对主机的漏洞扫描、针对应用的漏洞扫描、针对网络的漏洞扫描。其中,一些针对网络的漏洞扫描工具会检测 TCP/IP 服务中的各个网络端口,通过实施非破坏性的模拟手段,模拟攻击行为,以此来检验网络是否存在可能被攻破的漏洞。

漏洞扫描是一种非常积极的网络安全防护措施。及时发现潜在的漏洞威胁,及早进行修补和防护,有效提高了网络系统的安全性。

2. 虚拟专用网

现在各行各业都在大力推进信息化建设,接入网络的终端设备越来越多,这就导致 IP 地址资源已经远远满足不了需求。在实际的应用中,许多单位或组织内部存在一些设备并不需要与外界网络进行通信,而仅需要与内部其他设备通信。所以在内部网络使用仅内部网络可以识别的网络地址,会大大节约 IP 地址资源。这种内部网络也就是专用网。但是如果内部网络的网络地址与互联网的 IP 地址相同,与外界相连的内部网络设备就会因为发现网络中有两个相同 IP 的设备而无法正常工作。

表 6-2　专用网络地址

专用网络 IP 地址分类	专用网络地址段号
A 类	10.0.0.0 到 10.255.255.255
B 类	172.16.0.0 到 172.31.255.255
C 类	192.168.0.0 到 192.168.255.255

因此一些 IP 地址被特别保留下来,如表 6-2 专用网络地址所示,这些 IP 地址专门用于专用网络中,互联网上的路由器如果发现这些 IP 地址的信息,将不会转发直接丢掉。这就解决了冲突问题。但也引发了另一个问题,如果一个单位或组织的两个部门分别在城市的不同位置或者在不同城市,又或者公司中的员工出差需要访问公司内部网络上的设备信息,专用网络就无法访问了。

为了解决这个问题,就需要借助虚拟专用网络 VPN(Virtual Private Network)技术。虚拟专用网络的工作原理如下:单位或组织根据自身需求制定虚拟专用网络的传输加密机制。用户首先通过登录或其他身份识别机制与本单位的专用网络服务器实现认证,认证后根据传输加密机制首先将数据进行封装,就像在包裹上打上认证标签。服务器接收到信息时,根据标签和身份认证判断是否符合内部专用网络的使用权限,再将封装的数据解封然后进行内部通信操作。

VPN 也是一种局域网络,但是可以跨越地理限制实现远程组建局域网,其结构如

图 6-11 VPN 结构示意图所示。VPN 的使用极大地节省了内部网络建设的成本,增加了灵活性,且一定程度上提升了安全性。目前许多的校园网络和企业网络都选择建设自己的 VPN 网络,以满足各方面的需求。

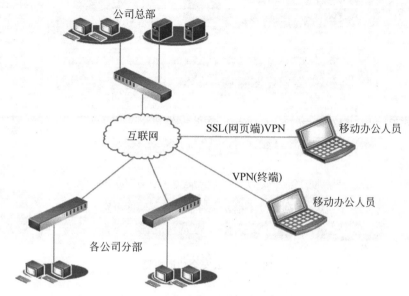

公司总部

SSL(网页端)VPN　移动办公人员

互联网

VPN(终端)

移动办公人员

各公司分部

图 6-11　VPN 结构示意图

一些金融信息作为敏感信息并不适合直接在互联网中传输,但有时由于地理条件的限制,不得不在互联网间传输,这就存在了极大地安全风险。VPN 的使用虽然不能百分百地解决这些安全问题,但可以在一定程度上加强信息传递的安全性,尤其是提高金融机构内部信息传递的安全性。

3. 云安全服务

由于网络安全防护呈现出更新快、成本高的特点,所以安全防护设备的更新会成为许多企业头疼的问题。一台昂贵的安全产品可能使用没多久,就因为新的网络攻击方式的出现,或因网络攻击能力的提高而必须作出更换。因此,基于近几年云技术的发展,许多安全厂商推出了云安全(Cloud Security,CS)服务。

云安全服务类似于一种安全业务的外包服务。云安全服务提供商先在自己的云主机或云服务器上部署各种安全功能,如图 6-12 所示。有安全需求的企业再将自己的线上业务直接部署在安全厂商提供的云服务器上,或者将自己的网络数据在云安全服务中进行过滤。这样,任何的安全需求的变化,都只需在云端进行。如今云安全服务已经成为一种趋势,越来越多的安全服务选择上云。企业也更喜欢使用云安全服务,不仅可以付出更少的精力与资金,并且享受相对更全面的安全防护服务。

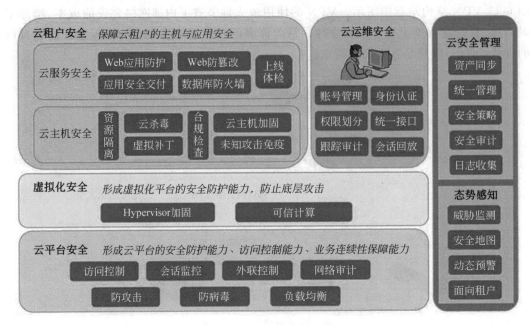

图 6-12 云安全功能概览

6.3.5 企业面临的网络安全问题与处理意见

对于金融机构来说,最重要也最容易成为攻击目标的是其企业数据和提供的线上服务。金融机构的金融信息是企业的命脉,金融信息的泄露、丢失或被篡改造成的损失对于企业来说是致命的。而服务是金融机构进行正常业务交互的基础,如果服务崩溃,则企业失去了正常的业务运作能力,其损失也将无法估量。

针对网络攻击,在技术层面企业应当部署与所使用系统相匹配的防御措施,如安装合适的安全防御系统(如入侵检测系统等)、购置网络安全硬件设备(如防火墙等)或者使用云安全服务以抵挡网络攻击的威胁。同时安排专业的安全人员负责监督管理网络安全状态,对突发情况进行应急处理。

《金融信息服务安全规范》(GB/T 36618—2018)要求金融信息服务提供商应具备一定的网络安全保护能力,以抵御外部的网络攻击。包括但不限于以下5个方面:

(1) 应对端口扫描、木马后门攻击、拒绝服务攻击、缓冲区溢出攻击、IP碎片攻击和网络蠕虫攻击等网络攻击进行防护。

(2) 采取系统访问控制、数据保护、监测、记录网络运行状态、网络安全事件的技术措施。

(3) 服务提供商应当指派专人对上网的金融信息进行保密检查。

(4) 涉及国家安全、商业秘密的信息设备,应严格控制互联网接入口数量和接入终端数量。

(5) 按照国家标准《网络安全预警指南》(GB/T 32924—2016)第 4 章的规定,应确定金融信息服务系统的网络安全重要程度以及是否具备预警响应及处置的能力。

以上的建议和策略并非网络安全内容的全部。读者需要转变一个思维定式,即网络安全问题并非完全由外部攻击导致,实际上内部因素在导致网络安全问题的原因中占有很大的比重。美国信息服务商 Shred-it 一项研究表明,近 40% 的企业高管或小企业主遇到的最近一次安全事件是由意外疏忽导致的。总结起来,企业需要注意包括但不限于以下三种情况。

(1) 内部人员监守自盗。加拿大信用合作社 Desjardins 在 2019 年 6 月发现一名已经离职的员工偷走了近 300 万客户的个人数据。AT&T 公司员工受贿后在公司网络上植入恶意软件,将 AT&T 的内部资料转送他人。Deep Security 公司的一项研究表明,45% 的员工会考虑将公司数据出售给外部人员以谋取利益。

在巨大的利益诱惑面前,往往会让人迷失。员工无论获取知识产权、客户数据还是其他有价值的敏感信息,都可以借此换取高昂的利益回报。这就导致一些员工铤而走险,不惜损害他人利益,甚至触犯法律。

建议:严格划分不同员工对数据的访问权限。明确责任主体,提高管理质量。同时,有关部门应当进一步完善法律法规的建设,提高商业间谍行为的犯罪成本,从而进一步约束此类行为。

另外,员工个人造成的企业网络安全问题相对复杂,可能的情况远不止这些。关于个人安全的内容将在本书第 9 章进行详细介绍。

(2) 第三方数据泄露。卡巴斯基 2019 年发布的《IT 安全经济学》报告中指出,大企业与中小企业涉及第三方供应商造成的数据泄露事件发生率分别为 43% 和 38%。同时,One Identity 的调查数据显示,94% 的企业允许第三方访问企业内部网络,并有 72% 的企业授予第三方特权访问权限。企业合作中需要进行信息交互或访问并不稀奇,但如果不加任何防护措施地向第三方提供访问权限甚至特权权限,无疑是将企业的自身安全弃之不顾。

建议:严格控制访问权限管理,尽可能避免第三方访问内部网络及数据。在签署协议或合同时,明确行为规范及责任问题,并确定相关责任赔偿问题。

(3) 企业自身缺乏安全意识。由于网络安全问题的技术性和复杂性,许多企业虽然知道网络安全问题存在,却无法正确理解和对待这些问题,甚至低估或忽略对网络安全问题的防范和处理。Deep Security 的研究发现 66% 的中小型企业不相信会发生数据泄露,而 Ponemon Institute 则讽刺性地调查到,有 67% 的中小型企业在 2018 年遭受了严重的网络攻击。网络安全问题并非是距离我们遥远的神话故事,而是切切实实发生在我们身边的真实事件。许多企业尤其是中小企业,不注重内部网络安全建设,网站与 APP 应用没有安全防护措施,甚至连最基本的信息传输加密都没有。简单的网络安全威胁就可以导致其崩溃,进而造成巨大的经济损失。

如今,网络安全问题的防治已经是一件需要全民参与的重要事件,企业更应该加以重视,维护自身的合法权益。

建议:为网络安全专业人员、组织、机构配置网络安全顾问,制订适合企业自身网络安全的解决方案,签署详细的合作协议。规范计算机,网络的管理。定期检查企业网络安全状况,更新网络安全解决方案,排查企业员工操作使用记录。

本章练习题

一、选择题

1. 下列攻击方法属于被动攻击的是( )。

    A. 篡改   B. 流量分析   C. 恶意代码   D. 拒绝服务

2. 端口主要类型有( )。

    A. 硬件端口   B. 网络端口   C. 系统端口   D. 软件端口

3. VPN 属于( )类型的网络。

    A. 城域网   B. 个人域网   C. 局域网   D. 广域网

4. 网络安全协议的英文简称是( )。

    A. IPSec   B. DNS   C. HTML   D. IPv4

5. 以下哪个不属于网络五层协议体系结构?( )

    A. 物理层   B. 数据链路层   C. 网络层   D. 会话层

E. 运输层　　　　　　　　F. 应用层

6. 路由器通过(　　　)存储下一跳物理地址。
　　A. 路由选择协议　　　　　　　　B. 路由表
　　C. 路由路径　　　　　　　　　　D. 路由器管理系统

7. 主动攻击的方式主要包括(　　　)。
　　A. 篡改　　　　　B. 恶意代码　　　　C. 拒绝服务　　　　D. 监听

8. 以下哪个协议为 IP 数据传输提供基于密钥交换的安全服务?(　　　)
　　A. IKE 协议　　　B. ESP 协议　　　C. IPSec 协议　　　D. AH 协议

9. 企业远程办公可用的方法有哪些?(　　　)
　　A. HTTP 协议　　　　　　　　　B. Telnet 端口服务
　　C. 网络端口　　　　　　　　　　D. 企业内部 VPN

10. 收到带有附件或链接的电子邮件时应当(　　　)。
　　A. 直接打开　　　　　　　　　　B. 下载保存
　　C. 先与发送者联系并确认　　　　D. 直接删除

11. 以下不属于漏洞扫描类型的是(　　　)。
　　A. 针对主机的漏洞扫描　　　　　B. 针对应用的漏洞扫描
　　C. 针对系统的漏洞扫描　　　　　D. 针对网络的漏洞扫描

12. 手机网络信号突然降级,可能遭遇的攻击形式是(　　　)。
　　A. 伪基站　　　　B. DDoS　　　　C. 钓鱼攻击　　　　D. APT 攻击

13. 堡垒机的功能不包括(　　　)。
　　A. 身份认证　　　B. 安全审计　　　C. 流量过滤　　　D. 资源授权控制

二、思考题

1. 如何检查网络连通性?

2. 网络、计算机网络、互联网之间存在怎样的关系?

3. 金融信息网络安全内部管理与外部防御之间的关系。

4. 如何管理金融企业员工的网络行为?

5. 构建企业 VPN 为何重要?

6. 企业应当如何部署下一代防火墙或传统防护设备?

7. 根据网络通信原理与常见的网络安全问题,思考在哪些环节容易发生网络安全事件?

练习题参考答案

1. B　2. ABD　3. C　4. A　5. C　6. C　7. A　8. A　9. CD　10. C　11. D　12. A　13. C

第7章
金融信息应用安全

【学习目标】

通过本章的学习可以了解身份验证、访问控制和 Web 应用的基本概念以及相关的安全知识,掌握一些安全技能,降低金融信息安全风险。

【本章知识点】

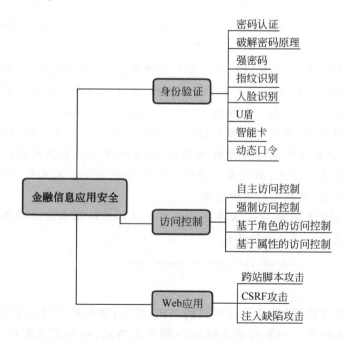

金融信息应用安全是根据金融行业的实际应用需求,将各类信息安全技术运用到金融信息系统中去,并能在系统运行过程中预防、发现、防御一些安全威胁。金融信息应用安全的核心技术主要包括身份验证、访问控制及 Web 应用安全。

7.1 身 份 验 证

身份验证(Identity Authentication),也被称为"身份认证"或"身份鉴别",是证实用户的真实身份与其所声称的身份是否相符的过程。广义上讲,通过某种手段对身份进行核对就可被认为是"身份验证",例如在日常生活中银行柜员通过检查身份证对顾客身份进行确认、交警通过核对驾驶证对司机身份进行确认等。狭义上讲,"身份验证"一词指在计算机、通信、信息安全等领域,利用身份验证技术对用户身份进行核对。身份验证的方法有很多,基本上可分为:基于信息秘密的身份验证、基于生物特征的身份验证和基于信任物体的身份验证。

7.1.1 基于信息秘密的身份验证

> **案例**
>
> 胡女士在家休息时,手机突然收到多条游戏充值的消费提醒。胡女士发现,有人登录了她的手机应用商店账户并修改了密码,通过信用卡付款的方式,在一款网络游戏里充值了 5000 多元。奇怪的是,胡女士从未下载过这款游戏,更不可能进行充值。调查后发现,原来是黑客在暗网上购买了大量用户名和密码的个人隐私信息,并利用这些信息生成对应的密码字典,批量尝试登录各类网站,得到一系列可以登录的账号密码信息,而胡女士的信息恰好就在其中。黑客利用这些信息登录了胡女士的账号,实施了信用卡盗刷。
>
> 基于信息秘密的身份验证指的是根据用户所知道的信息来证明用户的身份。比较典型的是基于密码的身份验证。

密码

随着互联网技术的发展,从手机解锁到 APP 登录,从微信支付到手机银行转账,无处不需要密码。密码的使用不仅关系到用户的个人隐私,更关系到用户的个人财产安全。如果密码泄露,不法分子就能肆无忌惮地入侵用户的私人文件甚至银行账户,给用户造成损失。因此,在日常的工作生活中,要学会保护自己的密码信息。

在日常的工作生活中,密码主要受到来自三个方面的威胁,分别是日常威胁、群体威胁和定向威胁。日常威胁指的是来自用户熟悉的或认识的人的威胁。不法分子可能会根据自己对用户基本信息的了解(例如生日、结婚纪念日、手机号码、身份证号码、邮箱地址等)来猜测用户账号的用户名和密码。群体威胁指的是来自庞大的已泄露的用户信息库的威胁。不法分子会从一些非法渠道购买大量的已泄露的用户信息,生成对应的字典表,利用大数据技术分析用户常用的密码组合,再利用脚本批量登录一些安全防护措施较低的网站(例如游戏网站、购物网站、论坛等),一旦发现登录成功,他们再用同样的密码或该密码的变体去登录银行、支付宝等安全系数较高的网站。定向威胁指的是来自专业黑客的威胁。如果一个专业黑客,使用专业的黑客软件,在不考虑时间、金钱、法律的情况下,可以攻破大多数用户的账户。

一般来说,常见的破解密码的方法主要有三种,分别是暴力破解法、字典法和社会工程学法。暴力破解法是一种简单粗暴的密码破解方法,其原理是采用穷举法,对想要破解的密码不断进行尝试,直到破解为止。比如说,在不知道密码的情况下,想要破解行李箱上配有的三位数字密码锁,采用暴力破解法,可以从 000 开始尝试,然后 001、002……直到 999,总有一个数字能够打开密码锁。在过去,暴力破解法的缺点是耗时过长,因为需要不断进行尝试。但是在计算机技术高速发展的今天,利用专业密码破解软件进行暴力破解,可以每秒钟尝试十几万次甚至上百万次,位数短的密码很轻易就会被破解出来。

字典法就是将使用频次多的密码组合放入字典里,再利用这个字典去破解密码,能够大幅度提高密码破解的效率。在日常生活中,有的人为了保证自己能够记住密码,往往会选用有意义的英文单词、词组、句子作为密码,例如 password、sunshine、iloveyou 等;有的人为了输入方便,选择键盘上的一排按键作为密码,例如 123456、qwertyuiop、qazwsx 等。黑客会把这些常见的密码组合整理出来,制作成字典,在破解密码时优先尝试。此外,有些网站的安全防护不到位,用户数据库被黑客窃取,大量用户的账户信息泄露。黑客利用大数据技术,对这些用户信息进行处理,分析出用户生成密码的规律,将该规律也放到字典里,进一步提升密码破解的效率。

广义的社会工程学(Social Engineering)指的是建立理论并通过利用自然的、社会的和制度上的途径来逐步地解决各种复杂的社会问题。在本书中,社会工程学攻击(简称社工攻击)是指通过对社会人的心理弱点、习惯弱点进行分析,通过某种手段达到目的的过程。黑客通常会通过社工攻击来缩小密码范围,甚至直接获取密码。例如,黑客通过某种手段,伪装成用户的同学、同事、朋友等,利用这个身份,在获取用户的信任之后,套取用户的信息。再例如黑客伪装成网络安全人员,走进某公司办公大楼并向其他员工发布通知,说公司无线网络的设置已经改变,当不明真相的员工来寻求帮助时,趁机套取他们的密码身份信息。还有的黑客在社交网站上与目标频繁聊天并取得信任,再来套取目标的各种敏感信息。

从密码的破解原理来看,社工攻击很难在技术上防范,只能通过养成良好的信息安全意识来减少社工攻击的风险。暴力破解法和字典法可以通过设置一个强密码来防范。

一个有效的强密码应当至少有 14 个字符组成,并且需要同时包含大小写字母、数字和特殊符号,且没有任何规律可循。本书给出一个简单的设置强密码的方法:在脑海中随便想一句话,将句子中每个字拼音的首字母串在一起,再将首尾字母大写,并添加上数字和特殊符号,即可生成一个便于记忆的强密码。例如,脑海中想的句子为"我在华山顶上看日出,日出东方红似火",那么强密码可以设置成"Wzhsdskrcrcdfhs H@123"。

除了设置一个强密码外,在日常的工作生活中,还应注意以下几点,以减少密码泄露的风险。

(1)公私分明。在用户名和密码的设置上,要做到公私分明,即用于工作的用户名和密码应与用于私人生活的用户名和密码分开,并确保二者不雷同。

(2)不使用简单密码。本书表 7-1 列出了由密码服务公司 SplashData 统计的 2018年最糟糕的 10 个密码。

表 7-1　2018 年度最糟糕密码

序号	密码	序号	密码
1	123456	6	111111
2	password	7	1234567
3	123456789	8	sunshine
4	12345678	9	qwerty
5	12345	10	iloveyou

来源:密码服务公司 SplashData

(3)不使用与自己身份信息相关的密码。不少用户喜欢采用姓名拼写、姓名缩写、英文名、生日等元素排列组合作为密码。这其中姓名、生日、手机号码等信息极易被他人获取,安全风险极大。

(4)不重复使用相同的密码。用户往往会在多个网站使用相同的密码,黑客常常会利用这一点。例如,用户某个游戏的用户名和密码被破解可能不会产生严重的后果,但是如果该用户的游戏密码和银行密码相同,那可能会造成个人财产的损失。因此,QQ、微信、微博、电子邮箱、论坛、贴吧、网络游戏等尽量使用不同的密码。

(5)应定期修改密码。尽量避免长期使用相同的密码,可以两到三个月定期修改一次密码,减少密码被破解的风险。

(6)注意密码的保管。密码与互联网应做到物理隔离,例如将密码提示信息写在纸上,避免将密码信息直接保存在密码管理器、密码保管箱等软件中,更要避免将密码信息保存在云端。此外,在公共场合使用计算机或者使用别人的计算机时,登录自己的账户后要退出或注销,防止他人通过查询历史信息获取密码。

7.1.2　基于生物特征的身份验证

基于生物特征的身份验证是以人体普遍的、唯一的、稳定的、易采集的生物特征(如指纹特征、面部特征、虹膜特征等)为依据,依托计算机强大的计算能力和图像处理能力,对来访者的身份进行验证,以获得对特定资源的访问权限。相比于破解或窃取某人的用户名和密码,复制一个人的生物特征是非常困难的。因此,基于生物特征的身份验证是一种可信度高且难以伪造的认证方式。

基于生物特征的身份验证的基本原理是通过扫描用于识别的生物测定样本,例如指纹、人脸、虹膜等,然后将样本与已知授权人员的数据库进行比较,当样本与数据库相匹配时,授予其访问权限。日常生活中最常见的基于生物特征的身份验证为指纹识别和人脸识别。

1. 指纹识别

指纹是人类手指末端由凹凸的皮肤所形成的纹路,其形状不会随着个体的成长而改变,只会改变明显程度。每个人的指纹都是不同的,因此指纹可以作为确认个体身份的一项特征。

指纹识别的基础是指纹中广泛存在的特征点(Minutiae),这些特征点提供了指纹唯一性的确认信息。对某个人不同的手指来说,指纹特征点的数量和位置是不同的;对不同的人相同位置的手指来说,指纹特征点也是不同的。当获取一个人的指纹图像后,每一根手指的指纹特征点的数量都被记录,其准确的位置也以数字坐标的形式记录。由此得到一个可以输入和储存在电脑数据库中的指纹数据。电脑可以迅速将它与其他任何一个人的已经扫描的指纹数据进行比较,以此来确定身份。

一个典型的指纹识别系统的工作流程如图 7-1 所示,具体步骤如下。

第一步,获取指纹图像,通过指纹采集设备获取所需识别指纹的图像。

第二步,预处理指纹图像,对采集的指纹图像进行如下预处理:图像质量判断、图像增强、指纹区域检测、指纹方向图和频率估算、图像二值化、图像细化。

第三步,获取指纹脊线,从预处理后的图像中,获取指纹的脊线数据。

第四步,提取特征点,从指纹的脊线数据中,提取指纹识别所需的特征点。

第五步,匹配指纹,将提取指纹特征点的信息与数据库中保存的指纹特征逐一匹配,判断是否为相同指纹。

第六步,输出匹配结果,完成指纹匹配处理后,输出指纹识别的处理结果。

在大多数情况下,基于指纹的身份验证的安全系数是非常高的,但是也存在一些安全威胁,主要来自于以下两点。

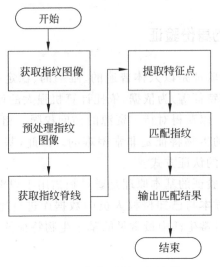

图 7-1　指纹识别工作流程

第一,指纹录入信息不全。用户在录入指纹时,对指纹进行了遮挡,造成指纹信息缺失,因此后续不能正常地识别比对,由此可能会产生安全漏洞。

第二,指纹被他人复制。复制指纹的方法有很多,第一种方法是利用一些工具在现实生活中复制目标的指纹,例如把透明胶带贴在指纹识别键上来复制指纹,从目标的日用品上粘取指纹等。第二种方法是从高清照片中获取指纹信息。早在 2014 年,就有德国黑客演示过,通过图像处理技术,从高清照片中提取出了德国国防部长的指纹。第三种方法是通过人工智能技术制作"万能指纹"。

可以通过以下途径来降低日常生活中指纹被窃取的风险。一是设置双重密码,即给自己的账户设置两道不同的密码。这样即使黑客盗取了指纹信息,也无法进行下一步操作。以支付宝为例,可以采用指纹解锁＋静态支付密码或者指纹解锁＋手势支付密码的方法增强账户的安全性。二是保存好自己的个人照片。出于信息安全方面的考虑,拍照的时候尽量不要用"剪刀"手姿势,如果照片泄露,黑客一次就能偷走两枚指纹信息。三是不要随意登录带有指纹验证的第三方手机 APP。有些第三方手机 APP 无法确认其来源,难保指纹信息不会被泄露。

2. 人脸识别

案例

目前,人脸识别已被广泛应用在工作生活的各个方面,手机可以刷脸解锁、购物可以刷脸支付、火车站可以刷脸进站、办公室可以刷脸打考勤。但人脸识别真的安全吗？据外媒报道，一家人工智能公司用一个特制的 3D 面具，成功欺骗了包括支付宝和微信在内的诸多人脸识别支付系统，完成了购物支付程序。他们用同样的方式甚至进入了中国的火车站、荷兰最大的史基浦机场。此外，某学校的科学小队在一次课外科学实验中发现，只要用一张打印照片就能代替真人刷脸，骗过小区里的智能快递柜，取出里面的货件。

人脸识别是基于人的脸部特征，对输入的人脸图像或者视频进行检测，首先判断其是否存在人脸，如果存在人脸，则进一步检测出每个脸的位置、大小和各个面部器官的位置信息。依据这些信息，进一步提取每个人脸中所蕴含的身份特征，并将其与已知的人脸进行对比，进而识别每个人脸的身份。

人脸识别主要有两个步骤：人脸检测和人脸识别。人脸检测的方法主要有基于知识的人脸检测、基于特征的人脸检测、基于模板的匹配人脸检测和基于机器学习算法的人脸检测（表 7-2）。人脸识别的方法主要有基于特征脸的人脸识别、基于模型的人脸识别、基于几何特征的人脸识别以及基于神经网络的人脸识别（表 7-3）。

表 7-2　人脸检测方法

	特　　点	优　　点	缺　　点
基于知识的人脸检测	利用人脸特有的规则，如五官相对位置等	速度快、计算量小	正确率不高
基于特征的人脸检测	利用人脸的特征，如肤色、鼻子凸起等	速度快	正确率不高
基于模板匹配的人脸检测	使用预定义模板来逐个检测图像	操作简单	依赖于大小、旋转等因素，正确率不高
基于学习的算法	利用机器学习和统计分析进行检测，更能适应不同姿态的脸	识别速率高，不依赖于先验知识和参数模型	操作复杂、训练时间长

表 7-3　人脸识别方法

	特　　点	优　　点	缺　　点
基于特征脸的人脸识别	根据人脸的特征和结构对人脸进行识别	识别效率高	对光照和尺度变化适应性不好

续表

	特　点	优　点	缺　点
基于模型的人脸识别	将一幅待测试的图像和一个代表整张人脸的单个模板作比较	方法简单,比特征匹配方法更合乎逻辑	可用模型较多,需要区别选择
基于几何特征匹配的人脸识别	从人脸图像中计算一组几何特征	速度快	方法依赖于特征定位算法的准确性,算法复杂度较高
基于神经网络的人脸识别	将神经网络作为一个分类器,模拟人的多种行为,从复杂的数据中发现共同特征	非线性的映射性能,自适应和学习性能	训练时间长

目前人脸识别的安全隐患主要来源于欺骗攻击。欺骗攻击是利用人造脸来欺骗人脸识别算法和人脸识别系统。根据人造脸的形式,分为 2D 欺骗攻击和 3D 欺骗攻击。2D 欺骗攻击主要是使用打印的人脸照片、屏幕上显示的照片或视频等具有平面特征的人脸假体对人脸识别系统进行攻击。3D 欺骗攻击主要是通过搜集目标用户的各种数据,例如脸型、肤色、嘴唇、眼距以及五官之间的几何关系等,制作能够以假乱真的硅胶人皮面具,进而对人脸识别系统实施攻击。无论是 2D 欺骗攻击还是 3D 欺骗攻击,在个人层面,防范的关键在于加强个人隐私的保护,尤其要防止自己的照片、录像、证件等信息的泄露。

7.1.3　基于信任物体的身份验证

基于信任物体的身份验证,即根据用户所拥有的物品来证明用户的身份,典型的有 U 盾、智能卡、动态口令等。

1. U 盾

U 盾是一种用于网上银行电子签名和数字认证的工具,因其外形酷似 U 盘,像一面盾牌,故起名 U 盾,也称优盾。从硬件的角度看,U 盾内置微型智能卡处理器,基于公钥基础设施(Public Key Infrastructure,PKI)技术,采用非对称密钥算法对数据进行加密、解密和数字签名,以确保网上交易的真实性、完整性、保密性和不可否认性。从软件的角度看,U 盾安装了智能卡芯片操作系统,该操作系统管理着与信息安全密切相关的各种数据、密钥和文件,并控制各种安全服务。

U 盾主要有以下安全特点:第一,基于硬件的个人识别码(Personal Identification

Numbe,PIN)保护。U 盾采用了以物理介质为基础的个人客户证书,建立基于 PKI 技术的个人证书认证体系。黑客需要同时取得用户的 U 盾硬件以及用户的 PIN 码,才可以登录系统。如果用户的 PIN 码泄露,U 盾没有丢失,黑客就无法仿冒合法用户的身份。同样的,如果用户 U 盾丢失,但黑客不知道用户的 PIN 码,同样也无法假冒合法用户的身份;第二,U 盾的密钥存储于内部的智能芯片中,用户无法从外部直接读取,对密钥文件的读写和修改都必须由 U 盾内部的处理器调用相应的程序文件执行。U 盾外部的指令无法对密钥区的内容进行读取、修改、更新和删除,这使黑客无法利用非法程序修改密钥。第三,U 盾采用了双钥密码体制保证其安全性。在 U 盾初始化的时候,先将密码算法程序刻录在只读内存中,然后通过产生公私密钥对的程序生成一对公私密钥,公私密钥产生后,公钥可以导出到 U 盾外,而私钥则存储于密钥区,不允许外部访问。在进行数字签名和非对称解密运算时,凡是有私钥参与的密码运算只在芯片内部完成,从而保证了以 U 盾为存储介质的数字证书认证的安全性。

以上三点是 U 盾在理论上安全的技术保证,但在实际生活中,U 盾也存在一些容易被忽视的漏洞。目前大多数银行使用的 U 盾的 PIN 码都是从电脑端输入的,因此黑客可以通过木马程序直接拦截 U 盾的 PIN 码。在窃取用户 PIN 码后,如果用户忘记将 U 盾从电脑上取出,那么黑客就可以通过 PIN 码来操作用户账户。此外,虽然 U 盾内置处理器或智能卡芯片可以完成加密运算,但是数据在电脑传入 U 盾的过程中还是有可能被拦截和修改,U 盾内置的处理器只能保证自身的运算安全,难以保证数据在传入前不被篡改。

综上,对于现有 U 盾的安全操作,建议如下:第一,用户应确保计算机的使用环境安全,经常扫描电脑是否感染木马病毒或者被远程控制;第二,养成良好的 U 盾使用习惯。用户应把 U 盾放置在安全的地方,只在有交易发生的时候插入 U 盾,平时保持断开状态,且在输入 PIN 码完成交易后,立即取走 U 盾。

2. 智能卡

智能卡又称为 IC(Integrated Circuit Card)卡,是一种内置集成电路芯片,芯片中存有与用户身份相关的数据。智能卡由专门的厂商通过专门的设备生产,是不可复制的硬件。智能卡由用户随身携带,登录时必须将智能卡插入或靠近专用的传感器读取其中的信息,以验证用户的身份。智能卡认证是通过智能卡硬件不可复制这一特性来保证用户身份不会被仿冒。其安全隐患主要来自于通过内存扫描或网络监听等技术手段截取用户的身份验证信息后进行仿制。比较好的防范方法是注意智能卡的随身携带,一旦发现丢失,立即挂失并补办。

3. 动态口令

动态口令(Dynamic Password),又叫动态令牌、动态密码。它的主要工作原理是在用户登录时,根据用户的身份信息,通过专门的算法生成一个不可预测的随机数字组合,每个数字组合只能使用一次,以提高登录过程中用户身份验证的安全性。动态口令作为最安全的身份验证手段之一,被广泛运用在网银、网游、电信运营商、电子商务等应用领域,如银行提供给客户的电子令牌。

7.2 访问控制

访问控制是一种重要的保护系统安全的技术手段,它与身份验证密切相关。如果说身份验证是用户进入系统的第一道防线,那么访问控制可以在确定用户的合法身份后,控制用户对特定资源的访问权限,从而保证特定资源合法的、安全的、受控的使用。通俗来讲,身份验证解决的是"你是谁,你是否和你声称的身份相一致"的问题,而访问控制解决的是"你能做什么,你有哪些权限"的问题。

访问控制主要包含主体(Subject)、客体(Object)以及控制策略(Attribution)三个要素。主体即提出访问请求的主动实体,可能是系统中的某位用户,也可能是用户启动的某个进程、服务等。客体即接受其他实体访问的被动实体,客体可以是网络上的硬件设备、终端等,也可以是系统中的文本文件、系统日志等。控制策略即主体对客体的操作行为集和约束条件集。通过合理设定控制策略,可以确保授权用户对特定资源在授权范围内的合法使用,同时也可以对用户越权操作进行限制以及防止非法用户的侵权。

访问控制可以分为物理访问控制和逻辑访问控制两个层次。物理访问控制指的是对人、设备、出入口、锁和安全环境等方面的控制,如机房出入口安排专人值守并配置电子门禁系统,控制、鉴别和记录进入的人员。逻辑访问控制则是对系统、网络、应用、数据权限的控制,例如银行、证券、保险等重要金融机构业务系统中,不同级别的员工拥有不同的操作权限。

目前主流的访问控制类型可以分为 4 类,分别是 DAC(Discretionary Access Control,自主访问控制)、MAC(Mandatory Access Control,强制访问控制)、RBAC(Role-based Access Control,基于角色的访问控制)以及 ABAC(Attribute Based Access Control,基于属性的访问控制)。

7.2.1 自主访问控制

自主访问控制也被称为任意访问控制,是最简单也是最常用的一种访问控制机制,用来确定一个用户是否有访问特定客体(资源)的权限。在 DAC 中,用户对不同的客体可能有不同的访问权限,不同的用户对同一客体可能有不同的访问权限,且客体的访问权限是由用户管理的,用户可以自主决定将客体的访问权限授予其他主体,体现了自主性。自主访问控制通常通过访问控制表(Access Control Lists,ACL)、访问能力表以及访问控制矩阵等来实现。其中最简单的是 ACL。

　　通俗来讲,ACL 是应用在路由器接口上的指令列表,它告诉路由器可以接收哪些数据包,应该拒绝哪些数据包。ACL 的基本原理是使用包过滤技术,从路由器中读取包的源端口、目的端口、源地址、目的地址等信息,根据系统管理员设置好的过滤规则,对包进行过滤,从而达到访问控制的目的。ACL 实现起来非常简单且灵活性高,大多数电脑、服务器和主机都以此作为访问控制的实现机制。图 7-2 展示了 ACL 的工作原理。

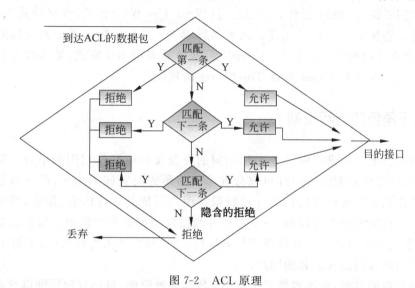

图 7-2　ACL 原理

　　图中的 ACL 包含 3 条访问规则,可以看出,路由器的数据包传到第一条规则时,如果匹配(Y),则路由器判断该数据包是允许通过还是拒绝通过;如果数据包不匹配(N)第一条规则,则继续垂直向下,看是否匹配第二条规则;如果匹配(Y),路由器判断该数据包是允许通过还是拒绝通过,如果不匹配(N),则继续向下看是否匹配第三条规则。由此可见,到达 ACL 的数据包要么允许通过,要么拒绝通过,没有第三种可能。

7.2.2　强制访问控制

　　强制访问控制是系统按照预先设定好的规则控制用户的访问权限。强制访问控制与自主访问控制的主要区别在于强制访问控制的安全等级由系统控制,用户无法更改。

　　在强制访问控制中,每位用户及每个资源都对应着某一安全级别的许可证,只有取得对应的许可或更高级别的许可的合法用户才能访问某一资源。例如,在某一强制访问控制中,所有文件都被赋予了安全级别,分别为第一级别普通级(Normal)、第二级别机密级(Confidential)、第三级别秘密级(Secret)、第四级别绝密级(Top Secret),它们的密级关系为 Top Secret > Secret > Confidential > Normal。系统通过比较用户访问的安全级别,决定用户的访问模式。其访问模式包括:①向下读(Read Down,RD)模式,在该模式下,当主体安全级别高于客体安全级别时允许访问者执行 Read 操作;②向上读(Read Up,RU)模式,在该模式下,当主体安全级别低于客体安全级别时允许访问者执行 Read 操作;③向下写(Write Down,WD)模式,在该模式下,当主体安全级别高于客体安全级别时允许访问者执行 Write 操作;④向上写(Write Up,WU)模式,在该模式下,当主体安全级别低于客体安全级别时允许访问者执行 Write 操作。假如某金融机构的服务器被攻击,攻击者取得的安全级别为 Normal 级,服务器采取 RD 模式,那么攻击者将无法访问系统中安全级别为 Secret 以及 Top Secret 的数据。

7.2.3　基于角色的访问控制

角色(Role)是指完成一项任务必须访问的资源及相应操作权限的集合。基于角色的访问控制,就是将资源的访问许可权分配给一些预先设置好的角色,用户通过饰演不同的角色获得该角色所拥有的访问许可权限。用户可依其工作内容、职责、级别等分派相应的角色并得到该角色的权限,一个用户可经授权而拥有多个角色。角色由系统管理员定义,角色的增减也只能由系统管理员来执行,用户与客体无直接联系,不能像在 DAC 那样自主将访问权限授权给其他用户。

在设置角色的时候,应该遵循三个原则:数据抽象原则、最小权限原则以及责任分离原则。数据抽象原则就是将工作中的一些操作抽象出来,再对应到系统中的角色上,例如入账、出账等操作对应财务人员,查询、修改密码等操作对应普通用户。最小权限原则就是角色设置成完成任务所需的最小权限集。责任分离原则即在配置角色的时候应考虑到完成某项任务时,要调用相互独立且互斥的角色。以银行为例,银行可以根据工作内容与职责,在系统中定义主管、出纳、顾客等角色。出纳可以被授权查询顾客的账户信息,主管可以被授权修改顾客的账号信息,允许创建与注销顾客账号等,顾客只能查询自身的账号信息。

7.2.4　基于属性的访问控制

随着互联网技术的快速发展,云计算、大数据等新的应用对访问控制提出了新的挑战,基于属性的访问控制(Attribute Based Access Control,ABAC)应运而生。ABAC 具有强大的表达能力和可拓展能力,能够较好解决大规模动态授权的问题。ABAC 在考虑主体、资源和访问所处环境的属性信息的基础上,形成访问。当某一主体需要对特定资源进行访问时,ABAC 要收集主体和访问环境的属性信息作为策略匹配的依据,进而决定主体对资源的访问是否被允许。一个典型的 ABAC 如图 7-3 所示。

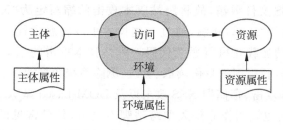

图 7-3　基于属性的访问控制

图中的主体是即将对资源执行操作的用户、进程、应用程序等,每个主体都拥有定义了主体身份、特征的相关属性,属性可以包括主体名称、主体所属单位、主体职位等。资源是被主体执行操作的服务器、数据库、文件等。与主体一样,资源也拥有可用于访问控制决策的属性。例如服务器名称、服务器 IP 地址、文件名称、文件归属等。环境是访问所处的环境,可用于指定访问控制策略和利用策略进行决策,其环境属性主要描述了访问发生时的环境和系统信息,如访问发生的日期和时间、系统当前的网络安全等级等。

7.3　Web 应用安全

通常来说,应用程序有两种模式,即客户端/服务器端(C/S)模式和浏览器端/服务器端(B/S)模式。Web 应用是一种可以通过浏览器访问的应用程序,是一种典型的 B/S 模式的应用程序。相比于普通的应用程序,Web 应用最大的优点是用户不需要下载和安装软件包,只需要打开浏览器即可使用。通常来说,一个 Web 应用程序由各种 Web 组件构成,例如 HTML 文件、JavaScript 脚本、CSS(Cascading Style Sheets,层叠样式表)文件、多媒体文件等,这些组件相互协调,通过浏览器为用户提供服务。Web 应用的漏洞有很多,一方面,由于 Web 应用是依托于浏览器使用的,而很多浏览器本身就存在漏洞;另一方面,Web 组件的更新频率非常快,如果没有及时更新 Web 组件,很容易产生漏洞。此外,系统管理员如果对 Web 服务器的配置不当,也会造成漏洞。目前针对 Web 应用漏洞的攻击已经多达几百种,常见的攻击手段包括:跨站脚本攻击、跨站请求伪造等、注入漏洞攻击等。

7.3.1　跨站脚本攻击

从英文首字母看,跨站脚本攻击(Cross Site Scripting)的缩写应该为"CSS",但这会与 Web 组件中的 CSS 文件混淆,故将跨站脚本攻击的缩写定为"XSS"。跨站脚本攻击是指攻击者利用网页开发时的漏洞,通过一些技术手段将恶意代码嵌入到页面中去,当用户打开网页时,自动加载并执行恶意代码。跨站脚本攻击的危害很大,攻击者可以盗取用户各类账号密码,利用用户身份读取、篡改、删除系统数据等。目前常见的 XSS 攻击有三种:反射型 XSS 攻击、存储型 XSS 攻击以及 DOM-based 型 XSS 攻击。

反射型 XSS 攻击也被叫作非持久型跨站脚本攻击,是最常见的 XSS 攻击类型。其攻击方法一般是攻击者通过特定手法(如发送带有诱骗标题的电子邮件),诱使用户访问包含恶意代码的网页,当浏览器跳转到这个网页的时候,恶意代码会自动加载并执行。反射型 XSS 攻击通常出现在网页的搜索栏、登录入口等需要用户输入信息的地方,所以当点击不明链接后弹出的网站需要输入个人敏感信息才能进入的时候,应该提高警惕。

存储型 XSS 攻击又称为持久型跨站脚本攻击。存储型 XSS 攻击一般出现在网站留言、评论、博客日志等交互处,恶意脚本一般都是存储到服务器的文件和数据库中。当目标用户访问该页面获取数据时,XSS 代码会从服务器解析之后加载出来,返回到浏览器做正常的 HTML 和 JS 解析执行,XSS 攻击就发生了,如图 7-4 所示。持久的 XSS 相比非持久性 XSS 攻击危害性更大,因为每当用户打开页面,查看内容时脚本将自动执行。

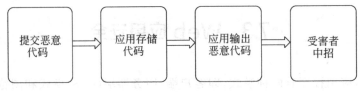

图 7-4　存储型 XSS 攻击

DOM-based 型 XXS 攻击是指通过恶意脚本修改页面的文档对象模型(Document Object Model,DOM)结构,是纯粹发生在客户端的攻击。DOM 型 XSS 攻击中,取出和执行恶意代码由浏览器端完成,属于前端 Java Script 自身的安全漏洞。

7.3.2　CSRF 攻击

如果说 XSS 攻击利用的是用户对网站的信任,那么跨站点请求伪造攻击(Cross-Site,CSRF)就是利用网站对客户的信任。通俗来讲,CSRF 就是攻击者通过诱骗用户浏览访问一个曾经被认证过的网站,并向网站发送恶意请求,例如发起转账、为攻击者购买商品、以用户的名义向用户的联系人发送恶意邮件等。由于该浏览器曾经被认证过,所以对被访问的网站来说这个请求是合法的,因为服务器只能保证请求是来自于已认证的浏览器,却不能保证请求本身是用户发出的。

CSRF 攻击的原理如图 7-5 所示。用户 C 使用浏览器访问受信任网站 A,并在网站 A 的页面中输入用户名和密码进行登录;用户 C 输入了正确的用户名和密码,输入的信息经网站 A 验证通过,用户 C 登录成功,网站 A 产生 Cookie 信息并存储在用户 C 的浏览器中;此时,用户在没有退出网站 A 之前,攻击者利用一些技术手段,诱骗用户 C 在同一浏览器中访问带有恶意代码的网站 B;网站 B 在用户点击之后,返回恶意代码,请求访问站点 A;由于网站 A 还未关闭,浏览器根据网站 B 的请求,所以向网站 A 发出的请求携带了 Cookie 信息,导致网站 A 误以为这是用户 C 发出的请求,所以会以用户 C 的权限处理该请求。

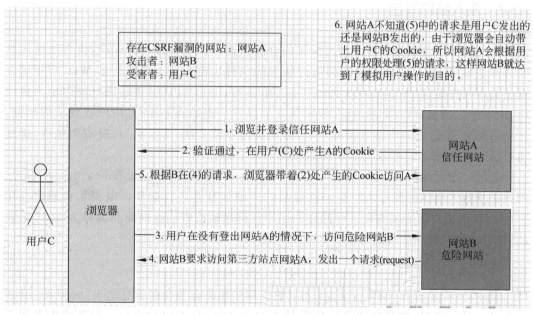

图 7-5　CSRF 攻击的原理

下面举一个具体的例子来说明 CSRF 的攻击过程:假设 Tom 在银行有一笔 1 万元的存款,他想通过对网上银行转账的方式,将这 1 万元钱转到自己的另一个账户 Tom2 上去,他在网上银行操作后,会发送形如 http://bank.com/withdraw? account = xiaoming & amount = 10000 & for = Tom2 的请求,该请求可以将 Tom1 的存款转到 Tom2 的账号下。通常情况下,该请求发送到银行服务器后,服务器会先验证该请求是否来自于一个合法的已登录用户,验证通过后,银行会执行转账操作。黑客 Bob 想利用 CSRF 的攻击方式,从 Tom 的账户中盗取这 1 万元存款。于是,Bob 伪造了一个网站,在网站中放入如下代码:src = "http://bank.com/withdraw? account = xiaoming&amount = 10000&for=Bob",然后通过广告、木马等方式诱导 Tom 来访问他的网站。一旦当 Tom 访问该网站时,该网站就会从 Tom 的浏览器将请求指令发向银行,而这个请求会附带 Tom 浏览器中的 Cookie 一起发向银行服务器。大多数情况下,该请求会失败,因为其要求 Tom 的认证信息。但是,如果 Tom 当时恰巧刚访问他的银行后不久,他的浏览器与银行网站之间的会话控制尚未过期,浏览器的 Cookie 之中含有 Tom 的认证信息,这个 URL 请求就会得到响应,钱将从 Tom 的账号被转移到 Bob 的账号,而 Tom 却毫不知情。等以后 Tom 发现账户钱少了,即使他去银行查询日志,他也只能发现确实有一个来自于他本人的合法请求转移了资金,没有任何被攻击的痕迹。

7.3.3 注入缺陷攻击

注入缺陷攻击就是攻击者利用输入的合法数据可被后台执行的原理,将合法输入替换为非法输入,使后台返回异常的执行结果的一种攻击方式。现在许多 Web 应用都会提供应用程序接口(Application Programming Interface,API)供普通用户或内部人员调用,用来进行信息查询、信息检索、权限认证等操作。比如网上银行,用户在登录的时候,会调用身份验证的 API,在登录成功后,查询最近存款余额、交易明细、投资明细等,都是通过 API 来实现。这些都是容易被注入缺陷攻击的。

通过一个具体的例子来说明注入缺陷攻击是如何进行的。假设在一个电商平台上,用户必须输入商品的编号才能查到该商品的详细信息并进行交易。电商平台通常会用 SQL 语句查询数据库来实现这一操作。用户在网站的搜索栏查询商品编号为 0035 的商品,在后台执行的语句可能是:

```
Select * from products where product_id='0035'
```

其中,* 表示查询全部,product 表示数据库中用来存放商品信息的表,product_id 表示商品编号。此时,数据库会将商品编号为 0035 的信息返回给用户。如果攻击者想要进行注入缺陷攻击,那么可以在搜索栏查询商品编号时,输入:1＝1。可以看到,攻击者并没有输入合法的产品编号。通过非法输入,需要执行的 SQL 语句变为:Select * from products where product_id='1=1'。这时,SQL 语句的意义就完全改变了,当商品编号为 1＝1 时,返回所有商品的信息。而 1＝1 是永远成立的条件,因此,攻击者并没有输入其他产品编号,就可以返回数据库中所有产品的信息。

本章练习题

一、选择题

1. 以下不属于密码认证威胁的是(　　)。

　　A. 日常威胁　　　　B. 群体威胁　　　　C. 定向威胁　　　　D. 意外威胁

2. 暴力破解密码的基本原理是(　　)。

　　A. 罗列法　　　　　B. 举例法　　　　　C. 穷举法　　　　　D. 列举法

3. 以下哪个密码强度最高？(　　)

　　A. sunshine　　　　B. qwertyuiop　　　C. password123　　D. Cptbtptp@562

4. 指纹识别的基础是(　　)。

　　A. 指纹上的特征点　B. 手指长度　　　　C. 指纹圈数　　　　D. 指纹深度

5. 目前常见的人脸检测的方法不包括(　　)。

　　A. 基于知识的人脸检测　　　　　　　B. 基于特征的人脸检测

　　C. 基于照片的人脸检测　　　　　　　D. 基于模板匹配的人脸检测

6. 以下不属于 U 盾安全特点的是(　　)。

　　A. 基于硬件的 PIN 保护　　　　　　　B. 密钥存储于内部的智能芯片中

　　C. 双钥密码体制　　　　　　　　　　D. 即插即用

7. 以下不属于动态口令的是(　　)。

　　A. 时间同步　　　　　　　　　　　　B. 事件同步

　　C. 异步认证　　　　　　　　　　　　D. 交叉验证

8. 自主访问控制不能通过(　　)来实现。

　　A. 访问控制表　　　　　　　　　　　B. 访问控制矩阵

　　C. 访问能力表　　　　　　　　　　　D. 访问关系表

9. 下面关于跨站攻击描述不正确的是(　　)。

　　A. 跨站脚本攻击指的是恶意攻击者向 Web 页面里插入恶意的 HTML 代码

　　B. 跨站脚本攻击简称 XSS

　　C. 跨站脚本攻击也可称作 CSS

　　D. 跨站脚本攻击是主动攻击

10. 下列(　　)不是由于 SQL 注入漏洞而造成的危害。

　　A. 查看、修改或删除数据库条目和表

　　B. 访问数据库系统表

　　C. 获得数据库访问权限,甚至获得 DBA 权限

　　D. 控制受害者机器,向其他网站发起攻击

二、思考题

1. 访问控制的作用是什么?

2. 有哪几种身份验证方法?

3. 选用密码时应该注意些什么? 如何选择安全密码?

4. 什么叫生物识别技术? 你都知道哪些生物识别技术?（至少说出 3 种)

5. 什么是动态口令?

练习题参考答案

1. D　2. C　3. D　4. A　5. C　6. D　7. D　8. D　9. C　10. D

第 8 章

金融信息安全常用工具

CHAPTER 8

【学习目标】

通过学习本章了解防病毒软件、防火墙、加密机、入侵检测系统、漏洞扫描系统和安管平台等常用安全工具,理解其工作原理、关键技术和工作方式;了解金融信息系统中常用的安全工具产品,理解其部署方式和日常维护注意事项。

【本章知识点】

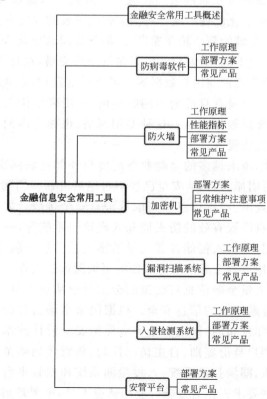

8.1　金融安全常用工具概述

> **案例**
>
> 　　2014年,摩根大通银行承认大约有7 600万个家庭和700万家小企业的相关客户信息被泄露。地处南欧的黑客通过取得摩根大通数据库中数十个服务器的登录权限,偷走了大量银行客户的姓名、住址、电话号码和邮箱地址等个人隐私信息,与这些用户相关的内部银行信息也被泄露。据统计,受影响者人数约占美国人口的四分之一。

　　随着信息技术的不断发展,互联网被广泛应用于各行各业中,金融领域也不例外,尤其是近几年淘宝、京东等电商企业的飞速发展,改变了传统的支付方式,金融业务不再局限于传统的线下业务,而是与互联网进一步融合。人们可以通过互联网购买商品,进行理财或生活缴费,金融信息化已逐渐成为我国金融业发展的主要方向。

　　互联网推动了金融领域的新一轮飞速发展,但与此同时也给金融系统带来了不少新的安全隐患。与其他行业不同,金融行业由于涉及金钱交易,在货币流通、证券交易和资金结算过程中会产生商业机密与用户数据等海量金融信息,对系统信息的安全性要求更高。因此,金融企业大多建设有自己的专用数据网络,用来承担与核心金融业务有关的应用,确保流通的大量敏感数据安全。这种专用网络,也称为内网,需要与公网、互联网隔离,以确保外部威胁无法侵入。

　　但在当前信息时代,越来越多的金融业务需要与外部互联网交换数据与信息,业务与业务之间的边界不再明显,内网的安全已经不再绝对可靠。当前的金融业务面临木马和病毒侵扰、恶意程序攻击、敏感信息被窃取等信息安全挑战。如果金融信息系统的防护措施不完善,比如没有设置有效的防火墙和入侵检测系统等,一些不法分子就可能会利用系统漏洞进入公司内网,入侵储存着大量敏感金融信息的服务器,窃取用户隐私信息和商业机密,甚至利用重要金融信息造成影响更加深远的破坏。

　　因此,作为需要与大量金融信息打交道的金融行业从业人员,需要掌握一些行之有效的安全工具来保证金融系统的信息安全。根据国家市场监督管理总局和中国国家标准化管理委员会2019年发布的《网络安全等级保护安全设计技术要求》,安全计算环境的设计要求需要包括用户身份鉴别、自主访问控制、恶意代码防范、可信验证等,而防病毒软件、防火墙、加密机、漏洞扫描系统、入侵检测系统和安管平台等安全工具的使用可以十分有效的满足这些要求。作为金融行业的从业人员,需要理解这些常见工具的工作原理,了解关键技术和工作方式,掌握基本操作和维护知识,以确保金融系统信息安全。

　　本章所涉及的安全工具中,防病毒软件、防火墙、加密机、漏洞扫描系统、入侵检测系统都是成熟的安全产品,通过部署在金融信息系统的终端、网络分界处等位置,利用数据分析与过滤、异常流量检测、数据加密等技术,保护信息系统不被黑客恶意攻击,确保金融数据的安全。但这些单一种类的安全工具构建的点状防御彼此之间互不交流,只能根据局部信息进行分析和动作,很容易形成“信息孤岛”,而安管平台可以很好地解决这个问题。与其他工具有所不同,它在统一安全管理平台下对防病毒、防火墙、入侵检测系统、加密机等安全产品实施统一配置、统一策略、统一日志和统一报告,整合处理各类安全信息,实现与全局协同的最佳处置,与各类安全产品共同确保整个金融信息系统的安全。

　　下面我们将对这些工具一一进行介绍,帮助读者掌握其基本的工作原理,进而对金融系统中常用的安全工具不再感到陌生。

8.2　防病毒软件

案例

　　SWIFT 是一种通过使用标准化专用通信平台为各组织成员提供具备物理与虚拟安全保障的财务交易通道,专门负责传输各类与交易相关的信息。2017 年,中国台湾远东银行发现其使用的 SWIFT 系统异常,检测后发现,黑客在银行的 SWIFT 系统中植入恶意程序,入侵了银行信息系统,并利用窃取的账号和密码成功将 6 000 万美元转入了位于美国、柬埔寨和斯里兰卡的账户中。

8.2.1　什么是防病毒软件

　　计算机病毒是一种能够自身复制,并传染其他程序,引起破坏性后果的程序。金融行业与其他行业关系错综复杂,一旦金融系统被病毒感染,关键信息被恶意篡改,系统敏感数据和用户数据被获取,其他行业也都将受到严重影响。因此安装防病毒软件,保护金融系统免受计算机病毒、木马、蠕虫等恶意软件对计算机的侵害十分重要。

　　金融信息的重要载体是各类数据文件,而数据文件也正是受病毒威胁最主要的对象。病毒是可以自我复制的一组计算机指令或程序代码,通过感染其他正常程序,或根据指令操作,达到破坏计算机功能或数据的目的。攻击者可通过网页、邮件等传播电脑病毒,一旦用户将其下载到本地计算机,病毒就可能大量复制,并篡改或删除用户主机的文件,格式化存有重要信息的硬盘或发动拒绝服务攻击影响银行系统的正常运行。

一般来说计算机病毒主要具有以下几个特点。

(1)隐蔽性。病毒大多短小精悍,只有几 KB 或者几十 KB,最小的病毒代码长度只有 133B。它一般隐藏在正常文件中,在用户调用正常程序时未经授权即可执行,由于病毒运行起来只占用微乎其微的系统资源,系统很难发觉。

(2)传染性。病毒一旦侵入系统,就会寻找符合传播条件的媒介,将自身代码插入,从而完成传播。如果一台计算机的一份文件感染了病毒并且未被清理,则这台计算机上的所有文件,以及与这台计算机有过传输操作的其他计算机和文件都存在极高的感染风险。

(3)潜伏性。大部分病毒在感染系统后,并不会立即启动,而是隐藏在系统中,直到特定的条件被满足时才发作。著名的"黑色星期五"病毒只在每个月的 13 日且正好是星期五的时候发作,圣诞 CIH 病毒的发作时间被设定为 12 月 25 日圣诞节。

(4)破坏性。病毒一旦侵入了系统,就会对系统及相关应用程序产生不同程度的影响。轻则占用系统资源,降低计算机性能,重则破坏数据文件,导致计算机崩溃,甚至破坏硬件设备。

图 8-1 是计算机中了某种勒索病毒后出现的页面。

图 8-1　计算机中病毒

除了病毒之外,黑客经常使用的恶意软件还有木马、蠕虫等。

木马是一种伪装成正常应用程序骗取用户信任而入侵控制目标计算机的病毒,与普通的病毒有所不同,它不会自我繁殖,也并不会刻意地去感染其他文件,它将自身伪装成普通文件吸引用户下载执行后,攻击者就可打开被感染主机,任意毁坏、窃取被感染主机的文件,甚至远程操控被感染的主机。

蠕虫是一种利用系统漏洞,借助网络进行传播的恶意程序。它可以独立存在,不需要附着在其他程序上,当其形成规模,或传播速度过快时会极大地消耗网络资源,从而导致大面积网络拥塞甚至瘫痪。

因此,为了防止病毒等恶意软件入侵金融系统,金融行业从业人员需要采取一定的安全措施,使用有效的安全工具来保证计算机的安全,比如在计算机上安装正版防病毒软件。防病毒软件,也称为杀毒软件或防毒软件,具备监控识别、病毒扫描、清除和自动升级等功能。它可以帮助计算机在病毒发作前就把它清除掉,是计算机防御系统的重要组成部分,也是目前信息安全市场的主流产品。在选择防病毒软件时,我们需要综合考虑软件的操作是否简便、页面是否友好、稳定性是否高、资源占用是否低、病毒传播速度是否快、是否具有数据备份及恢复能力、病毒防御技术是否有效等影响因素。常用的防病毒软件有卡巴斯基防病毒软件、诺顿杀毒软件、瑞星杀毒软件、金山毒霸、360 杀毒软件等。

目前主流的防病毒软件工作方式主要分为两类。

(1) 特征库对比。防病毒软件通过对系统内部资源进行实时监控与扫描,将系统中的每个程序与防病毒软件中的病毒库作比较,如果发现某一程序与病毒库中的特征码一致,则认为是病毒并向用户发出警报,用户可以使用杀毒软件自动清除恶意程序。

(2) 在虚拟环境中执行。防病毒软件可以生成与主机操作系统完全相同的虚拟环境,在虚拟环境中执行系统或用户提交的程序,根据其行为或结果作出该程序是否是病毒的判断。这种方式可以将主机与虚拟环境隔离,减少系统被破坏的概率,同时也可以降低文件误杀和数据被破坏的概率。

8.2.2　防病毒软件的部署

金融系统网络结构复杂,需要保护的位置众多。总的来说,需要部署防病毒软件的位置可以分为主机终端,便携式终端和服务器三方面。下面我们将对每个方面的安全需求进行介绍,防病毒软件在金融系统中的常见部署位置如图 8-2 所示。

(1) 主机终端。计算机等主机终端是金融从业人员进行日常办公的主要工具,里面保存着大量重要金融数据和信息。一般来说,为了安全起见,金融系统内网的桌面终端与互联网间处于物理隔离状态,但面对通过 U 盘或硬盘等介质传递的病毒、恶意用户通过邮件系统传递的木马、来自内网的恶意代码和入侵,仅靠内外网之间的隔离来保护主机终端已经不再可靠,我们需要安装具有针对性的防病毒软件来保障主机终端安全。

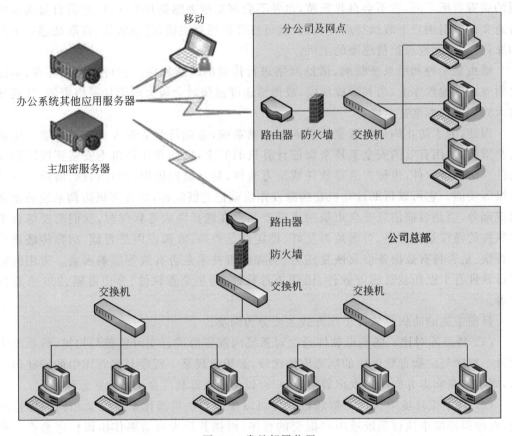

图 8-2 常见部署位置

https://www.soft78.com/article/2012-04/2-ff8080813663acb701366c53006e052f.html

（2）移动终端。智能手机、平板电脑等便携式移动终端为金融人员智能移动办公提供基础。移动终端的办公场景主要包括员工内部移动办公应用，如办公自动化（Office Automation，OA）、客户关系管理（Customer Relationship Management，CRM）和商业智能（Business Intelligence，BI），还有针对客户的移动营销和业务拓展场景等。在移动办公过程中，一些重要信息可能会留存在手机或平板电脑中，当这些移动设备连到互联网后，存在通过网络将金融信息传递到外网中的可能性，因此在移动终端上，我们也需要安装防病毒软件以保证金融信息安全。

（3）服务器。与终端不同，服务器需要对外提供服务，与大量应用程序交互。毫无疑问，服务器是金融系统的核心，大量交易信息和用户数据储存在服务器上。与此同时，服务器还需要处理来自不同业务层面的各种请求，一旦服务器被病毒感染，黑客将轻易获取大量金融机密信息，甚至造成金融系统崩溃。

延伸阅读

一些著名的病毒

1. 冲击波蠕虫

冲击波蠕虫（Worm. Blaster 或 Lovesan，也有译为"疾风病毒"）是一种传播于 Windows XP 与 Windows 2000 中的蠕虫病毒，爆发于 2003 年 8 月。2003 年 8 月 29 日，一个来自美国明尼苏达州的 18 岁年轻人 Jeffrey Lee Parson 由于创造了冲击波蠕虫而被逮捕，他在 2005 年被判处 18 个月的有期徒刑。图 8-3 所示是计算机中了该病毒后出现的情况。

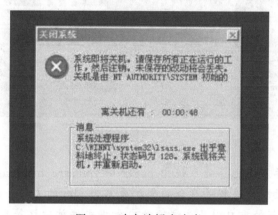

图 8-3　冲击波蠕虫病毒

该病毒连续利用 IP 扫描技术寻找网络上操作系统为 Windows 2000 或 Windows XP 的计算机，找到后就利用 DCOM RPC 缓冲区漏洞攻击该系统，一旦攻击成功，病毒将被传送到对方计算机中，使系统操作异常、不停地倒计时重启，甚至导致系统崩溃。此外，该病毒还会对微软的一个升级网站进行拒绝服务攻击，导致该网站堵塞，使用户无法通过该网站升级系统。据微软 2004 年官方发布的数据显示，全球至少 800 万台计算机遭到了该病毒的感染。

2. 熊猫烧香

熊猫烧香是一种蠕虫病毒的多次变种，是一款拥有自动传播、自动感染硬盘能力和强大的破坏能力的病毒。由于被感染的用户系统中所有 .exe 可执行文件全部被改成熊猫举着三根香的模样，所以也被称为"熊猫烧香"病毒。

图 8-4 所示是计算机中了熊猫烧香病毒后出现的情况。

图 8-4　熊猫烧香中毒

熊猫烧香病毒不但能感染系统中 exe、com、pif、src、html、asp 等文件,它还能中止大量的反病毒软件进程并且会删除扩展名为 gho 的文件。用户计算机中毒后可能会出现蓝屏、频繁重启以及系统硬盘中数据文件被破坏等现象。同时,该病毒可以通过局域网进行传播,进而感染局域网内所有计算机系统,最终导致企业局域网瘫痪。

3. CIH

CIH 病毒是一种能够破坏计算机系统硬件的恶性病毒,1998 年 6 月开始出现,是一位名叫陈盈豪的中国台湾大学生所编写。CIH 的载体是一个名为"ICQ 中文Ch_at 模块"的程序,并以热门盗版光盘游戏如"古墓奇兵"或 Windows 95/98 为媒介,经互联网各网站互相转载,使其迅速传播。

图 8-5 所示是计算机中了 CIH 病毒后出现的情况。

CIH 属于恶性病毒,当它开始发作时,将从硬盘主引导区开始依次往硬盘中写入垃圾数据,导致硬盘中的所有数据(含全部逻辑盘数据)均被破坏为止,甚至某些主板上的 Flash Rom 中的 BIOS 信息也将被清除。

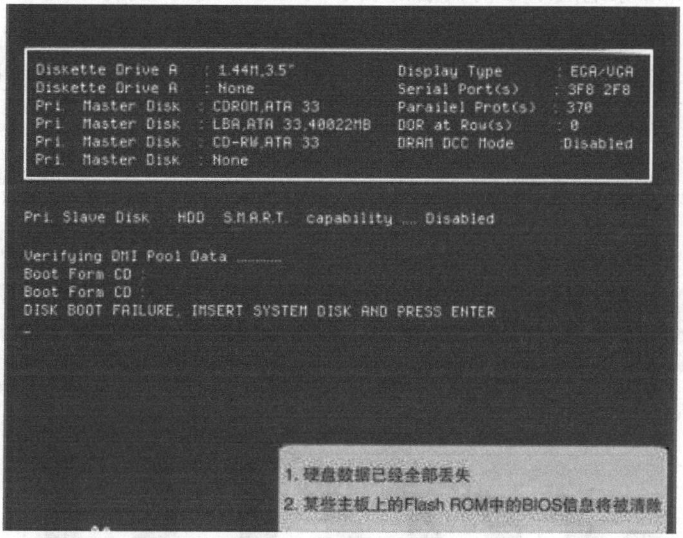

图 8-5　CIH 中毒

8.3　防　火　墙

8.3.1　什么是防火墙

防火墙是金融信息安全领域一个常用安全工具,可以有效过滤不安全的服务,提高内部网络的安全性。

不同安全级别的网络相连接后就产生了网络边界,比如金融行业的内部网络和外部网络就是两种不同安全级别的网络,这两种不同安全级别的网络交集就是网络边界,网络边界是金融领域安全防护的重要阵地。防火墙是一种有效分隔内外网,保证系统内部安全的安全工具。它就像一堵真正的墙一样,设置在不同网络(如可信任的金融内部网和不可信的公共网)或网络安全域之间,根据预先设定的各种规则对通过防火墙的数据包进行监控和审查,从而保证内部网络不受外界的非法访问和攻击。所以目前防火墙技术是保护金融领域信息安全最常用的技术之一。

防火墙的发展大致经历了包过滤、应用代理、状态检测、统一威胁管理(Unified Threat Management,UTM)和下一代防火墙(Next Generation Firewall,NGFW)这几个重要阶段,图 8-6 形象地展示了防火墙的发展历程。从第一代防火墙出现至今已有二十多年的历史。随着网络技术的不断发展,人们对于防火墙也提出了各种新需求,这些新需求推动着防火墙技术向前不断发展演进。目前常见的防火墙主要有 Check Point 防火墙、360 安全卫士防火墙、Bluecoat 高速网络防火墙等。

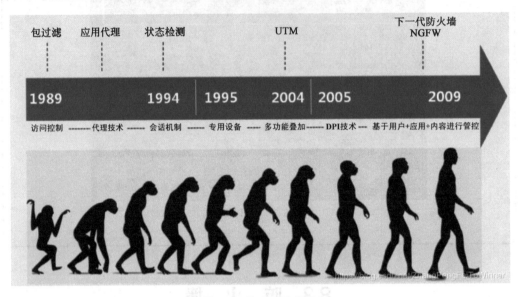

图 8-6　防火墙的发展

来源:CSDN(中国专业 IT 社会)

防火墙是一种位于两个或多个网络边界处,通过执行访问控制保护网络安全的设备,如图 8-7 所示。在金融系统中,我们往往在内部网络和外部网络之间数据进出的位置部署防火墙,控制进出网络的双向数据流,以使内部网络免遭外部网络威胁。根据金融机构的职能不同,防火墙的安全策略和规则的组合可能也有所差别。

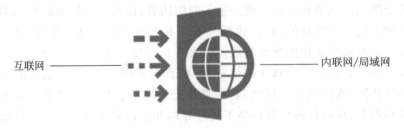

互联网 ——————————————— 内联网/局域网

防火墙过滤数据包的过程

图 8-7　防火墙位置

http://etulink.bokee.com/507186448.html

近年来,随着 Web 应用的快速发展,针对 Web 的各种攻击也越来越多,传统安全设备已不足以应对。Web 应用防火墙(Web Application Firewall,WAF)是一种专门用以解决 Web 应用安全问题的安全工具,通过执行一系列针对 HTTP/HTTPS 的安全策略来为 Web 应用提供针对性防护。

WAF 通过对来自 Web 应用程序客户端的各类请求进行内容检测和验证,以确保其安全性与合法性,对非法的请求予以实时阻断,从而对各类网站进行有效防护。WAF 主要的防护对象为 Web 网站,针对 Web 网站特有的攻击方式加强防护,如 DDoS 攻击、SQL 注入攻击、跨站脚本攻击和网页挂马攻击等。

一般来说,防火墙将用户类型分为以下三类:

(1) 完全信任用户。例如公司的雇员、需要到外围区域或互联网的内部用户、外部用户(如分支工作人员)、远程用户或在家中办公的用户。

(2) 部分信任用户。例如公司的业务合作伙伴,这类用户的信任级别比不受信任的用户高,但比公司的雇员低。

(3) 不信任用户。例如公司公共网站的用户。

原则上,不受信任的用户只能访问信息系统外围区域的 Web 服务器。如果用户需要访问内部服务器,则服务器会进行身份验证,保证不受信任的用户不能通过内部防火墙。

1. 防火墙的关键技术

(1) 数据包过滤。数据的传输经常以包为单位,数据包中包含着数据的源地址、目标地址、源端口号和目标端口号等信息。防火墙可以设定一套过滤规则,通过与数据包中的地址信息进行比对,可以判断数据包是否来自可信任的网络,从而决定是否要丢弃此数据包。数据包过滤可以在一定程度上阻止外部不受信任用户对内部网络的访问,如图 8-8 所示。但由于不能检测数据包中的具体内容,所以不能识别含有非法内容的数据包,具有一定的安全局限性。

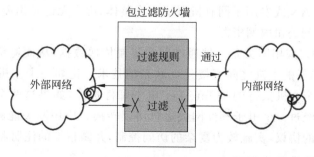

图 8-8　包过滤技术原理

（2）网络地址转换（NAT）。随着接入互联网的计算机数量的不断增加，IP地址资源越来越难以满足网络用户的需求，在这种环境下，网络地址转换技术应运而生。网络地址转换是一种用来转换私有IP地址与公网IP地址的技术。私有IP地址是指内部网络主机的地址，公网IP地址是指在因特网上的全球唯一的IP地址。防火墙可以在数据包通过的时候重写源IP地址或者目标IP地址，将少量的公有IP地址转换为较多的私有IP地址，达到网络地址转换的效果。NAT技术一方面可以有效缓解公网IP地址不足的问题；另一方面，由于NAT技术能够隐藏内网的真实IP地址，因此可以保护内部网络免受外部网络的恶意攻击。

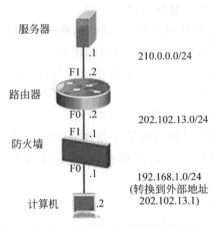

图 8-9　网络地址转换原理

（3）虚拟专用网络（VPN）。虚拟专用网络是一种在公用网络上搭建的专用网络，进行加密通信的技术，如图8-10所示。VPN相当于是一条在互联网上单独开设的以供某公司信息通信的加密隧道，数据将在一条专用的数据链路上进行安全传输。防火墙支持在具有互联网服务特性的金融机构内部建立虚拟专用网络。通过建立VPN，可以将地域上分布在各地的LAN或专用子网有机联成一个整体，用户无论是出差还是在家办公，都可以通过VPN访问公司内网资源。

（4）应用网关。应用网关是一种通过网关复制传递数据，从而避免在受信任服务器和客户机与不受信任的主机之间直接建立联系的技术。比如一个主机执行的是ISO电子邮件标准，另一个主机执行的是Internet电子邮件标准，如果这两个主机需要交换电子邮件，那么必须经过一个电子邮件网关进行协议转换。应用网关能够检查进出的数据包，理解应用层上的协议，实施较为复杂的访问控制，并做精细的注册和稽核。

2. 防火墙的常见工作模式

（1）路由模式。当企业信息系统中的外网口、内网口和DMZ区不在同一网段时，使

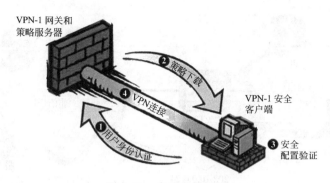

图 8-10　虚拟专用网络

用防火墙路由模式,可以让处于企业中不同网段的计算机通过路由转发的方式互相通信。

如图 8-11 所示,防火墙的一端与公司内部可信网络相连,IP 配置为 10.110.1.254,另一端与外部不可信网络相连,IP 配置为 202.10.0.1。

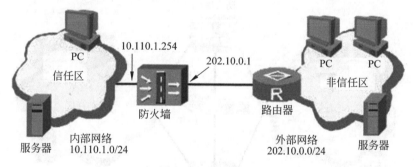

图 8-11　路由模式

(2) 透明模式。顾名思义,这种模式对用户是透明的,即用户意识不到防火墙的存在,防火墙在没有 IP 地址的情况下工作,可以过滤通过防火墙的数据包,但不会修改数据包包头中的源地址或目的地址信息。这种模式无须改变网络设备(包括主机、路由器、工作站等)和所有计算机的设置(包括 IP 地址和网关),同时还能解析所有通过它的数据包,既增加了网络的安全性,又降低了用户管理的复杂程度。

如图 8-12 所示,防火墙的一端与公司内部可信网络接口,另一端直接与外部不可信网络相连,两端接口的 IP 地址没有改变。

(3) 混合模式。如果防火墙中既在路由模式的接口工作(接口具有 IP 地址),又在透明模式的接口工作(接口无 IP 地址),则防火墙工作在混合模式下。

如图 8-13 所示,主/备防火墙的一端与公司内部可信网络相连,另一端与外部不可信

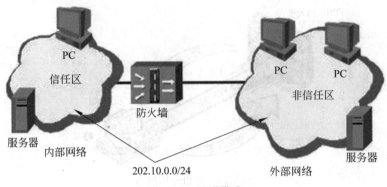

图 8-12 透明模式

网络相连,主/备防火墙之间通过多端口转发器 HUB 连接,采用虚拟路由冗余协议(VRRP)进行备份。这种情况下,只有采用 VRRP 协议的接口需要配置 IP 地址(路由模式),其他的则不需要配置(透明模式)。

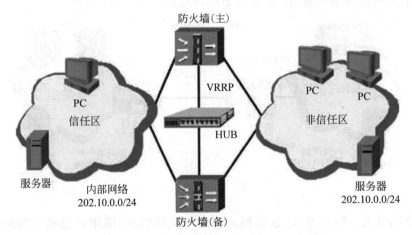

图 8-13 网络地址转换模式

8.3.2 防火墙的性能指标

市面上防火墙的种类众多,我们需要通过一些性能指标来评估防火墙的能力,从而挑选适当的防火墙产品。常用的性能指标如下。

(1) 吞吐量,指设备在不丢包情况下达到的最大数据转发速率,它反映防火墙转发数据的能力。吞吐量的大小主要由防火墙网络接口的速率及程序算法的效率决定。

（2）时延，指在防火墙吞吐量最大时，数据包从到达防火墙到被防火墙转发出去的时间间隔，反映了防火墙对数据包的处理速度。

（3）丢包率，指在不同负载情况下，因为资源不足或来不及处理而不得不丢弃的数据包占收到的数据包总数的比例。丢包率是防火墙设备在特定网络负载情况下稳定性和可靠性的指标。

（4）背靠背，指从介质空闲到介质满负荷时，防火墙第一次出现丢包情况之前发送的数据包数量。背靠背反映了设备的缓存能力和处理突发数据流的能力。

（5）并发连接数，指通信的主机之间防火墙对数据流的处理能力，是其能够同时处理的点到点连接的最大数目。

8.3.3　防火墙的部署

下面我们将通过一个例子，简要介绍一下金融系统中防火墙的部署方法。

随着防火墙技术的不断发展，其功能越来越丰富，但是防火墙最基础的两大功能仍然是"隔离"和"访问控制"。"隔离"功能就是在不同信任级别的网络之间的"墙"，而"访问控制"就是在墙上开"门"并派驻守卫，根据安全策略进行检查和放通。一个典型的企业网的防火墙系统如图 8-14 所示。

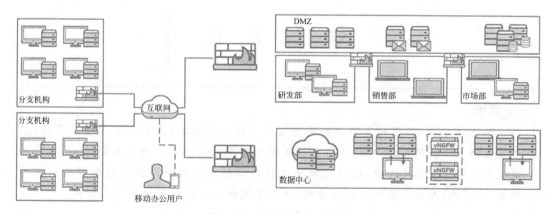

图 8-14　防火墙结构示意图

金融系统中防火墙的部署，首先是要规划安全域，明确不同等级安全域相互访问的安全策略，然后再确定防火墙的部署位置，以及防火墙接口的工作模式。防火墙通常预定义了三类安全区域：受信区域、非军事化区域（DMZD）和非受信区域，用户可以根据需要自行添加新的安全区域。

由图 8-14，我们可以看到防火墙主要部署在如下位置。

（1）在企业的移动办公区部署防火墙，实现互联网接入的同时与内网各个区域保持安全隔离。

（2）在企业研发部、销售部、市场部出口部署防火墙。

（3）在企业的内外网之间采用双机模式，实现双冗余链路互联，实现内外网安全隔离。

（4）在数据中心的出口部署防火墙，实现数据中心与其他业务系统的隔离和安全防护。

📚 **延伸阅读**

防火墙的规则设置

一般来说，防火墙分为内部防火墙和外围防火墙，其位置和设定的规则都有所不同。内部防火墙用于控制用户对内部网络的访问以及从内部网络进行访问，监视外围区域与内部区域之间的通信。外围防火墙的设计是为了满足组织边界之外用户的需要，是通向外部的通道，在很多大型的公司或者组织中，外围防火墙通常采用高端硬件防火墙或者服务器防火墙。

8.4 加 密 机

🖨 **案例**

2012 年 7 月，某银行支行接到某企业的 4 位员工反映，其工资卡内存款异常，涉及金额上万。同月，公安机关将犯罪嫌疑人卓某抓获归案。据卓某供述，银行现在使用加密算法已被攻破，他通过网上流传的破解方法破解了银行进行身份认证的 IC 卡系统，入侵了银行的业务系统，篡改了数据信息将钱款转入自己账户。

8.4.1 什么是加密机

当前各企、事业单位都纷纷建立了自己的信息系统，信息中心的规模也在不断扩大，相应的各类安全问题也逐渐出现，与业务数据相关的各类安全攻击层出不穷。这些关键数据如果泄露，将会给企业带来难以估计的损失。金融机构信息系统的数据大多需要加密后存入数据中心,在实际工作中,我们需要使用加密机等工具对密钥等关键信息进行加密。

　　加密机是一种和台式 PC 机箱大小差不多的设备,在银行等金融机构广泛使用。通过使用各种公钥、对称、单向散列密码算法来加解密银行卡密码,计算交易 MAC,保证交易中敏感数据的安全等。常用的加密算法包括 RSA 密码算法、SM1 对称密码算法、SM2 椭圆曲线公钥密码算法、SM3 杂凑算法、SM4 对称算法、SM9 非对称算法、祖冲之密码算法等。目前常见的加密机有 SJL06 金融数据密码机、SJJ1309-A 金融数据密码机、格尔网络终端密码机等。

　　相较仅适用于加密软件进行的软加密,加密机等硬件加密手段对密钥及算法的保护比较充分,更加安全可靠。加密机根据数据的安全要求,采用不同的加密算法进行加密运算,保证数据安全。同时加密机自身的安全性也进行了相应安全设计,具有物理锁防撬、打开机盖密钥自动销毁的防拆设计。此外,在情况紧急时,如断电的情况下,也可以通过快速进行人工毁钥等技术手段,来有效地防止内、外部人员的攻击。

　　不同类型的加密机适合应用的场合也不同。根据加密协议的层次不同,一般可将加密机分为链路加密机、网络加密机(IP 层)、应用层加密机三种。

　　(1)链路加密机。链路加密机是指对链路层数据进行加密,每一种不同协议的线路都要采用相应的链路加密设备。链路层的加密设备一般都是端到端加密设备,所以经常应用于大型复杂网络中。

　　(2)网络加密机。网络加密机是指在 IP 层采用 IPSec 协议对网络数据进行加密,IP 加密设备往往是以一对多的方式运行,对每个 IP 地址或地址段采用不同的加密策略。

　　(3)应用层加密机。应用层加密传输往往与具体的业务系统软件紧密结合在一起,需要针对每种应用系统开发应用层加密系统。

8.4.2　加密机的部署

　　加密机主要在发卡系统和交易系统中应用。

1. 发卡系统

　　发卡系统包含主机(或服务器)、打卡机、加密机和密码信封打印机,如图 8-15 所示。

　　发卡过程分为预发卡和打卡两个阶段。在预发卡阶段,主机产生将要发给工作人员的每张 IC 卡的私有信息(如密钥的产生、数字签名、初始密码等),并调用加密机进行加密处理。在打卡阶段,发卡系统完成卡片的私有化工作,包括将私有信息写入卡片及其他卡片的制作工作。在有需要的情况下,可以提供密码打印,密码信封的打印需要使用连接在加密机上的密码信封打印机完成,以保证用户密码的安全。

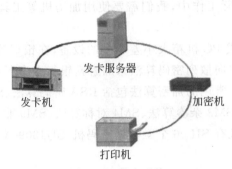

图 8-15　发卡系统

2. 交易系统

在联机交易中,加密机可以保证交易数据的私密性(关键信息加密)和完整性(MAC计算和校验),并在发卡行主机端完成相应的认证功能。

通常,终端发起的连接交易需要经过前置机及相关中转机构(收单行及银联等金融网络机构)到达发卡行业务系统。在每一个交易节点均需要加密机来保证交易的完整性、保密性,如图 8-16 所示。

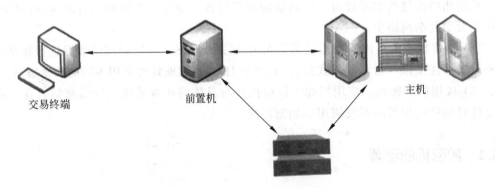

图 8-16　加密机工作流程

8.4.3　加密机日常维护事项

(1) 在工作过程中,请勿直接插拔设备,以免数据损坏或丢失。

(2) 设备运行过程中,应注意防震和防压,以免引起设备工作不正常。

(3) 请勿在带电状态下插拔该设备及外设。

(4) 请勿将与该设备配套使用的 IC 卡插到其他 IC 卡设备及系统中使用。

（5）如果较长时间不使用设备，请每隔 6 个月对设备进行状态检查，并对该设备连续通电多个小时，进行充电。

（6）设备长期停放时，注意防潮、防虫、防腐蚀等。

延伸阅读

Google 研究人员宣布完成全球首例 SHA-1 哈希碰撞

在 2004 年的国际密码讨论年会上，我国密码学家王小云及同事展示了 MD5、SHA-0 及其他相关杂凑函数的杂凑碰撞并给出了实例。时隔 13 年之后，来自 Google 的研究人员宣布完成第一例 SHA-1 哈希碰撞。研究人员在他们的研究网站 SHAttered 上给出了两份内容不同但具有相同 SHA-1 的 PDF 文件。

这项研究成果来源于荷兰数学和计算机科学国家研究所和 Google 安全、隐私和反滥用研究小组的长期合作。两年前，Marc Stevens 和领导 Google 反滥用研究团队的 Elie Bursztein 开始合作，利用 Google 的专业性和强大的计算能力，实现 Marc 对 SHA-1 的密码分析攻击。2013 年，Marc Stevens 曾发表论文阐述制造哈希碰撞的理论方法。

8.5　漏洞扫描系统

案例

2017 年 6 月 13 日，微软官方发布编号为 CVE-2017-8464 的漏洞公告显示，Windows 系统在解析快捷方式时存在远程执行任意代码的高危漏洞，黑客可以通过 U 盘、网络共享等途径触发漏洞，完全控制用户系统。

8.5.1　什么是漏洞扫描系统

金融行业是较早开展网络化和信息化的行业，由于其涉及大额或巨额的资金交易，一直以来都是不法分子觊觎和攻击的对象。虽然金融系统已经采取很多措施保证其自身安全，然而，由于新的攻击方式和漏洞不断出现，金融系统仍然面临严重的安全威胁，多起银行系统、ATM 机遭到黑客攻击的安全事件，造成大规模用户个人隐私泄露，个人和银行资金被窃等后果,在国际上产生了恶劣影响。

漏洞扫描系统(Vulnerability Scane)是指通过扫描等手段,对指定的远程或者本地计算机系统和网络设备的安全脆弱性进行检测,以发现安全隐患和可以被利用的漏洞的一种安全检测工具。通俗地说,漏洞扫描是对系统进行诊断检测的一种技术方法,可以查看当前系统主机是否存在漏洞。

漏洞扫描在系统被攻击之前,是进行防御黑客攻击的重要且有效的手段。通过对计算机系统和网络设备的全面扫描,安全管理员能获取开放的端口信息、运行的服务信息及系统的配置信息等,及时发现潜在的脆弱性和安全隐患,根据扫描报告来更正系统中的错误设置,在不法者利用漏洞攻击前就进行有效防范。由此可见,漏洞扫描有利于用户进行主动防范,能有效避免利用漏洞带来的攻击,做到防患于未然。

1. 漏洞扫描的工作原理

漏洞扫描技术基于特征匹配原理,将待测设备和系统的反应与漏洞库进行比较,若满足匹配条件,则认为存在安全漏洞。漏洞扫描的基本原理如图 8-17 所示。

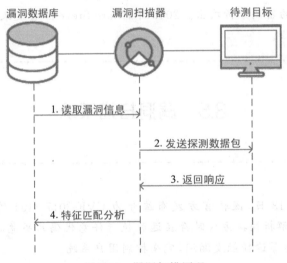

图 8-17　漏洞扫描原理

进行漏洞扫描时,首先探测目标系统的主机,对主机进行端口扫描,确定系统开放的端口,同时根据协议指纹技术识别出主机的操作系统类型;接着,根据目标操作系统类型、系统运行的平台和提供的网络服务,按漏洞库中已知的各种漏洞类型发送对应的探测数据包,对它们进行逐一检测;最后,通过对探测响应数据包的分析,判断是否存在漏洞。若探测和响应的数据包符合对应漏洞的特征,则表示目标存在该漏洞。所以在漏洞扫描中,漏洞库的定义精确与否直接影响着最后的扫描结果以及漏洞扫描的性能。

漏洞扫描过程中的关键是端口扫描。

在计算机中,一个端口就是一个潜在的通信通道,也就是一个入侵通道。通过对目标计算机进行端口扫描,可以得到许多有用的信息。端口扫描是指逐个地对一段端口或指定的端口进行扫描。通过扫描结果,我们可以知道一台计算机都提供了哪些服务,然后就可以通过这些所提供的服务找到已知漏洞进行攻击。端口扫描的工作方式如图 8-18 所示。

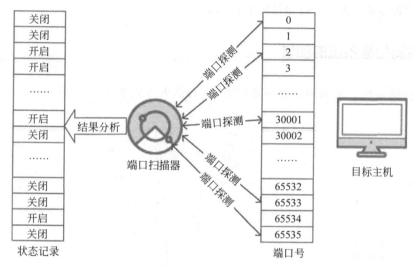

图 8-18　端口扫描

当一个主机向远端某个服务器的某个端口提出建立一个连接请求时,若远端服务器有此项服务,就会应答;若远端服务器未安装此项服务,即使向其相应的端口发出请求,也不会有应答。利用这个原理,如果对所有熟知端口或选定的某个范围内的熟知端口分别建立连接,并记录下远端服务器所给予的应答,通过查看记录就可以知道目标服务器上都安装了哪些服务。通过端口扫描可以搜集到很多关于目标主机的各种很有参考价值的信息,例如,目标计算机是否提供 FTP 服务、WWW 服务或其他服务。

2. 漏洞扫描系统的工作方式

漏洞扫描系统一般有两种方式,分别是主动扫描和被动扫描。

(1)主动扫描。主动扫描是一种传统的扫描方式,该方式是基于网络,通过网络与远程的目标主机建立连接,并发送请求信息,分析其返回信息(无响应也是信息),从而判断出目标主机是否存在漏洞。主动式扫描经常与基于网络的扫描方式相结合,采用已编写好的特定脚本来进行模拟攻击行为,然后对目标主机的反馈信息进行跟踪和分析,从中发现潜在的安全威胁。主动扫描的优点在于能较快获取信息,准确性也比较高;

缺点在于易被发现，很难掩盖扫描痕迹，同时要成功实施主动扫描通常还需要突破防火墙。

（2）被动扫描。被动扫描是指通过监听网络中传输的数据包来取得信息，筛选出其中的不安全部分，并对其分析以判断信息系统是否存在漏洞。由于被动扫描很难被检测到，具有很多优点，近年来备受重视。被动扫描一般只需要监听网络流量而不需要主动发送网络包，也不易受防火墙影响。而其主要缺点在于速度较慢，且准确性较差，当目标不产生网络流量时，就无法得知目标的任何信息。

8.5.2 漏洞扫描系统的部署

漏洞扫描系统一般采用旁路部署的方式，其部署方式如图 8-19 所示。

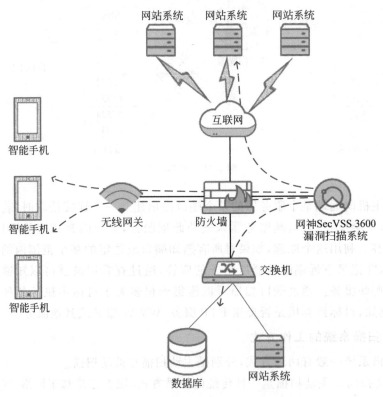

图 8-19　漏洞扫描系统部署方案

在旁路部署的方式下，漏洞扫描系统可以通过内网对操作系统、数据库、网络设备、防火墙等产品进行漏洞扫描；同时，漏洞扫描系统还可以通过无线网关（Wi-Fi）对移动端设备的操作系统进行漏洞扫描；另外，在设置了 DNS 服务器的情况下，漏洞扫描系统还可以对外网的相关网站进行 Web 漏洞扫描。

8.6　入侵检测系统

■案例

2017 年 6 月，"匿名者"（Anonymous）向全球金融机构发起代号为"Opicarus 2017"的攻击，其披露的攻击目标列表包括香港金融管理局等全球 140 多家金融机构。值得注意的是，此次"匿名者"组织发起的是"DDoS＋数据库注入"双拼攻击，不仅导致了网站服务器瘫痪，还窃取了金融机构的敏感数据，直击金融行业的业务核心。

8.6.1　什么是入侵检测系统

面对当前多种形式的网络入侵攻击，仅仅利用 IP 封锁、包过滤等传统的安全技术，已无法满足金融系统安全的要求。入侵检测系统（Intrusion Detection System，IDS）通过采用主动检测的方式来实现对网络环境的保护，可以更好地应对当前恶意攻击频发的安全形势。

入侵检测系统通过实时监视网络传输的各种数据，在发现可疑流量时报警或者采取主动反应措施。目前常见的入侵检测系统有启明星辰入侵检测系统、天阗入侵检测与管理系统、华为 NIP6000D 入侵检测系统等。

一般来说，根据检测数据的来源，可将入侵检测系统分为以下三类。

（1）基于主机的入侵检测系统（Host-Based IDS）。基于主机的 IDS，出现在 20 世纪 80 年代初期，其一般运行在需要监视的系统上，监视分析系统、事件和安全记录。其工作原理是通过实时检测系统中的信息，将其与预设的规则对比，如果发现有疑似入侵的数据和行为，将及时上报由检测系统的主机进行分析。

（2）基于网络的入侵检测系统（Network-Based IDS）。基于网络的 IDS，根据网络协议对网络数据包进行捕获和过滤，使用原始数据包作为数据源，实时监视通过网络的所有通信业务，通过特征识别和协议分析，可以有效发现网络中可能存在的入侵行为。

（3）基于混合数据源的入侵检测系统。基于混合数据源的 IDS 一般配置在多个设备上，通过在需要监视的服务器和网络路径上安装监视模块，对多种数据源进行检测。这种入侵检测系统将向管理服务器报告及上传多种数据,通过综合分析这些数据,可以为跨平台的入侵检测提供解决方案。

IDS 的工作模式主要有以下四个步骤:

(1) 收集信息。入侵检测系统从系统的不同环节收集各种信息,包括系统中可能与入侵操作有关的任何细节,比如流入流出的数据包、系统日志文件和调用记录等。

(2) 分析系统收集的信息,寻找入侵活动的特征。根据收集的信息,IDS 将对这些信息进行处理与分析,以判断是否有入侵行为发生。检测入侵行为的方法主要有异常检测和误用检测两种。异常检测一般需要先建立一个正常访问的模型,凡是不符合这个模型的访问行为将被定义为入侵行为;误用检测则相反,其先将所有可能发生的不合法行为归纳建立一个模型,凡是符合这个模型的访问行为将被定义为入侵行为。

(3) 自动对检测到的行为进行响应。当确定有入侵行为发生时,IDS 将向用户提供与入侵有关的具体细节,并提供可能采取的对策,比如丢弃可疑的数据包、拒绝不正常的访问等。

(4) 记录并且报告检测过程和结果。一次入侵检测完成以后,IDS 将记录本次的检测过程和结果,当需要时,可以向用户提供收集到的各种数据及相应的分析结果。

8.6.2 入侵检测系统的部署

当入侵检测系统应用环境不同时,其部署位置也将有所差别。本节考虑两种应用环境,即网络中没有部署防火墙和网络中已经部署防火墙。

(1) 没有部署防火墙。一般来说,金融系统的安全防护方案中都会在网络的入口处安装防火墙进行过滤,但是可能存在某些特殊原因,系统无法部署防火墙。在这种情况下,IDS 通常安装在网络入口处的交换机上,以便监测所有进出网络的数据包并进行相应的保护。

(2) 部署了防火墙。这种情况下,入侵检测系统一般部署在防火墙之后,进行继防火墙一次过滤之后的二次防御。防火墙系统可以有效防御来自外部网络的攻击,网络中同时部署防火墙和入侵检测系统,且互相配合,从而更有效地保护金融系统安全。

延伸阅读

匿名者黑客组织

匿名者黑客组织(Anonymous)是全球最大的黑客组织,也是全球最大的政治性黑客组织。该组织发迹于 2003 年,起源自美国贴图讨论版 4chan(一个类似于贴吧的地方),如果注册用户没有按照网上的要求输入昵称,就会得到系统默认的"匿名者"称呼,慢慢成为一个独立的组织。

其发动的著名事件有:

(1)暗网行动。2011 年,Anonymous 宣布他们攻陷并关闭一个拥有大量数据的地下恋童癖网站"洛丽塔之城",它拥有 100G 以上的色情内容。Anonymous 侵入该网站后,获取了超过 1500 名使用者的资料,并公之于众。

(2)支援维基解密。2010 年,在美国国务院的要求下,万事达、Visa、PayPal 等几家公司停止了对维基解密的捐助。于是组织里的一群黑客决定"惩罚"一下那几家企业,几天以后,这几家公司的主页就被"攻陷"了,据 PayPal 披露,这次攻击给他们造成了至少 550 万美元的损失。

8.7 安管平台

案例

汇丰银行连续遭受 DDoS 攻击

2016 年 1 月 4 日,汇丰银行遭受 DDoS 攻击,系统崩溃,服务中断两天;1 月 29 日,汇丰银行再次遭受 DDos 攻击,服务再次陷入瘫痪,损失惨重。作为对安全性和稳定性都要求极高的金融机构,汇丰银行自身的安全防御系统应该是行业较高标准的,但形式日趋多样的网络攻击防不胜防。

8.7.1 什么是安管平台

金融信息安全的发展经历了三个阶段,如图 8-20 所示。

一是防病毒软件、防火墙、IDS 部署的初级阶段;二是随着各种业务的信息化推进,各金融机构对信息安全产生巨大的需求,开始大量使用网关防护、安全审计管理、终端安全和应用安全、边界防护、脆弱性扫描、用户接入控制等技术,这个阶段的安全技术纷繁复杂,出现了包括防护、监控、审计、认证、扫描等多种体系;三是随着业务高度信息化,信息安全管理成为信息建设的必要组成部分。为了更全面地保护金融信息,需要采取多种

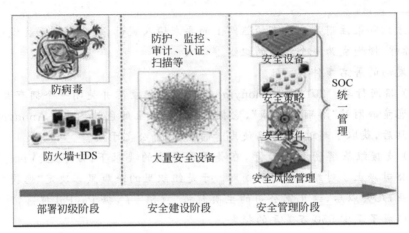

图 8-20　金融信息安全建设过程

防护措施,把安全设备、安全策略、安全事件等进行统一管理、统一运营。在这一阶段,最典型的就是综合性的安全管理中心(Security Operation Center,SOC)的建设。目前常见的安管平台有 ArcSight ESM、东软 NetEye 安全运维管理平台等。

1. 为什么需要安管平台

目前的网络安全产品大都存在一定局限性。比如防火墙并非万能,美国国家标准与技术研究院(National Institute of Standards and Technology,NIST)就指出,防火墙不能对抗私有网络中的后门,且由于防火墙采取了多种访问控制机制,这也在一定程度上影响了用户的正常访问。入侵防御系统也有很多弊端,比如它易受欺骗而产生误报、易受拒绝服务攻击(Denial of Service,DoS)、无法控制外网对内网的访问等。

除此之外,这些网络安全工具构建的点状防御彼此之间互不交流,很容易形成“信息孤岛”,因此,安管平台应运而生。安管平台是一种由中央策略管理软件集中智能管理的,集成了防病毒、防火墙、入侵检测系统等功能各异的网络安全产品的开放式平台。它通过统一配置、统一日志和统一报告各类安全产品,可以全面地动态分析评估整体网络安全状况。

安管平台又称为安全管理平台(Security Operations Center,SOC)。它可以为金融机构提供集中、统一、可视化的安全信息管理,通过实时采集各类安全信息,动态进行安全信息关联分析与风险评估,实现安全事件的快速跟踪、定位和应急响应。图 8-21 形象地为我们描述了 SOC 平台在安全体系中的地位。

在金融信息系统中使用安管平台可以为我们解决以下问题。

(1) 过于分散的管理。过于分散的管理可能导致下面的情况出现:告警信息显示的是一台服务器受到某种 Windows 病毒的攻击,然而事实上该服务器是 Lunix 服务器,不

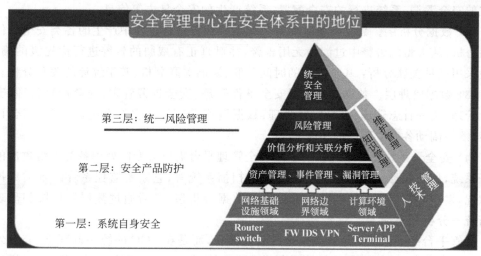

图 8-21　SOC 平台的定位

应会被 Windows 相关病毒入侵。孤立的事件无法为我们揭示问题的本质,而安管平台可以将多个看似不相关的事件联系起来,从而更加准确地判断当前服务器是否受到攻击,甚至发现攻击者的一系列组合攻击,从而提高警告级别。

(2) 海量安全事件难以处理。一个大型的金融机构,每日都会产生多达上千万的数据量,如果仅依靠安全人员人工分析,将耗费大量时间和精力,且容易出错,可能还会由于疲于应付而忽略一些重要但数量较小的告警。使用安管平台可以对系统内重要信息的安全状态进行重点监控、科学分析,在海量数据中挖掘出关键信息,从而快速有效定位非法事件,使得管理员和安全专家可以专注于更为复杂的分析。

(3) 安全响应能力不足。随着黑客及病毒的技术含量不断提高和攻击手段的不断翻新,各种事前制定的安全应急响应预案已难以有效应对未知的多种方式的网络攻击。而在遭受攻击后,再寻求安全人员解决时,由于安全人员对公司的网络状况和攻击情况并不了解,往往需要时间先进行安全评估,这使得各金融公司在争分夺秒的网络攻防中处于不利地位。安管平台是一个对公司系统结构、安全状况有足够了解的安全工具,它可以在发现问题后快速找到解决方法并以最快速度进行响应,有效解决安全响应能力不足的问题。

2. 安管平台的组成

一个较完善的 SOC 平台应该具有以下功能模块。

(1) 数据采集层。数据采集层主要通过各类采集器进行安全事件采集及处理,其组成包括一组公开的 API(Application Programming Interface,应用程序编程接口)和一组工业标准接口和协议。采集的数据主要包括发生在金融系统内部的各类安全事件、系统存在的安全漏洞、系统进行的安全配置、系统产生的安全日志等信息。

（2）数据分析层。数据分析主要对金融系统业务进行过程中产生的各类安全事件作关联分析，从大量的告警中过滤掉无用告警，并对真正有威胁的告警进行优先级的确定。一般采用三种关联分析：基于规则的时间关联、漏洞关联分析、基于统计的关联分析。

（3）数据管理层。数据管理包括安全事件管理、安全告警管理、安全预警管理、安全风险管理、统一日志管理、统一配置管理、数据资产管理等。它具有统一管理、综合评估决策、统一调动各安全部件的功能。

（4）安全子系统。一个完整的金融安全管理平台需要有专门处理各类网络攻击的安全子系统，如防病毒软件、防火墙、IDS、漏洞扫描系统等，它紧密监控系统的各类数据安全状况，发现异常后及时将告警信息提交给数据分析层，之后通过数据管理层和呈现层进行统一分析和呈现。

安管平台的子系统不是各类安全产品的堆积，而是在 SOC 的统一调度下，充分发挥各自产品的作用，并使它们能够联动操作，最终起到"1＋1＞2"的作用。图 8-22 描述了 SOC 平台与其他安全工具间的关系。

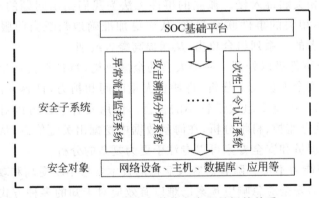

图 8-22　SOC 平台与其他安全工具间的关系

（5）数据呈现层。数据呈现层对各层采集分析的数据进行可视化呈现，提供管理员查看。

8.7.2　安管平台的部署

SOC 建设的目标主要是提供安全管理能力和节约成本，因此集中化和智能化是必然的。金融机构安全平台一般采用两级平台，"总 SOC 平台＋分 SOC 平台"，如图 8-23 所示，集团 SOC 平台和省 SOC 平台之间通过接口实现互通。值得注意的是，在与其他系统进行互通时，SOC 平台应作为金融机构数据处理的唯一出口。

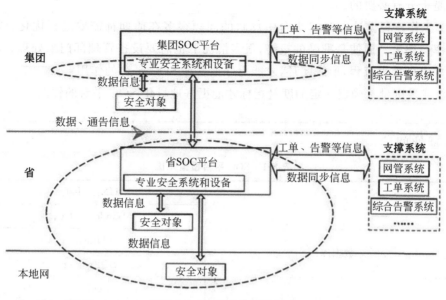

图 8-23　SOC 平台部署方式

SOC 平台的规划和架构设计一般按照以下九个步骤进行。

（1）明确需求。需要确定各管理部门对 SOC 平台的需求，哪些关键业务系统需求要优先完成，期望的实时关联需求有哪些，各业务系统对日志的处理方式及关注的重点有哪些；确定需求相关的日志源清单、采集方式、变更流程、变更窗口；确定相关报表、报警的发送对象及处理流程。

（2）架构环境。首先确定整体架构，即 SOC 平台的运行方式，然后分别确定各层次的架构。

（3）硬件规格。决定性能的两大要素是硬盘、内存，其次才是 CPU 性能和储存容量。需要根据计算能力和储存容量估算需要的硬盘和内存硬件规格。

（4）日志管理策略。日志管理策略大多由需要遵循的合规性要求确定，不同规范对日志的存留期要求有所不同，需要避免因保留日志过久而占用宝贵的储存资源。

（5）应用的资产和架构信息。关键业务的基础架构、灾备架构会决定如何及在哪里采集日志。

（6）外部信息集成策略。关联分析规则不仅包括日志，还包括其他的资产信息、弱点扫描报告、黑白名单、威胁情报等，但需要确定系统间的接口和接入方式（定时脚本、定时手工、实施自动）。

（7）开发方法及方式。在资源允许的情况下，建设一套独立的、配套的开发、测试运行环境是十分有必要的。

（8）工作流程设计。SOC 平台中反映的问题很多在前期都需要进行优化、调整，否则误报率会很大。即使是准确的报警，很多情况下也需要设备管理部门来处理。因此定义合适的事件处理流程，形成闭环，才能更好地发挥 SOC 平台的作用。

（9）成果度量。确定一定的度量指标才能更好地量化 SOC 平台的性能。

延伸阅读

表 8-1　SOC 平台覆盖范围

主机	UNIX 主机
	Windows 主机
数据库	Oracle
	SQLserver
中间件	weblogic
	websphere MQ
	tomcat
存储设备	光盘
	硬盘
网络设备	路由器
	交换机
安全设备	防火墙
	防病毒
	入侵检测
安全管理系统	主机管理
	终端管理
主要应用系统	财税重要业务系统
	网络管理系统

本章练习题

一、选择题

1. 以下哪个不是计算机病毒的特点？（　　　）

　A. 隐蔽性　　　　　　B. 流动性　　　　　　C. 潜伏性　　　　　D. 破坏性

2. 以下哪个位置不是防病毒软件的常见部署位置？（　　　）

　A. 主机终端　　　　　B. 服务器　　　　　　C. 移动终端　　　　D. 内外网分界处

3. 防火墙是设置在（　　　）的安全设备。

　A. 企业内网与外网之间　　　　　　B. 不同安全级别的网络之间
　C. 数据进出位置　　　　　　　　　D. 以上都是

4. 以下哪种方式不是防火墙的工作模式？（　　　）

　A. 路由模式　　　　　　　　　　　B. 网络地址转换模式
　C. 空白模式　　　　　　　　　　　D. 透明模式

5. 以下哪种不是防火墙的性能指标？（　　　）

　A. 吞吐量　　　　　　B. 时延　　　　　　　C. 丢包率　　　　　D. 面对面

6. 网络加密机是对（　　　）进行加密的。

　A. 链路层　　　　　　B. IP 层　　　　　　　C. 传输层　　　　　D. 应用层

7. 以下哪种不符合加密机日常维护的注意事项？（　　　）

　A. 在工作过程中，请勿直接插拔加密设备
　B. 设备运行过程中，应注意防震和防压
　C. 可以在带电状态下插拔该设备及外设
　D. 请勿将与加密机配套使用的 IC 卡插到其他 IC 卡设备及系统中使用

8. 漏洞扫描不能获得（　　　）。

　A. 开放的端口信息　　　　　　　　B. 运行的服务信息
　C. 系统的配置信息　　　　　　　　D. 用户的密码信息

9. 监测网络中传输的数据包来获取信息的扫描方式是（　　）。
　　A. 主动扫描　　　　B. 专用扫描　　　　C. 被动扫描　　　　D. 特殊扫描

10. 根据网络协议对网络数据包进行捕获和过滤的是（　　）。
　　A. 基于主机的入侵检测系统　　　　B. 基于网络的入侵检测系统
　　C. 基于混合数据源的入侵检测系统　　D. 以上都不是

11. 网络中部署了防火墙时，通常将入侵检测系统部署在（　　）。
　　A. 防火墙之前　　　B. 防火墙之后　　　C. 网络入口　　　D. 网络出口

12. 下面（　　）关于安管平台的描述是错误的。
　　A. 统一配置、统一日志和统一报告各类安全产品
　　B. 挖掘海量数据中关键信息
　　C. 安全响应能力不足
　　D. 全面动态地评估整体网络安全状况

13. 以下哪种（　　）方式不是保护金融信息安全的。
　　A. 安装病毒软件　　　　　　　B. 设置防火墙
　　C. 安装入侵检测系统　　　　　D. 设置加密机

二、思考题

1. 防病毒软件的工作方式有哪些？有什么不同？
2. 防火墙的工作原理是什么？
3. 防火墙的常见性能指标有哪些？
4. 加密机在发卡系统中是怎样工作的？
5. 端口扫描的工作原理是什么？
6. 简要描述入侵监测系统的工作步骤。
7. 为什么要使用安管平台？

练习题参考答案

1. B　2. D　3. D　4. C　5. D　6. B　7. C　8. D　9. C　10. B　11. B　12. C
13. A

第 **9** 章

个人金融信息安全

CHAPTER 9

【学习目标】

通过本章的学习可以了解个人金融信息的相关概念。作为金融机构工作人员,可以具体了解金融机构日常工作中一些常用软件可能带来的信息泄露风险,并了解相关防范技巧;作为一般用户,可以培养安全意识,了解日常工作生活中一些常用软件可能带来的安全风险,掌握各类软件安全使用的小技能。

【本章知识点】

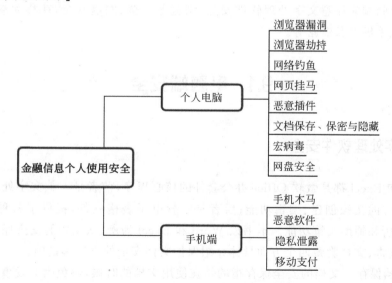

与金融行业相关的个人信息直接与每个人的财产安全息息相关,如何有效防范金融个人信息泄露,成为金融机构和个人越来越需要面对和解决的问题。

随着金融信息化进程日益深入,金融机构日常业务工作中会积累各类个人金融信息。结合《商业银行法》《反洗钱法》《刑法》《征信业管理条例》等法律法规,及《国务院办公厅关于加强金融消费者权益保护工作的指导意见》《中国人民银行关于银行业金融机构做好个人金融信息保护工作的通知》等政策和规范性文件,个人金融信息可以分为个人身份信息、个人财产信息、个人账户信息、个人信用信息、个人金融交易信息、衍生信息六类。其中,个人身份信息包括个人姓名、性别、国籍、民族、身份证件号码及有效期限、职业、联系方式、婚姻状况、家庭状况、住所或工作单位地址及照片等;个人财产信息包括个人收入状况、拥有的不动产状况、拥有的车辆状况、纳税额、公积金缴存金额等;个人账户信息包括账号、账户开立时间、开户行、账户余额、账户交易情况等;个人信用信息包括信用卡还款情况、贷款偿还情况以及个人在经济活动中形成的、能够反映其信用状况的其他信息;个人金融交易信息包括银行业金融机构在支付结算、理财、保险等中间业务过程中获取、保存、留存的个人信息和客户通过银行业金融机构与保险公司、证券公司、基金公司、期货公司等第三方机构发生业务关系时产生的个人信息等;衍生信息包括个人消费习惯、投资意愿等还包括对原始信息进行处理、分析所形成的反映特定个人某些情况的信息以及在与个人建立业务关系过程中获取、保存的其他个人信息。

目前,个人金融信息泄露的形式呈多样化,其源头不仅包括相关金融机构,还包括客户自身。主要信息泄露的原因是客户随意提供或未妥善保管个人金融信息、不法分子冒用、贩卖客户金融信息等。防止个人金融信息泄露,不论是金融机构的工作人员,还是普通用户,在电脑端应注意文字处理软件安全、浏览器安全、网盘安全,在移动端应注意手机恶意软件、手机隐私泄露等。

9.1　电脑端安全

9.1.1　文字处理软件安全

Word 和 Excel 都是微软 Office 办公套件的核心程序,前者是一款文字处理软件,提供了丰富多样的文档创建、编辑功能;后者是一款电子表格软件,提供了各种数据的处理、统计、分析和辅助决策功能。本书以 Word 和 Excel 为例,从文档的安全保存、安全保密、防范宏病毒、文档隐藏四个方面具体介绍保护文档安全的方法和措施。

(1) 文档保存。文档的安全保存指的是在使用文档的时候,避免因突发事件(例如断电、死机、误操作等)导致的文档丢失。要想加强文档的安全保存,建议首先打开 Word 文档的"自动保存"功能。以 Word 2013 和 Excel 2013 版本为例,在"文件"→"选项"→"保存"中勾选"保存自动回复时间间隔"和"如果我没保存就关闭,请保留上次自动保留的版本"两个选项(图 9-1),并设置自动保存的时间间隔。这样,如果文档遇到突发情况被关闭,系统会自动保存几分钟之前的版本。其次,还可以对文档进行转移,实现多方保护。

例如定期将本机文档存入移动硬盘、U 盘等外置移动存储设备中,但要注意外置存储设备本身的安全性。

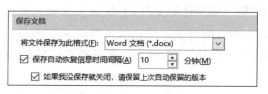

图 9-1　文档自动保存

（2）文档保密。在日常工作中,出于某种原因,用户需要对文档进行安全保密,这种保密主要是为了让文档信息不被其他未授权的用户查阅到。文档保密主要是通过为文档设立密码来实现。在 Word 2013 和 Excel 2013 中,选择"文件"→"信息"→"保护文档"→"用密码进行加密",在弹出的对话框中输入密码,点击"确认"后即可对文档进行加密(图 9-2)。此外,如果仅仅是不希望别人修改自己的文档,可以将文档设置为"只读"。鼠标对着文件右键点击,选择"属性",在弹出的页面中勾选"只读",再点击"确认"按钮,设置完成。

图 9-2　文档加密

（3）宏病毒防范。宏病毒(Macro Virus)是一种寄存在文档的宏、加载项中的宏和文档模板中的计算机病毒,主要感染计算机中的 Word 文件。用户一旦打开带有宏病毒的文档,该病毒会被激活,并驻留到 Normal 模板上,使以后所有自动保存的文档都被感染。更严重的是,如果其他用户打开这些文档,同样也会被宏病毒所感染。微软在 Word 软件中提供了对宏病毒的警告和保护,用户可以在"文件"→"选项"→"信任中心"→"信任中心设置"→"宏设置"中设置宏的安全级别。建议将其设置为"禁用无数字签署的所有的宏"或者"禁用所有宏"。此外,需要注意的是,Word 宏设置只能在一定程度上起到预防宏病毒的作用而不能清除宏病毒,如果计算机感染上了宏病毒,还是需要安装杀毒软件进行查杀。

（4）文档隐藏。在默认情况下,用户在打开 Word 或 Excel 时,单击"文件"菜单,选择打开的文件时,软件会默认显示出最近使用的若干个文件,很容易暴露一些重要信息。为了保密,我们不希望最近编辑过的文件被别人查阅,当需要对最近编辑的文件进行保密时,可以在"文件"→"选项"→"高级"的显示栏目中设置"显示此数目的最近使用的文档"。此外,在"开始"菜单中,也会展示出用户最近使用过的所有文件,需要进行及时的清除。有的时候,我们希望隐藏自己的文件,不被他人发现。可以鼠标右键点击文件,选择"属性",再勾选"隐藏",即可隐藏该文件。或者修改文件的扩展名(例如把.docx 改为.exe),让别人会误以为这是个其他文件,从而达到隐藏文件的目的。

9.1.2 浏览器安全

浏览器是一种工具软件,是用户访问 Web 应用的最直接、最便捷的入口。根据统计公司 StatCounter 公布的全球浏览器市场份额调查数据显示,在全球范围内,市场份额最高的浏览器是谷歌 Chrome 浏览器,占比 69.89%,之后是火狐(Firefox)浏览器,Safari 浏览器,IE(Internet Explorer)浏览器以及 Edge 浏览器。此外,在国内常用的浏览器还有 QQ 浏览器、搜狗浏览器等。近年来,随着 Web 应用的广泛普及,越来越多的人使用浏览器进行办公,浏览器安全成为安全领域关注的重点。浏览器漏洞、浏览器劫持、网络钓鱼、网页挂马、恶意插件等,都与浏览器息息相关。

(1)浏览器漏洞。由于浏览器软件开发人员的能力、经验所限,浏览器在设计、运行过程中难免存在一定的缺陷,这些缺陷被称为浏览器漏洞。利用浏览器漏洞,攻击者可以在未授权的情况下去影响用户的系统。2015 年 10 月,Pawn Storm[①] 利用浏览器漏洞对全球多个国家的外交部门展开了一次网络攻击。在此次攻击事件中,Pawn Storm 的幕后组织者就是利用浏览器中 Adobe Flash Player 19.0.0.185 和 19.0.0.207 这两个漏洞,通过社交工程钓鱼邮件(Spear-phishing Email),发送例如"以色列对加沙发动空袭""北约部队自杀式汽车炸弹袭击喀布尔"等重大国际事件为主题的邮件,诱骗收件人打开邮件,进而实施攻击。

(2)浏览器劫持。浏览器劫持是指用户的浏览器被恶意篡改以强制用户访问恶意网页。浏览器被劫持的常见表现主要为:打开浏览器时直接跳转到恶意网页;访问正常网页时被转向到恶意网页;收藏夹里自动反复添加恶意网站链接;在浏览正常网页时频繁弹出广告页面;自动添加恶意网站到"受信任站点"等。浏览器被劫持的后果很严重,一方面会严重威胁到用户的隐私信息安全;另一方面,浏览器被劫持为攻击者实施其他攻击手段提供了前提条件,例如实施 CSRF 攻击、网络钓鱼等。

(3)网络钓鱼(Phishing),其英文发音与 Fishing(钓鱼)相近,因此被称之为网络钓

---

① Pawn Storm(兵风暴)是一项持续性的网络间谍活动,自 2007 年开始,专门针对政府机关、军队、媒体名人等发动网络攻击。

鱼或钓鱼攻击。网络钓鱼的方法有很多,常见的有利用欺骗性的电子邮件进行钓鱼和伪造站点进行钓鱼。第一种方法:黑客发送大量的充满诱惑的欺诈邮件,邮件的主题大多是中奖、对账、虚假的交易信息等,诱骗用户登录某网页,输入身份证、银行卡、用户密码、验证码等信息,继而盗取用户资金。第二种方法:黑客伪造一个山寨网站,可能是银行网站、证券网站、购物网站等,并取一个相似的域名,达到以假乱真的效果。然后通过电子邮件、手机短信、微信链接、浏览器劫持等方式诱导用户访问这个山寨网页并填入账号密码等信息。黑客则在后台截取用户所填的信息,进而通过真正的网页盗取用户资金。

(4)网页挂马。网页挂马就是将恶意代码嵌入到正常的网页程序中,用户在浏览该网页时,这段代码会被执行,将配置好的木马程序下载到用户的电脑上。用户的电脑一旦感染木马程序,就有可能被黑客盗取其支付宝、微信、电子银行账号及密码等信息。

(5)恶意插件。浏览器插件是浏览器支持的一种特殊的应用程序,能够增加浏览器的功能,以提高用户体验。例如 Chrome 浏览器上的 Adblock 插件,可以帮助用户屏蔽网站上层出不穷的广告。但是,也有部分插件属于恶意插件,此类插件监测用户的上网行为,并把记录发送给编程者,以达到隐私窃取、广告注入等非法目的。

在使用浏览器时,应注意以下几点,可以在一定程度上防范浏览器安全威胁。

(1)尽量访问 HTTPS 网站。在浏览网页的时候,我们在浏览器的地址栏经常会见到两种网址,一种是以 HTTP 开头的,另一种是以 HTTPS 开头的。HTTP 协议是一种明文数据传输协议,其站点之间传输的数据是未经加密的,很容易被黑客所截获。HTTPS 在 HTTP 的基础上,对数据进行了加密,保障了个人信息的安全。因此用户应尽量选择 HTTPS 开头的网页访问。

(2)定期清除浏览器历史记录。浏览器历史记录是指在默认状态下,浏览器会自动将用户浏览网页的信息记录下来,包含网页浏览的时间、网页地址、网页标题等。网页历史信息包含着大量的个人隐私,如果被不法分子获取,可能被用于实施社会工程学攻击。因此,定期清除浏览器历史记录是十分有必要的,以常见的 Chrome 浏览器为例,可以尝试通过以下步骤清除浏览器历史记录。

打开 Chrome 浏览器,同时按下键盘上的"Ctrl"和"H"按键,浏览器会打开历史记录页面,如图 9-3 所示。

点击页面右上角的历史记录菜单栏,如图 9-4 所示。

从弹出的菜单栏中点击清除浏览数据,如图 9-5 所示。

从弹出的菜单栏中按需求选择满足清除的时间范围等选项,点击清除数据,如图 9-6 所示。

图 9-3　历史记录页面

图 9-4　历史记录菜单栏

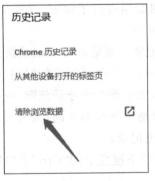

图 9-5　清除浏览数据

（3）限制 Cookie 的使用。Cookie 并不是它的英文单词"甜饼"的意思，而是服务器通过浏览器放在用户本地电脑中的一个小型文本文件，用于记录用户信息。攻击者可以通过木马等恶意程序窃取用户的 Cookie，并从中获取用户名、密码、时间戳等敏感信息。限

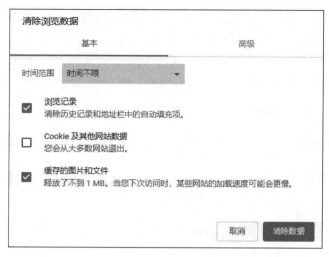

图 9-6　清除数据

制 Cookie 的使用是十分有必要的，可以通过以下方法设置 Cookie。

打开 Chrome 浏览器，在浏览器右上方有个"三个点"的按钮，如图 9-7 所示，点击后选择"设置"。

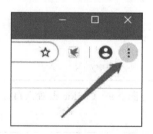

图 9-7　"三个点"按钮位置

拖动页面至底部，单击"高级"选项，如图 9-8 所示。

在"高级"对话框中找到"网站设置"的选项，Cookie 设置的入口就在这个选项里面，如图 9-9 所示。

单击"Cookie 和网站数据"选项，即可看到设置选项，如图 9-10 所示。

按需求进行设置，如图 9-11 所示。

（4）养成良好的使用习惯。防范浏览器安全问题，最主要的还是要养成良好的使用习惯，可以从以下几点入手：第一，及时将浏览器更新到最新的版本。浏览器厂商会根据最新曝光出的漏洞，及时为浏览器打上补丁，及时更新浏览器版本可以在一定程度上避免浏览器漏洞的危害；第二，打开防火墙、杀毒软件等工具软件，可以有效防止网页木马；

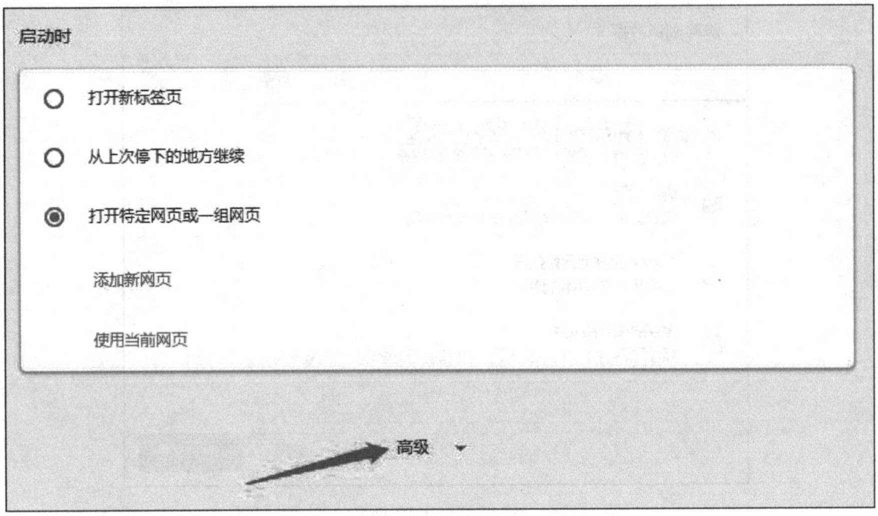

启动时

○ 打开新标签页

○ 从上次停下的地方继续

● 打开特定网页或一组网页

添加新网页

使用当前网页

高级 ▼

图 9-8 "高级"选项位置

清除浏览数据
清除浏览记录、Cookie、缓存及其他数据

网站设置
控制网站可使用的信息以及可向您显示的内容

允许登录 Chrome
关闭此功能后，您无需登录 Chrome 即可登录 Gmail 等 Google 网站

图 9-9 Cookie 设置入口

🍪 Cookie 和网站数据
允许网站保存和读取 Cookie 数据

📍 位置信息
使用前先询问

📹 摄像头
使用前先询问

图 9-10 "Cookie 和网站数据"选项

第三，在输入账号和密码的时候，再三确认所进入的网站是否为官方网站；第四，保护好个人的隐私信息，不要轻易在网络上输入真实姓名、身份证号码等个人敏感信息，不要轻易上传身份证照片等。

允许网站保存和读取 Cookie 数据（推荐）	
退出 Chrome 时清除 Cookie 及网站数据	

阻止第三方 Cookie
当此设置处于开启状态时，网站无法根据您在各个不同网站上的浏览活动为您展示个性化广告。某些网站可能会无法正常运行。

查看所有 Cookie 和网站数据　　　　　　　　　　　　　　　　　　　　　　　　▶

禁止　　　　　　　　　　　　　　　　　　　　　　　　　　　　　　　　　　　添加

　　　未添加任何网站

退出时清除　　　　　　　　　　　　　　　　　　　　　　　　　　　　　　　　添加

　　　未添加任何网站

允许　　　　　　　　　　　　　　　　　　　　　　　　　　　　　　　　　　　添加

　　　未添加任何网站

图 9-11　设置界面

9.1.3　网盘安全

网盘（Cloud Storage），又称云盘、网络 U 盘、网络硬盘，是互联网公司利用云计算技术，将服务器划分出一定的磁盘空间，为用户提供在线的文件存储、访问、备份、共享等服务。目前常见的网盘主要有百度网盘、腾讯微云、OneDrive、iCloud 等。

相比于传统的 U 盘、移动硬盘，网盘具有扩展性、共享性、便携性、成本低等特点。扩展性指的是网盘的存储空间不是固定不变的，用户可以根据自身的需求向服务提供商申请扩大容量。共享性指的是用户存储的文件可通过扫码二维码或分享链接轻松实现共享。便捷性指的是用户不需要将存储设备带在身上，而是通过互联网随时随地从云端下载所存储的文件。成本低指的是网盘提供按需、灵活的存储服务，可以有效防止成本失控的问题。当网盘被用于工作目的之时，安全风险的级别便升到"高危"水平。

在办公时使用网盘主要面临几个方面的安全威胁：一是网盘服务本身可能存在安全隐患，造成数据丢失或泄露。二是用户操作的问题，网盘文件有很多分享方式，不当的分享比如将数据分享给所有联系人，自然会加大数据泄露的可能性。三是免费的云服务经常因为其流行性而成为黑客和商业间谍们的目标。几年前便有海外知名媒体人士的苹果 iCloud 账户被黑,进而引发了 Gmail 信箱被入侵,手机、平板和个人电脑也相继被控制的事故。四是访问控制的权限管理问题,网盘上的数据可能会被云服务商的人员和相关系统程序读取。

制定网盘使用策略,强化安全意识与宣传教育是十分有必要的。在使用网盘的过程中,我们应该注意:

(1) 慎用网盘的自动备份功能。很多网盘具有自动备份功能,例如苹果 iCloud,设置完成后默认打开自动备份功能。很多人在不经意间将个人的私密照片、重要文件备份到云端,造成信息泄露的风险。为了安全起见,在使用网盘的时候,关闭自动备份功能,只根据自己的需要备份数据,可以在一定程度上避免信息泄露。

(2) 重要数据不要轻易放到云端。网盘给予的 TB 级免费容量看似诱人,但从近年频发的网盘信息泄露事件来看,没有百分之百的安全。所以重要的技术文档、涉及敏感信息的个人照片、录像等,一切可能被不法分子用来"谋利"的数据要谨慎考虑是否要放在云盘中。

(3) 不要多人共用一个账号。许多用户习惯于多人共用一个云盘账号,方便照片、视频之间的同步与分享。殊不知多人共用一个云盘账号有很大的信息安全隐患,因为只要其中一台设备丢失或账号密码泄露,就会让不法分子有机可乘。

(4) 不要多方位同步数据。数据过于分散同步保存会让数据的安全性大大降低,所以不要选择既同步到云盘又同步到其他电脑中,这样数据的外在暴露风险会更大。

(5) 设置强密码,降低风险。可以通过云盘的个人中心定期修改密码,同时建议设置强密码。为了更安全起见,可以将自己的手机号码与账号绑定。要定期浏览云盘的登录日志,看看最近的"登录时间""登录地点""登录 IP"是否符合自己的操作,发现异常情况及时更换密码。此外,不要使用第三方的密码。现在很多网盘都支持第三方密码注册登录,例如微博账号、微信扫码等。建议网盘账号最好单独注册,避免第三方数据泄露影响网盘数据安全。

9.2 手机端安全

9.2.1 手机恶意软件

移动互联网时代,智能手机深入我们生活的方方面面,音视频通信、社交、工作、娱乐、付款、理财等等,都离不开智能手机。正因如此,智能手机已成为犯罪分子主要目标,他们采取各种手段，制作针对智能手机的病毒、木马，不仅严重威胁到用户的个人隐私，还可能给用户造成财产损失。

手机病毒和木马统称为恶意软件。恶意软件也被叫作"流氓软件"，一般是指通过网络、存储设备散播的对个人智能设备造成隐私或数据外泄、系统损害的软件。手机恶意程序主要分为资费消耗、恶意扣费、隐私窃取、诱骗欺诈、系统破坏、远程控制和恶意传播。

资源消耗是指在用户不知情的情况下，通过拨打电话、发送短信、后台下载 APP 等方式，造成用户手机电量、手机容量、手机流量的损失。恶意扣费是指在用户不知情、未授权的情况下，通过后台执行、诱骗点击、流氓行为等手段，访问特定网站，订购各类收费业务，导致用户流量和通话费用损失。隐私窃取是指在用户不知情、未授权的情况下，获取用户手机 IMEI（International Mobile Equipment Identity，国际移动设备识别码）、IMSI（International Mobile Subscriber Identification Number，国际移动用户识别码）、手机号码等信息，窃取用户的定位信息、通话记录、短信记录等隐私信息，甚至通过记录键盘输入，窃取用户的账号、密码等敏感信息。隐私窃取虽然不直接造成用户的经济损失，但埋下了安全隐患，被盗的信息可能用于假冒身份或金融诈骗。诱骗欺诈是指通过伪造、篡改、劫持用户的短信、邮件等，诱骗用户以达到不正当目的，通常具有金融诈骗属性。流氓行为是指在用户未授权的情况下，强制安装、运行侵害用户合法权益的软件的行为。系统破坏是指通过删除篡改系统文件、终止系统进程等方式，破坏智能手机的操作系统，导致手机不能正常使用。远程控制是指在用户不知情、未授权的情况下，执行远程控制端的指令并执行相关操作。恶意传播是指通过复制、感染、下载等方式将携带的病毒进行扩散的行为。

与计算机木马类似，手机恶意软件具有自启动、隐藏、控制命令接收等运作机制。自启动是指手机恶意软件会随着手机的开机而启动，在手机 Android 系统里，该机制可以通过配置 Receiver 许可等方式实现。隐藏是指手机恶意软件会在后台将自身隐藏，用户在一般的操作过程中难以发现它的存在。控制命令接收是手机恶意程序的最重要的一项功能，通常采用高效精简、不易被用户发现的执行命令与外部进行连接。

防范智能手机恶意软件的入侵，首先要弄清楚手机感染恶意软件的途径。

第三方应用商店和网页、论坛是恶意程序入侵的主要途径。尽管一些第三方应用商店会对提交上来的 APP 进行严格的审查，但仍有许多应用商店为了追求 APP 的收录数量，忽视了对 APP 的安全审查，使一些恶意软件有机可乘。许多网页、论坛没有 APP 安全审核机制，APP 的安装包主要由网友自由分享的，可能导致恶意软件伪装成正常软件，被用户下载。

恶意网址也是恶意程序入侵智能手机的重要途径，主要分为 URL 链接和二维码登录两种方式。不法分子在短信、微博、微信等平台发送网址链接，或者通过二维码暗藏恶意网址,一旦使用户点击或扫描后,恶意程序就入侵用户的智能手机。

智能手机一旦出现耗电量过快、数据量大增、突然显示没见过的图标等现象,说明用户的手机感染了恶意程序。用户在使用智能手机时,发现有以下不正常现象,大多中了病毒,应引起高度重视,及时采取措施处置。①系统反应缓慢。智能手机在使用一段时间后,运行速度较刚买来时大幅度下降,其原因之一是手机可能感染了恶意程序。②电池耗电过快。手机安装的软件并不多,智能手机使用也并不频繁,但手机电量总是消耗得很快,这很可能是恶意软件已在手机后台运作了。③数据流量大增。手机的数据流量突然大增,可能是一些恶意程序在后台下载,消耗手机上网流量。④出现没安装过的软件。恶意软件通常不会在手机桌面上让用户看到,但也有一些恶意软件"有恃无恐",堂而皇之地放在用户的桌面上。如果发现手机桌面上有从未见过的图标,可能是感染了恶意软件。⑤储存空间不知原因的满载。一些新型的恶意软件会在自动安装后消失,随后会安装更多新的恶意程序。用户在文件夹里看不到有新文件,但恶意病毒或许已经把储存空间占满。

手机感染恶意软件,轻者会造成个人隐私泄露,重者造成经济损失,为此本书给出几点建议。①选用安全可靠,评价良好的手机应用程序。首先,应尽量避免从非官方资源下载应用程序。其次,安装之前,先浏览该应用的用户评论,在同种类型应用中,使用评价高的。如果发现有用户评论说该应用会进行某些非法操作的话,用户应谨慎下载。此外,用户应该在安装应用的时候注意检查这款应用所申请的运行权限,如果发现该应用申请过多超过本身功能的权限,应谨慎安装。②适当安装防护软件,定期执行扫描系统。请尝试安装一些反病毒软件,并保持更新。③不要点击可疑的链接。在短信、邮箱、微信聊天中,不要点击可疑的链接,这可能是恶意软件的下载链接。④尽量避免 Root 或者"越狱"你的手机。

只要我们用智能手机时保持警惕,多留意手机的变化,注意以上几点,那么恶意软件就不容易安装到我们手机上。如果真的出现了恶意软件,可以尝试备份重要数据(联系人、照片、备忘录等)并恢复出厂设置。或者让手机重启并参照说明书进入安全模式,禁用第三方应用运行,对恶意软件进行删除。若重启手机发现病毒依然存在或者提示无法删除,建议携带购机发票、三包凭证,请专业人员协助处理。

9.2.2 手机个人隐私泄露

从严格意义上来讲,只要存在数据交互,就存在泄密的隐患,我们的手机同样如此。手机已经从简单的语音通话逐渐转变成了移动互联网的终端,我们使用手机主要的一大功能就是进行数据交互,因此不可避免会存在信息泄露的问题。例如,在使用微博、微信和 QQ 等社交网络软件时,大多数用户的信息安全意识不强,在社交网络中使用的都是真实信息,包括名字、生日、教育背景以及家庭等信息,很容易被黑客利用进行社会工程学攻击。

针对智能手机个人隐私泄露的安全风险,应该注意以下几点。

(1)关闭手机中不常用的定位功能。对于苹果系统来说,其默认开启了"常去地点"功能,这可能导致个人位置信息的泄露,可以通过点击"设置"→"隐私"→"定位服务"→"系统服务"→"常去地点",关闭该功能。此外,许多 APP 有 GPS 地理位置信息读取的功能,例如微信"附近的人"、朋友圈定位,一些运动 APP 的计步功能等。攻击者通过计算机算法,可以很容易地根据这些信息分析出用户的行动轨迹,即公司地址在哪里、居住地址、活动范围、从事职业、是否婚配、是否育有子女等信息。因此,建议对涉及定位的应用仅在需要时再开启,并尽量减少使用计步类的软件。

(2)警惕社交网络分享的隐私泄露。有很多人喜欢把火车票、登机牌、护照、消费票据、景点照片等通过微信朋友圈、微博与好友或网友共享,殊不知这会泄露大量的个人隐私信息。建议通过设置微信朋友圈的访问权限,关闭"允许陌生人查看十张照片"的功能,并善于利用"朋友圈分组"这一功能,只对特定的人开放访问权限。尽量不要在微博上发布个人图片,防止这些信息成为不法分子用来实施诱骗、诈骗等非法行为的依据。

(3)俗话说"说者无心,听者有意",旁观者的评论有时也会泄露用户的个人信息,例如微博留言、微信朋友圈评论等。用户在使用社交媒体时,应对自己的个人信息针对不同的人给予不同的评论权限,可以有效地防止个人信息泄露。

9.2.3　移动支付安全

> **案例**
>
> 　　2013 年 11 月,福建一对母女在扫描了未核实来源的二维码,仅在半小时内银行账户被盗刷了 200 多万元。2016 年 12 月,北京的贾女士乘出租车时扫描副驾驶门把手上的二维码支付完毕后,司机却没有收到付款,并表示这不是他的付款码。2017 年 1 月,湖北的张先生准备骑共享单车,连续扫码付款两次都未能解锁,经仔细研究后发现,车后座的二维码被人刮掉后用一张透明的二维码贴纸调包了。

目前最常见的移动支付手段是扫描二维码进行支付。实际上,我们在支付过程中扫描的二维码大多指的是 QR(Quick Response Code)快速响应码。二维码由日本 Denso-Wave 公司于 1994 年发明,其现行国际标准为 ISO/IEC 18004—2015。二维码是由若干个黑白方形模块按一定规律在二维平面上排列组成的正方形矩阵,支持记录多种数据类型,包括数字型数据、字符型数据、中文汉字数据等。与传统的一维条形码相比,二维码具有信息容量大、纠错能力强、打印要求低、生成速度快、扫描方便等优点,被广泛应用于信息获取、网站跳转、账号登录、移动支付等领域。

一个典型的二维码编码和解码过程如图 9-12 所示。

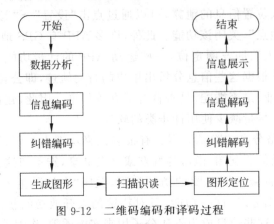

图 9-12　二维码编码和译码过程

编码过程:即使用标准化编码模式,将数据内容转化为二维码图形。第一步,获取原始信息,对原始信息的数据类型进行分析,根据分析结果选择不同的编码模式;第二步,根据第一步选定的编码模式,将原始信息转化为相应的二进制比特流;第三步,按数据量将码字分块,采用纠错编码技术按块生成相应的纠错码,再按照分块顺序合并为最终纠错码;第四步,将数据内容和纠错码组成最终数据码,添加模式信息、版本信息、寻像图形、定位图形和校正图形等,经掩模处理生成 QR 码图形。

译码过程:第一步,通过寻像图形和定位图形确定 QR 码的方向和位置,校正图像,确定采样网络;第二步,识别深浅模块,读取格式信息与版本信息,消除掩模,恢复数据内容和纠错码,用纠错码进行错误检查;第三步,纠错后将数据解码;第四步,输出数据内容。

一方面,二维码本身是由黑白两种颜色的小格子组成,如果将一两个格子颜色互换,扫描出来的内容可能完全不同,而用户在扫描前仅凭肉眼是无法察觉的;另一方面,二维码编码、解码过程完全开放,任何人都可通过专门的软件生成二维码。基于这两点,二维码存在诸多的安全漏洞,针对二维码的攻击也呈现出多样性的特点。主要包括以下三类:

(1)恶意网站。由于互联网上大量免费二维码生成器的出现,攻击者可以轻易将恶意网站的网址制作成二维码图形,再采取伪装成优惠券替换正常的二维码等手段,诱骗用户扫码,从而使用户访问恶意网站,盗取用户信息。

(2)信息劫持。现在很多线下商店都采用扫码支付作为主要的支付手段,店主计算出价格后,由用户扫描柜台上的二维码付款。如果攻击者在这个过程中,劫持了用户和商家的通信,就可能会对用户和商家造成经济损失。例如,攻击者将共享单车、商铺柜台的收款码、出租汽车的收款码替换成自己的,那么如果用户在扫码付款时不与商家核对信息,一旦扫码付款成功,钱就进了攻击者的账户。

(3) 木马植入。攻击者将自动下载木马程序、病毒程序的命令编入二维码中,一旦用户在没有防护措施的情况下扫了该二维码,用户的系统会被植入恶意软件,用户个人信息被盗取。

针对二维码编译流程中存在的安全漏洞,以及目前几类典型的攻击方式,特总结出以下几条安全建议:

(1) 切忌见码就扫。由于二维码生成器的普及和二维码内容难以监管,攻击者想要生成恶意二维码是非常容易的,所以用户应该知道并不是所有的二维码都是安全的,应该尽量选择扫描正规机构、商家、网站的二维码。对于来历不明的二维码,一定要保持警惕,核实其来源后再扫。

(2) "收款码"与"付款码"的确认。在用支付宝或微信收支款项时要看清楚,分清"收款码""付款码",了解正在进行的消费行为。对于自己的付款码要妥善保管,不要轻易让他人获得。

(3) 进行二次验证。在扫码的同时,进行二次验证。例如在扫码的时候,使用指纹验证、手势密码、面部识别等更高级别的验证方式。

(4) 安装防病毒软件。在手机中安装防病毒软件等相应的防护程序,一旦出现有害信息,可以及时提醒和查杀,以免遭遇信息泄露甚至财产损失。

(5) 在通过扫描二维码进入网站填写个人敏感信息或进行电子商务等活动时,要注意网站的域名是否正确,不要被相近的域名所迷惑,从而走进钓鱼网站的陷阱。

延伸阅读

U 盘入侵

大多数公司的网络信息安全团队在网络边界部署了强力的安全控管措施——防火墙、入侵检测与防御、网关防病毒等等,想通过网关大门直驱进入公司内网已非易事。近年来,通过其他渠道特别是利用普通员工来进行渗透已成为一种新的趋势。比较典型的就是利用 U 盘来进行入侵。

随着闪存技术的发展,U 盘的价格已经变得非常低廉,通过在竞争对手的地盘内丢弃事前构建好的黑客程序的 U 盘来发起渗透攻击不失为一种新型的木马战术。攻击者将事先构建好的恶意程序写入 U 盘,设置让其自动启动;然后将这些 U 盘随意丢弃在攻击目标的公司内,捡到 U 盘的公司员工往往以为是发了意外小财,更可能充满了好奇心,将 U 盘插入到工作用电脑中。于是,就像特洛伊木马故事中的情节一样,黑客事先植入到 U 盘中的恶意软件发作了,感染了一个又一个文件,传播到一台又一台电脑,给公司带来了巨大的损失。

本章练习题

一、选择题

1. 适用浏览器上网时,不影响系统和个人信息安全的是(　　)。
   A. 浏览包含有病毒的网站
   B. 浏览器显示网页文字的字体大小
   C. 在网站上输入银行账号、密码等敏感信息
   D. 下载和安装互联网上的软件或者程序

2. 网盘的特点中没有(　　)。
   A. 扩展性　　　　　B. 共享性　　　　　C. 便携性　　　　　D. 私有性

3. 网页挂马指的是(　　)。
   A. 攻击者通过在正常的页面中(通常是网站的主页)插入一段代码。浏览者在打开该页面的时候,这段代码被执行,然后下载并运行某木马的服务器端程序,进而控制浏览者的主机
   B. 黑客利用人们的猎奇、贪心等心理伪装构造一个链接或者一个网页,利用社会工程学欺骗方法,引诱点击,当用户打开一个看似正常的页面时,网页代码随之运行,隐蔽性极高
   C. 把木马和某个游戏或软件捆绑成一个文件通过 QQ、MSN 或邮件发给别人,或者通过制作 BT 木马种子进行快速扩散
   D. 与从互联网上下载的免费游戏软件进行捆绑。被激活后,它就会将自己复制到 Windows 的系统文件中,并向注册表添加键值,保证它在启动时被执行

4. 从计算机病毒的感染特性看,宏病毒不会感染以下哪种类型的文件?(　　)
   A. Word　　　　　　　　　　　　B. Basic

　　　C. Excel　　　　　　　　　　　　　D. Visual Basic

5. 防范智能手机信息泄露的措施有(　　　)。
　　A. 经常为手机作数据同步备份
　　B. 勿见二维码就扫
　　C. 禁用"WiFi 自动连接到网络"功能,使用公共 WiFi 有可能资料被盗用
　　D. 下载软件时,仔细审核该软件,防止将木马带到手机中

6. 对于我们个人来说,如何安全地使用二维码?(　　　)
　　A. 不扫描来历不明的二维码
　　B. 学会翻译二维码
　　C. 手机不要 Root 或越狱
　　D. 给手机安装安全软件

7. 下列(　　　)是手机恶意软件的不法行为。
　　A. 窃取隐私　　　　B. 优化系统　　　　C. 清理垃圾　　　　D. 偷跑流量

8. 出现(　　　)情况,可以推测浏览器被劫持。
　　A. 打开浏览器时直接跳转到恶意网页
　　B. 访问正常网页时被转向到恶意网页
　　C. 收藏夹里自动反复添加恶意网站链接
　　D. 默认浏览器被篡改

9. 以下属于网络钓鱼的是(　　　)。
　　A. 黑客伪造一个山寨网站,通过电子邮件诱骗用户点击
　　B. 黑客使用收集来的用户信息,破解用户网站密码
　　C. 黑客攻破网站,修改其程序代码
　　D. 黑客发送大量垃圾邮件

10. 以下行为不利于浏览器安全的是(　　　)。
　　　A. 访问 HTTPS 网站　　　　　　　　B. 定期清除浏览器历史记录
　　　C. 限制 Cookie 的使用　　　　　　　D. 安装大量的浏览器

二、思考题

1. 黑客盗取密码的方法有哪些?
2. 在使用二维码的时候,需要注意哪些安全问题?
3. 人脸识别的身份验证是否能替代静态密码的身份验证?
4. 下载手机应用的时候应该注意哪些?
5. 如果想要隐藏自己的文档,不被他人看到,有哪些方法?

练习题参考答案

1. B 2. D 3. A 4. D 5. ABCD 6. ACD 7. AD 8. ABC 9. A 10. D

附件 1　名词解释及索引

Android 操作系统（Android Operating System）是一个基于 Linux 内核的开放源代码移动操作系统，由谷歌成立的开放手持设备联盟持续领导与开发，主要设计用于触摸屏移动设备，如智能手机和平板电脑与其他便携式设备。

DKIM（Doman Keys Identified Mial）技术，让企业通过密码对进出站的电子邮件进行签名，证实所发送邮件的真实性。

FairUCE（Fair use of Unsolicited Commercial E-mail）技术，指使用网络领域的内置身份管理工具，通过分析电子邮件域名过滤并封锁垃圾邮件。

iOS 操作系统（iPhone Operating System）苹果公司为其移动设备所开发的专有移动操作系统，为其公司的许多移动设备提供操作界面，支持设备包括 iPhone、iPad 和 iPod touch。

IP 协议（Internet Protocol，IP）是指 TCP/IP 体系中的网络层协议。

Linux 操作系统（Linux Operating System）是一种自由和开放源代码的类 UNIX 操作系统。该操作系统由林纳斯·托瓦兹在 1991 年 10 月 5 日首次发布，加上用户应用程序之后，成为 Linux 操作系统。

Tor（The Onion Router）即第二代洋葱路由系统。作为一种典型的匿名通信系统，它由一组洋葱路由器组成，或称之为 Tor 节点。

Web 应用防火墙（Web Application Firewall，WAF）是集 Web 防护、网页保护、负载均衡、应用交付于一体的安全工具。

Windows 操作系统（Windows Operating System）微软公司以图形用户界面为主推出的一系列专有商业软件。

安全管理中心（Security Operations Center，SOC）是由中央策略管理软件集中智能管理的，集成了防病毒、防火墙、入侵检测系统等功能各异的网络安全产品的开放式平台。

安全套接字层（Secure Sockets Layer，SSL）由 Netscape 公司于 1994 年创建，旨在通过 Web 创建安全的互联网通信。它是一种标准协议，用于加密浏览器和服务器之间的通信。

办公自动化(Office Automation,OA)是将现代化办公和计算机技术结合起来的一种新型的办公方式。

堡垒机(Access Gateway)在一个特定的网络环境下,为了保障网络和数据不受来自外部和内部用户的入侵和破坏,运用各种技术手段监控和记录运维人员对网络内的服务器、网络设备、安全设备、数据库等设备的操作行为,以便集中报警、及时处理及审计定责。

报文头验证(Authentication Header,AH)为 IP 通信提供数据源认证、数据完整性和反重播保护。

备份(Backup)指将数据包括文件、数据库、应用程序等储存起来,于数据恢复时使用,从而达到改善备份速度、增加数据安全性、提升存储介质的利用率等效果。

病毒(Virus)计算机病毒可以是一个程序,也可以是一段可执行代码。就像生物学中的病毒一样,计算机病毒具有强大的复制能力,它们能把自身的攻击代码附着在各种类型的文件上。

补丁(Patch)当开发者发现系统存在能够被黑客利用的漏洞后,发布一些应用程序来修复这些漏洞,这些应用程序称为"补丁程序"。

操作系统(Operating System)直接运行在计算机硬件上的基础软件,其他的软件必须在操作系统的支持下才能运行。

层叠样式表(Cascading Style Sheets,CSS)是指一种用来表现 HTML 或 XML 等文件样式的计算机语言。

超文本传输协议(HyperText Transfer Protocol,HTTP)应用层的一个协议,是互联网生态系统的核心。HTTP 最初的用途是传输文本和图像,但 Web 服务模型需要大量与 Web 相关的协议和组件来建立运行于 Web 浏览器里的工具。

传输控制协议(Transmission Control Protocol,TCP)是指一种面向连接的、可靠的、基于字节流的传输层通信协议。

大数据(Big Data)概念形成于 2000 年前后,最初被定义为海量数据的集合。2011年,美国麦肯锡公司在《大数据的下一个前沿:创新、竞争和生产力》报告中最早提出:大数据指大小超出典型数据库软件工具收集、存储、管理和分析能力的数据集。

第五代移动通信技术(5th generation mobile networks 或 5th generation wireless systems、5th-Generation,5G)是继 4G、3G 和 2G 系统之后的延伸,5G 的性能目标是高数据速率、减少延迟、节省能源、降低成本、提高系统容量和大规模设备连接。

动态口令(Dynamic Password)是指一种在用户登录时,根据用户的身份信息,通过专门的算法生成一个不可预测的随机数字组合。

二维码(Quick Response Code,QR Code)是由若干个黑白方形模块按一定规律在二维平面上排列组成的正方形矩阵,支持记录多种数据类型,包括数字型数据、字符型数据、中文汉字数据等。

反垃圾邮件技术（Anti-spam mail Technology）是指对于垃圾邮件的处理，目前常用的技术有过滤、验证查询和挑战等一些技术的集合。

防病毒软件（Anti-virus Software）是一组具备监控识别、病毒扫描、清除和自动升级等功能的应用程序，是计算机防御系统的重要组成部分。

防火墙（FireWall）通过有机结合各类用于安全管理的软件和硬件设备，帮助计算机网络在其内、外网之间构建一道相对隔绝的保护屏障，以保护用户资料与信息安全性的一种技术。

访问控制（Access Control）是指确定用户的合法身份后，控制用户对特定资源的访问权限的一种技术。

访问控制表（Access Control Lists，ACL）是指应用在路由器接口上的指令列表，它告诉路由器可以接收哪些数据包，应该拒绝哪些数据包。

非对称加密（Asymmetric Encryption）是指算法中的加、解密密钥是不相同的。一般来说，算法中用于加密的是公钥，用于解密的是私钥。公钥对外公开，私钥由个人秘密保存；只有拥有对应的、正确的私钥的用户才能正确解密密文、读取明文。

非军事化区域（Demilitarized Zone，DMZ）内部网中需要向外提供服务的服务器都放置在这一网段，可以有效地保护内部网络的安全。

分布式拒绝服务攻击（Distributed Denial of Service，DDoS）是指处于不同位置的多个攻击者同时向一个或数个目标发动攻击，或者一个攻击者控制了位于不同位置的多台机器并利用这些机器对受害者同时实施攻击。

封装安全载荷（Encapsulate Security Payload，ESP）为 IP 数据包提供完整性和机密性的机制。

复制（Copy）指实现不同地点的数据的自动同步更新，将同一数据从一个数据源拷贝到多个数据源的技术。

高级可持续威胁攻击（Advanced Persistent Threat，APT）也称为定向威胁攻击，是指某组织对特定对象展开的持续有效的攻击活动。

个人识别码（Personal Identification Numbe，PIN）是指为确认用户的正确性，在用户标识模块（SIM）卡与用户间鉴权的私密信息。

公钥基础设施（Public Key Infrastructure，PKI）是指一个包括硬件、软件、人员、策略和规程的集合，用来实现基于公钥密码体制的密钥和证书的产生、管理、存储、分发和撤销等功能。

广域网（Wide Area Network，WAN）一般是以城市为单位，可作为单位或组织间的内部网络，也可作为公用设施，对多个局域网进行互联。

国际移动设备识别码（International Mobile Equipment Identity，IMEI）是用于在移

动电话网络中识别每一部独立的手机等移动通信设备,相当于移动电话的身份证。

国际移动用户识别码(International Mobile Subscriber Identification Number, IMSI)是用于区分蜂窝网络中不同用户的、在所有蜂窝网络中不重复的识别码。

哈希(Hash)翻译为散列,音译为哈希,指把任意长度的输入通过散列算法变换成固定长度的输出,该输出就是散列值。

宏病毒(Macro Virus)是一种寄存在文档的宏、加载项中的宏、文档模板中的计算机病毒,主要感染计算机中的 Word 文件。

互联网安全协议(IP Security,IPSec)是一个协议包,通过对 IP 协议的分组进行加密和认证来保护 IP 协议的网络传输协议族。

恢复点目标(Recovery Point Object,RPO)指灾难发生后,系统能把数据恢复到灾难发生前时间点的数据。

恢复所用的时间(Recovery Time Object,RTO)指灾难发生后,从 IT 系统宕机导致业务停顿之刻开始,到 IT 系统恢复至可以支持各部门运作、业务恢复运营之时,此两点之间的时间段。

基于角色的访问控制(Role-Based Access Control,RBAC)是指完成一项任务必须访问的资源及相应操作权限的集合。基于角色的访问控制,就是通过对角色的访问所进行的控制。

基于属性的访问控制(Attribute Based Access Control,ABAC)是一种充分考虑主体、资源和访问所处的环境的属性信息来描述策略,当判断主体对资源的访问是否被允许时,决策要收集实体和环境的属性作为策略匹配的依据,进而作出授权决策。

计算机应急事件响应小组(Computer Security Incident Response Team,CRIST)对一个固定范围的客户群内的安全事件进行处理、协调或提供支持的一个团队,一般由有丰富经验的安全技术人员组成。

加密(Encryption)指用某种特殊的算法改变原有的信息数据,使得未授权的用户即使获得了已加密的信息,但因不知解密的方法,仍然无法了解信息的内容。

加密机(Encryption Machine)是通过国家商用密码主管部门鉴定并批准使用的国内自主开发的主机加密设备。

简单邮件传输协议(Simple Mail Transfer Protocol,SMTP)是指一种提供可靠且有效的电子邮件传输的协议,建立在 FTP 文件传输服务上的一种邮件服务,主要用于系统之间的邮件信息传递,并提供有关来信的通知。

金融档案管理(Financial Archival Management,FAM)指对金融档案进行收集、整理、鉴定、保管、统计和利用等工作的总称。

金融信息内容安全(Content Security of Financial Information,CSFI)主要包含两方面的含义,一是对合法的金融信息内容加以安全保护,二是对非法的金融信息内容实施有效的监管。

局域网(Local Area Network,LAN)一般指由个人计算机、微型计算机或工作站组成的网络。

拒绝服务攻击(Denial of Service,DoS)是指一种常用来使服务器或网络瘫痪的网络攻击手段。

可信的计算机系统安全评估标准(Trusted Computer System Evaluation Criteria,TCSEC)由美国国防部 1985 年公布,是计算机系统信息安全评估的第一个正式标准。

客户关系管理(Customer Relationship Management,CRM)是指企业利用相应的信息技术以及互联网技术协调企业与顾客间在销售、营销和服务上的交互,从而提升其管理方式。

跨站点请求伪造(Cross-Site Request Forgery,CSRF)是一种通过伪装来自受信任用户请求的网站攻击方式。

跨站脚本攻击(Cross Site Scripting,CSS)指恶意攻击者利用网站没有对用户提交数据进行转义处理或者过滤不足的缺点,进而添加一些代码,嵌入到 Web 页面中去,使别的用户访问都会执行相应的嵌入代码。

勒索软件(Ransom Ware)近年来对金融信息安全威胁极大的一种攻击形式,计算机感染病毒后,计算机上所有文件都会被病毒使用加密算法加密。

漏洞(Vulnerability)指一个系统中存在的弱点或缺陷,即系统对特定威胁攻击或危险事件的敏感性,或进行攻击的威胁作用的可能性。

漏洞扫描(Vulnerability Scanner)是指基于漏洞数据库,通过扫描等手段对指定的远程或者本地计算机系统的安全脆弱性进行检测,发现漏洞的一种安全检测行为。

路由选择协议(Routing Protocol,RP)为路由器提供它们建立通过网状网络最佳路径所需要的相互共享的路由信息。

美国国家标准与技术研究院(National Institute of Standards and Technology,NIST)直属美国商务部,从事物理、生物和工程方面的基础和应用研究,以及测量技术和测试方法方面的研究,提供标准、标准参考数据及有关服务,在国际上享有很高的声誉。

密钥(Key)顾名思义,是指秘密的钥匙。它是一种参数,是在明文转换为密文或将密文转换为明文的算法中输入的,可分为加密密钥及解密密钥两种。

木马(Trojan)全称是"特洛伊木马",是指隐藏在正常程序中的一段具有特殊功能的恶意代码,它是一种基于远控程序控制的黑客工具。

内容安全(Content Security)属于高级的应用安全范畴,指数据以一定的形式组成为信息交流实体,对于该信息实体的合法性、健康性与完整性的有效控制。

内容安全监测技术(Content Security Monitoring Technology,CSMT)指对网络的数据流进行监测和控制,过滤并剔除那些虚假欺骗、非法及垃圾邮件等有害的信息内容。

内容过滤(Content Filtering,CF)指通过对邮件发件人与收件人的地址、邮件的标题、正文及附件的内容进行搜索,查看是否具有垃圾邮件的特征,来判定垃圾邮件。

匿名通信(Anonymous Communication)指采取一定的措施隐蔽通信流中的通信关系,使窃听者难以获取或推知通信双方的关系及内容。

强制访问控制(Mandatory Access Control,MAC)是指系统强制主体服从访问控制策略,由系统对用户所创建的对象,按照规定的规则控制用户权限及操作对象的访问。

区块链(Blockchain)是一种按照时间顺序将数据区块以顺序相连的方式组合成的链式数据结构,并以密码学方式保证的不可篡改和不可伪造的分布式账本。

入侵防御系统(Intrusion Prevention System,IPS)是指能够监测网络或网络设备传输行为的计算机网络安全设备,能够及时地中断、调整或隔离一些不正常或是具有伤害性的网络传输行为。

入侵检测系统(Intrusion Detection Systems,IDS)是一种对网络传输进行即时监测,在发现可疑传输时发出警报或者采取主动反应措施的网络安全设备。与其他网络安全设备的不同之处在于,IDS 是一种积极主动的安全防护技术。

商业智能(Business Intelligence,BI)指用现代数据仓库技术、线上分析处理技术、数据挖掘和数据展现技术进行数据分析以实现商业价值的系统。

社会工程学(Social Engineering)广义上指的是建立理论并通过利用自然的、社会的和制度上的途径来逐步地解决各种复杂的社会问题。在本书中,社会工程学是指通过对社会人的心理弱点、习惯弱点进行分析,通过某种手段达到目的的过程。

身份验证(Identity Authentication)是指证实用户的真实身份与其所声称的身份是否相符的过程。

渗透测试(Penetration Testing)指从一个攻击者的角度来检查和审核一个网络系统的安全性的过程。

数据库(Database,DB)指按照数据结构来组织、存储和管理数据的仓库,是一个长期存储在计算机内的、有组织的、可共享的、统一管理的大量数据的集合。

数据销毁(Data Erasure)指计算机或设备在弃置、转售或捐赠前必须将其所有数据彻底删除,并无法复原,以免造成信息泄露,尤其是国家涉密数据。

数字水印(Digital Watermarking)指一种信息隐藏技术,基于原来经典的隐写术。

数字证书(Digital Certificate,DC)是指互联网通信中标志通信各方身份信息的一串数字,内容包括签发证书的机构、采用的加密算法、公钥、证书到期时间等信息。

数字证书颁发认证机构(Certification Authority,CA)指颁发数字证书的机构,是负责发放和管理数字证书的权威机构,并作为电子商务交易中受信任的第三方,承担公钥体系中公钥的合法性检验的责任。

索引(Index)指在关系数据库中,一种单独的、物理的对数据库表中一列或多列的值进行排序的一种存储结构。索引的作用相当于图书的目录,可以根据目录中的页码快速找到所需的内容。

挑战-应答(Challenge-Response)技术,指基于挑战—应答方式的身份验证系统就是每次认证时认证服务器端都给客户端发送一个不同的"挑战"字串,客户端程序收到这个"挑战"字串后,做出相应的"应答"的系统。

统一威胁管理(Unified Threat Management,UTM)是一款功能全面的安全产品,它能防范多种威胁,通常包括防火墙、防病毒软件、内容过滤和垃圾邮件过滤器。

网络地址转换(Network Address Translation,NAT)也叫作网络掩蔽或者 IP 掩蔽,是一种在 IP 数据包通过路由器或防火墙时重写来源 IP 地址或目的 IP 地址的技术。

网络钓鱼(Phishing)是通过大量发送声称来自于银行或其他知名机构的欺骗性垃圾邮件,意图引诱收信人给出敏感信息的一种攻击方式。

网络密钥交换(Internet Key Exchange,IKE)是一种密钥管理协议标准,规定网络密钥交换的规则。

网络协议(Network Protocol,NP)指计算机网络中互相通信的对等实体之间交换信息时所必须遵守的规则的集合。

网盘(Cloud Storage)又称云盘、网络 U 盘、网络硬盘,是互联网公司利用云计算技术,将服务器划分出一定的磁盘空间,为用户提供在线的文件存储、访问、备份、共享等服务。

文件传输协议(File Transfer Protocol,FTP)是用于在网络上进行文件传输的一套标准协议,它工作在应用层。

无线局域网(Wireless Local Area Networks,WLAN)指应用无线通信技术将计算机设备互联起来,构成可以互相通信和实现资源共享的网络体系。

下一代防火墙(NG FireWall,NGFW)是一款可以全面应对应用层威胁的高性能防火墙,同时结合了传统防火墙的许多功能。

消息认证码(Message Authentication Code,MAC)是密码学中通信双方使用的一种验证机制,保证消息数据完整性的一种工具。

信息及相关技术的控制目标(Control Objectives for Information and Related Technology,COBIT)指美国国际信息系统审计协会所提出的一个信息审计和治理框架。

信息技术安全评估标准(Information Technology Security Evaluation Criteria,ITSEC)由英国、法国、荷兰、德国于 20 世纪 90 年代联合发布,该标准并不把保密措施直接与计算机功能相联系,而是只叙述技术安全的要求,把保密作为安全增强功能。

信息技术安全评估通用准则(ISO/IEC15408)提出了目前国际上公认的表述信息技术安全性的结构以及如何正确有效地测试这些功能的保证要求,是目前系统安全认证方面最权威的标准。

虚拟专用网络(Virtual Private Network,VPN)属于远程访问技术,在公用网络上建立专用网络,进行加密通信。

应用程序接口(Application Programming Interface,API)是一些预先定义的函数,或指软件系统不同组成部分衔接的约定。

应用网关(Application Gateway)是一种通过网关复制传递数据,从而避免在受信任服务器和客户机与不受信任的主机之间直接建立联系的技术。

用户数据报协议(User Datagram Protocol,UDP)是指无连接的传输协议,为应用程序提供了一种无需建立连接就可以发送封装的 IP 数据包的方法。

优良保密协议(Pretty Good Privacy,PGP)是一套用于信息加密、验证的应用程序。

云安全(Cloud Security,CS)是指基于云计算商业模式应用的安全软件、硬件、用户、机构、安全云平台的总称。

云计算(Cloud Computing)指通过网络访问可扩展的、灵活的物理或虚拟共享资源池,并按需自助获取和管理资源的模式。

运输层安全(Transport Layer Security,TLS)用于在两个通信应用程序之间提供保密性和数据完整性。

灾难备份技术(Disaster Backup Technology,DBT)又称灾备技术,为了降低灾难发生的概率以及灾难发生时或发生以后造成的损失而采取的各种防范措施。灾难备份一般会对数据、数据处理系统、网络系统、基础设施、技术支持能力和运行管理能力进行备份。

智能卡(Integrated Circuit Card,IC)是一种内置集成电路的芯片,芯片中存有与用户身份相关的数据。

自主访问控制(Discretionary Access Control,DAC)是一种接入控制服务,通过执行基于系统实体身份及其到系统资源的接入授权,允许合法用户访问策略规定的客体,同时阻止非授权用户访问的客体。

附件 2　金融信息安全相关政策法规

一、法律

序号	法规名称	发布机构	颁布时间	简述
1	《中华人民共和国网络安全法》	全国人民代表大会常务委员会	2016-11-07	在中华人民共和国境内建设、运营、维护和使用网络，以及网络安全的监督管理，适用本法。
2	《计算机信息网络国际联网安全保护管理办法》	公安部	1997-12-30	中华人民共和国境内的计算机信息网络国际联网安全保护管理，适用本办法。为了加强对计算机信息网络国际联网的安全保护，维护公共秩序和社会稳定，根据《中华人民共和国计算机信息网络国际联网管理暂行规定》和其他法律、行政法规的规定，制定本办法。
3	《外国机构在中国境内提供金融信息服务管理规定》	国务院新闻办公室、商务部、国家工商行政管理总局	2009-06-01	外国机构在中国境内提供金融信息服务，适用本规定。为便于外国机构在中国境内依法提供金融信息服务，满足国内用户对金融信息的需求，促进金融信息服务业健康、有序发展，根据《国务院对确需保留的行政审批项目设定行政许可的决定》（国务院第 548 号令）《国务院关于修改〈国务院对确需保留的行政审批项目设定行政许可的决定〉的决定》，制定本规定。

237

续表

序号	法规名称	发布机构	颁布时间	简述
4	《金融机构客户身份识别及交易记录保存管理办法》	中国人民银行、中国银行业监督管理委员会、中国证券监督管理委员会、中国保险监督管理委员会	2007-06-21	为了预防洗钱和恐怖融资活动，规范金融机构客户身份识别，客户身份资料和交易记录保存行为，维护金融秩序，根据《中华人民共和国反洗钱法》等法律、行政法规的规定，制定本办法。本办法适用于在中华人民共和国境内依法设立的下列金融机构：（一）政策性银行、商业银行、农村信用合作社、城市信用合作社、农村信用合作社。（二）证券公司、期货公司、基金管理公司。（三）保险公司、保险资产管理公司。（四）信托公司、金融资产管理公司、财务公司、金融租赁公司、汽车金融公司、货币经纪公司。（五）中国人民银行确定并公布的其他金融机构。从事汇兑业务、支付清算业务和基金销售业务的机构履行客户身份识别、客户身份资料和交易记录保存义务，适用本办法。
5	《互联网信息服务管理办法》		2000-09-20	为了规范互联网信息服务活动，促进互联网信息服务健康有序发展，制定本办法。在中华人民共和国境内从事互联网信息服务活动，必须遵守本办法。本办法所称互联网信息服务，是指通过互联网向上网用户提供信息的服务活动。
6	《互联网新闻信息服务管理规定》	国家互联网信息办公室	2017-05-02	在中华人民共和国境内提供互联网新闻信息服务，适用本规定。为加强互联网信息内容管理，促进互联网新闻信息服务健康有序发展，根据《中华人民共和国网络安全法》《国务院关于授权国家互联网信息办公室负责互联网信息内容管理工作的通知》，制定本规定。

续表

序号	法 规 名 称	发 布 机 构	颁 布 时 间	简　　述
7	《中国人民银行关于加强跨境金融网络与信息服务管理的通知》	中国人民银行	2018-07-17	本通知所称跨境金融网络与信息服务，是指境外提供人通过专用金融网络，使用特定报文标准，为境内使用人提供跨境金融信息传输等服务。境内使用人和境外提供人应当遵守中华人民共和国法律、行政法规及有关监管规定，按照双方签订的服务协议约定，共同防御网络攻击，维护好跨境金融网络与信息安全。
8	《金融信息服务管理规定》	国家互联网信息办公室	2018-12-26	规定明确金融信息服务提供者不得制作、复制、发布、传播下列内容的信息：散布虚假金融信息，危害国家金融安全以及社会稳定的；歪曲国家财政货币政策、金融管理政策，扰乱经济秩序，损害国家利益的；教唆他人商业欺诈或经济犯罪的；虚构证券、基金、期货、外汇等金融市场事件或新闻的；宣传有关主管部门禁止的金融产品与服务的；法律、法规和规章禁止的其他内容。
9	《关于完善系统重要性金融机构监管的指导意见》	中国人民银行	2018-03-12	本意见所称系统重要性金融机构是指因规模较大、结构和业务复杂度较高，与其他金融机构关联性较强，在金融体系中提供难以替代的关键服务，一旦发生重大风险事件而无法持续经营，将对金融体系和实体经济产生重大不利影响，可能引发系统性风险的金融机构。本意见所称系统重要性金融机构包括系统重要性银行业机构、系统重要性证券业机构、系统重要性保险业机构，以及国务院金融稳定发展委员会（以下简称：金融委）认定的其他具有系统重要性、从事金融业务的机构。"银行业机构"是指依法设立的商业银行、开发性金融和政策性银行；证券业机构是指依法设立的从事证券、期货、基金业务的法人机构；"保险业机构"是指依法设立的从事保险业务的法人机构。

续表

序号	法规名称	发布机构	颁布时间	简述
10	《银行业金融机构数据治理指引》	中国银行保险监督管理委员	2018-05-21	本指引适用于中华人民共和国境内经银行业监督管理机构批准设立的银行业金融机构。本指引所称银行业金融机构，是指在中华人民共和国境内设立的商业银行、政策性银行以及国家开发银行、农村信用合作社等吸收公众存款的金融机构。数据治理是指银行业金融机构通过建立组织架构，明确董事会、监事会、高级管理层及内设部门等职责要求，制定和实施系统化的制度、流程和方法，确保数据统一管理、高效运行，并在经营管理中充分发挥价值的动态过程。
11	《关于进一步加强支付结算管理防范电信网络新型违法犯罪有关事项的通知》	中国人民银行	2019-03-23	健全紧急止付和快速冻结机制；加强账户实名管理；加强专账管理；强化特约商户与受理终端管理。
12	《证券期货业信息安全事件报告与调查处理办法》	中国证券监督管理委员会	2012-12-24	证券期货业信息安全事件是指证券期货信息系统运行异常或者数据损毁、泄露，对证券投资者合法权益造成不良影响的事件。证券期货业信息安全事件发生后，应当按本办法规定进行报告和调查处理。
13	《证券期货业信息安全保障管理办法》	中国证券监督管理委员会	2012-09-24	为了保障证券期货信息系统安全运行，加强证券期货业信息安全管理工作，促进证券期货市场稳定健康发展，保护投资者合法权益，根据《证券法》《证券投资基金法》《期货交易管理条例》及信息安全等法律、行政法规，制定本办法。证券期货业信息安全保障的责任主体应当执行本机构信息系统安全相关法律、行政法规和行业相关技术管理规定、技术规则、技术标准，开展信息安全工作，保护投资者交易信息系统安全，并对本机构信息系统安全运行承担责任。

二、标准

金融/金融软件/金融信息技术相关标准

序号	标准编号	标准名称	标准类别	标准简述
1	GB/T 19583—2004	《涉外收支交易分类与代码》	国家标准	本标准规定了我国涉外收支交易的分类、编码方法和代码。本标准适用于涉外收支交易申报、统计、管理和分析等工作。
2	GB/T 20547.2—2006	《银行业务 安全加密设备（零售）第 2 部分：金融交易中设备安全符合性检测清单》	国家标准	本标准描述了安全密码设备的物理、逻辑特征及其管理方面的内容，涉及设备的物理、逻辑安全要求和管理要求，以及评估方法的选择。本部分规定了金融零售业务中用于保护报文、密钥及其他敏感信息的安全加密设备的物理、逻辑特性和管理要求。
3	GB/T 21077.2—2007	《银行业务 证书管理第 2 部分：证书扩展项》	国家标准	本标准描述了可供使用的加密过程，用来实现 ISO 10202-2、ISO 10202-4 和 ISO 10202-6 部分定义的需要加密算法的安全功能。介绍了将安全功能映射到两个节点上为标准的加密的加密过程。它指出了同时在两个节点之间按照加密序序完成加密过程而需要而那些数据元。在附录中详细说明了公钥认证、密钥和证书标识符，威胁矩阵以及 ISO 安全服务和安全机制等内容。
4	GB/T 21078.1—2007	《银行业务 个人识别码的管理与安全 第 1 部分：在 ATM 和 POS 系统中联机 PIN 处理的基本原则和要求》	国家标准	本标准规定了当离散的持卡人身份识别值（CIV）在集成电路卡（ICC）中使用时，对持卡人身份验证的安全要求。持卡人身份验证的目的是确定卡的出示者是卡的持有人。ISO 10202-6 的规定不用来防止伪造的卡接收装置（CAD）的使用。ISO 10202-6 涉及关于持卡人持有的证件（即 ICC）和持卡人了解的信息（即清或者如 PIN 的 CIV）相匹配的安全同题。同时也说明了 ICC 和 CAD 相关的安全要求，其中 ICC 和 CAD 可能只有一个集成电路（IC）或者同时具有磁条和 IC 能力。

续表

序号	标准编号	标准名称	标准类别	标准简述
5	GB/T 21079.1—2007	《银行业务 安全加密设备（零售）第1部分：概念、需求及评估方法》	国家标准	本标准描述了安全密码设备的物理、逻辑特征及其管理方面的内容，涉及设备的物理和逻辑安全要求，逻辑安全要求和管理要求，以及评估方法的选择。
6	GB/T 21080—2007	《银行业务 与相关金融业务 基于对称算法的签名鉴别》	国家标准	本标准规定了请求访问实体和授权允许访问实体之间的三种鉴名鉴别方式：a）通过请如口令对用户进行个人鉴别信息（PAD）对用户进行鉴别；b）通过用户唯一密钥对用户进行鉴别；c）通过节点一密钥对节点进行鉴别。
7	GB/T 21081—2007	《银行业务 密钥管理相关数据元（零售）》	国家标准	本标准规定了密钥管理的相关数据元以交易报文的形式传输时的要求，涉及数据元的结构和内容、数据的目的和作用，还包括密钥集标识的分配、密钥识别等。
8	GB/T 21082.4—2007	《银行业务 密钥管理（零售）第4部分：使用公共密钥密码的密钥管理技术》	国家标准	本标准描述了公钥系统在零售银行环境中的公钥的使用，规定了用于保护零售银行系统的密钥的密码技术，包括密钥产生、加密、分离、验证等技术，以及核准的公钥加密算法、签名算法和散列函数。
9	GB/T 21082.5—2007	《银行业务 密钥管理（零售）第5部分：公开密钥密码系统的密钥生命周期》	国家标准	本标准详细规定了非对称密钥对在生成、分配、使用、终止等阶段的具体要求以及可供选择的方式。
10	GB/T 12406—2008	《表示货币和资金的代码》	国家标准	本标准提供了表示货币和资金的三位字符型代码结构和相应的三位数字代码结构。
11	GB/T 23695—2009	《银行业务 安全文件传输（零售）》	国家标准	本标准的内容主要是针对在零售银行业务中，文档的安全传输问题。该标准中所规定的文件主要应用于卡的接收装置和收单行之间，或在收单行和发卡方之间。本标准适用于零售银行业务中不同类型的文件的安全传输，与收单行相关的技术数据，主要包括：软件；已经发生和注册相关的应用数据。

续表

序号	标准编号	标准名称	标准类别	标准简述
12	GB/T 23697—2009	《个人理财 理财规划师的要求》	国家标准	本标准的目的是为在个人理财领域从事专业服务的人提供一个全球接受的基准。个人理财规划是帮助客户达到他们财务目标的过程。理财规划师向客户提供理财规划服务。本标准规定了对专业理财道德行为、从业能力和工作经验方面的要求。本标准描述了理财规划师合格评定的多种方法和每个方法的详细要求。
13	JR/T 0003.1—2001	《银行卡卡网联合安全规范》	行业标准	本标准规定了对加入全国银行卡网络的相关入网设备、设施的安全技术要求，也规定了对持卡人、商户、卡片和终端机供应商以及银行内部工作人员的风险防范要求。
14	JR/T 0003.2—2001	《银行卡卡网联合业务规范》	行业标准	本标准规定了银行卡卡网联合的业务流程和要求。
15	JR/T 0011—2004	《银行业集中式数据中心规范》	行业标准	本标准规定了银行集中式数据中心的定义、目标、范围、技术规范、管理规范和应具有的职能，是建设和管理银行集中式数据中心的指南。
16	JR/T 0012—2004	《金融业星型网间互联技术规范》	行业标准	本标准制定了各金融机构与中国人民银行进行计算机网络互联应遵循的技术要求和规范，包括网间互联结构、网间互联技术实现、IP地址和域名规划、网间互联应用，网间互联管理的技术的统一和规范的实现，其目的是建立金融机构间信息交换与共享的统一规范的网络通信平台。
17	JR/T 0013—2004	《金融业星型网间互联安全规范》	行业标准	本标准规定了金融业网间互联安全保障体系，对星型金融业网间互联涉及的信息安全保障技术、物理环境与管理环境，提出了规范性要求和应遵循的标准。
18	JR/T 0014—2004	《银行信息化通用代码集》	行业标准	本标准是处理各业务信息和建立业务信息数据库的基础标准，为实现各银行业务信息的有效集成与共享提供了条件。本标准规定了银行信息交换和共享所使用的代码及其相关内容。

续表

序号	标准编号	标准名称	标准类别	标准简述
19	JR/T 0015—2004	《银行信息化通用数据元》	行业标准	本标准是处理业务信息和建立业务信息数据库的基础标准,为实现各银行间数据库的有效集成与共享提供了条件。
20	JR/T 0019—2004	《银证业务数据交换消息体结构和设计规则》	行业标准	本标准规定了消息体的结构和设计规则,适用于银证业务消息体的设计和使用。
21	JR/T 0024—2004	《国际收支统计间接申报银行接口规范通用要素》	行业标准	本标准规定了国际收支统计间接申报信息交换和共享所使用的标价、名称,说明及相关内容。
22	JR/T 0026—2006	《银行业计算机信息系统雷电防护技术规范》	行业标准	本标准规定了银行业计算机信息系统对雷电、电磁、脉冲安全防护的基本原则和技术要求。本标准适用于银行业计算机信息系统设备本身对雷电、电磁、脉冲的防护。
23	JR/T 0027—2006	《征信数据元数据元设计与管理》	行业标准	本标准规定了征信数据元的基本概念和结构,征信数据的表示规范以及设计规则和方法等,并给出了征信数据元的动态维护管理机制。本标准适用于与征信业务有关的机构进行数据元设计与管理,并为建立征信数据元的注册与维护管理机制提供指导。
24	JR/T 0028—2006	《征信数据元个人征信数据元》	行业标准	本标准规定了与个人征信业务有关的机构使用的数据元。本标准适用于从事个人征信业务的机构间的个人征信信息交换与共享。
25	JR/T 0030.1—2006	《信贷市场和银行间债券市场信用评级规范 第1部分:信用评级主体规范》	行业标准	本部分规定了在信贷市场和银行间债券市场从事信用评级业务的机构进入和退出该市场的程序,从事信用评级业务的基本原则及要求。本部分适用于信贷市场和银行间债券市场中从事信用评级业务的主体。

续表

序号	标准编号	标准名称	标准类别	标准简述
26	JR/T 0030.2—2006	《信贷市场和银行间债券市场信用评级规范 第 2 部分：信用评级业务规范》	行业标准	本部分规定了信用评级业务中信用评级程序、信用等级符号及含义，信用评级报告内容等。本部分适用于信用评级机构进行信用评级时的业务操作。
27	JR/T 0030.3—2006	《信贷市场和银行间债券市场信用评级规范 第 3 部分：信用评级业务管理规范》	行业标准	本部分规定了开展信用评级业务准则，信用评级业务的跟踪与检验，信用评级业务的质量检查和信用评级市场信用评级业务的管理和控制。本部分适用于信用评级市场信用评级业务的管理和控制。
28	JR/T 0031—2007	《银行保险业务人寿保险数据交换规范》	行业标准	本标准规定中华人民共和国银行保险及其同类中介业务领域的交易类型、交易包数据模型及数据字典。本标准适用于全国寿险领域的保险数据交换活动。
29	JR/T0037—2007	《银行保险业务财产保险数据交换规范》	行业标准	本标准规定中华人民共和国银行保险及其同类中介业务领域的交易类型、交易包数据模型及数据字典。本标准适用于全国财产保险领域的保险数据交换活动。
30	JR/T0044—2008	《银行业信息系统灾难恢复管理规范》	行业标准	本规范规定了银行业信息系统灾难恢复应遵循的管理要求。本规范适用于人民银行、政策性银行、商业银行、城市合作社以及在中华人民共和国境内设立的外资银行等银行业金融机构。
31	JR/T0039—2009	《征信数据元 信用评级数据元》	行业标准	本标准规定了与信用评级相关的数据元。本标准适用于对信用评级机构及金融机构内部评级系统的评级结果进行质量评价，以及相关机构间的信用评级信息交换与共享。
32	JR/T0042—2009	《征信数据交换格式 信用评级违约率数据采集格式》	行业标准	本标准规定了与信用评级相关的数据元。本标准适用于对信用评级机构及金融机构内部评级系统的评级结果进行质量评价，以及相关机构间的信用评级信息交换与共享。

续表

序号	标准编号	标准名称	标准类别	标准简述
33	JR/T0046—2009	《证券期货业与银行业间数据交换消息体结构和设计规则》	行业标准	本标准规定了消息体的结构和设计规则,适用于银行与证券公司间转账、银行与期货公司交易客户交易结算资金第三方存管业务消息体的设计和使用。对于数据传输中所依赖的网络协议、网络管理规则、加密认证等不在本标准涉及。
34	JR/T 0055.1—2009	《银行卡联网联合技术规范 第1部分:交易处理》	行业标准	本部分规定了银行卡跨行交易的处理流程,交易中使用的报文及文件接口、交易数据安全传输的基本要求以及通信接口应满足的要求。本部分规定了银行卡跨行交易的处理流程和处理要求。从处理流程上将行业标准中交易划分为联机类、脱机类和手工类交易;按交易功能划分,行业标准中交易区分为金融类交易和管理类交易。
35	JR/T 0055.2—2009	《银行卡联网联合技术规范 第2部分:报文交换》	行业标准	本部分规定了机构与交换中心之间联机交易时使用的报文接口,包括交易报文的结构、报文域说明以及金融类联机交易和管理类交易的报文格式。
36	JR/T 0055.3—2009	《银行卡联网联合技术规范 第3部分:文件数据格式》	行业标准	本部分规定了机构与交换中心之间传递和交换的文件接口。
37	JR/T 0055.4—2009	《银行卡联网联合技术规范 第4部分:数据安全传输控制》	行业标准	本部分规定了银行卡跨行交易过程中密钥管理机制和交易数据安全传输的基本要求,以保证交易信息的安全性和完整性。
38	JR/T 0055.5—2009	《银行卡联网联合技术规范 第5部分:通信接口》	行业标准	本部分规定了银行卡跨行交易网络机交易与文件传输的通信接口应满足的要求。

续表

序号	标准编号	标准名称	标准类别	标准简述
39	JR/T 0059—2010	《证券期货经营机构信息系统备份能力标准》	行业标准	本标准明确了证券期货经营机构信息系统备份能力的含义、定义了备份能力的等级。 本标准是证券期货经营机构信息系统备份能力建设的设计标准，用于指导证券期货经营机构信息系统备份能力建设工作。 本标准所称证券期货经营机构（以下简称经营机构）是指经中国证券监督管理委员会批准设立，并依法登记注册的证券公司、基金管理公司和期货公司等机构。
40	JR/T 0060—2010	《证券期货业信息系统安全等级保护基本要求（试行）》	行业标准	本标准规定了证券期货业不同安全保护等级信息系统的基本保护要求。包括基本技术要求和基本管理要求，适用于指导证券期货业分等级信息系统的安全建设整改、测评和监督管理。
41	JR/T 0062—2011	《金融工具常用统计术语》	行业标准	本标准规定了常用的与金融统计业务有关的金融统计工具术语。包括货币黄金、货币与存款、贷款和存款、通货票证券、非股票证券、股票和其他黄金、保险技术准备金、金融衍生品、其他应收/应付、委托代理协议以及或有金融工具的术语。
42	JR/T 0063—2011	《金融工具统计分类及编码》	行业标准	本标准规定了金融工具的统计分类和编码。
43	JR/T 0065—2011	《银行间市场基础数据元》	行业标准	本标准规定了银行间市场业务活动中涉及到的银行间市场系统的数据元的标记、名称，说明及其相关内容。本标准的内容覆盖外汇市场、货币市场和衍生品市场的前、中、后台，以及债券市场的前、中、后台，除债券市场的后台清算、结算部分。
44	JR/T 0066—2011	《银行间市场业务数据交换协议》	行业标准	本标准规定了银行间市场参与者之间进行交易所需的通讯协议（Inter-bank Markets Information Exchange Protocol, IMIX）。包括应用环境、会话机制、消息格式、安全与加密、数据完整性、扩展性、消息定义、数据字典等。本标准的内容覆盖完外汇市场、货币市场和衍生品市场的前、中、后台，以及债券市场的前、中台及债券市场的后台清算、结算部分。

续表

序号	标准编号	标准名称	标准类别	标准简述
45	JR/T 0067—2010	《证券期货业信息系统安全等级保护测评要求（试行）》	行业标准	本标准规定了对信息系统安全等级保护状况进行安全测试评估的要求，包括对第一级信息系统、第二级信息系统、第三级信息系统的整体安全测评要求和信息系统整体安全测评要求。本标准略去对第四级信息系统进行单元测测评要求的具体内容要求。本标准适用于信息安全等级测评服务机构、运营使用单位对证券期货业信息系统安全等级保护状况进行的安全测评。国家信息安全监管职能部门及证券期货监管部门依法进行监督检查可以参考使用。
46	JR/T 0061—2011	《银行卡卡名词术语》	行业标准	本标准规定了常用的银行卡名词术语，包括卡片术语、机构及人员术语、终端及设备术语、业务及应用术语、信息交换术语及风险管理术语。
47	JR/T 0071—2012	《金融行业信息系统信息安全等级保护实施指引》	行业标准	本标准适用于金融机构（包括其分支机构）的系统规划建设部门、应用开发部门、系统运行部门、安全管理部门（业务与技术）、系统使用部门、内部监察、审计等部门。也可作为信息安全职能部门进行监督、检查和指导工作的依据。随着相关内容的补充和丰富，为等级保护工作的开展提供指导。
48	JR/T 0072—2012	《金融行业信息系统信息安全等级保护测评指南》	行业标准	本标准规定了金融行业对信息系统安全等级保护测评评估的要求，包括对第二级信息系统、第三级信息系统和第四级信息系统进行安全测评估的单元测评要求和信息系统整体测评的要求，而第一级信息系统的安全测评估的定级情况，不作为测评在第五级系统，而第一级信息系统不需去公安机关备案，不作为测评重点。本标准略去的具体信息系统。信息安全等级测评服务机构（如第二级信息系统、信息安全等级测评服务机构对第三级和第四级信息系统）对信息系统安全等级保护状况进行的安全测评估。本标准适用于金融行业进行自测评（如第二级信息系统和第三级信息系统）对信息系统安全等级保护状况进行的安全测评估。

续表

序号	标准编号	标 准 名 称	标准类别	标 准 简 述
49	JR/T 0079—2013	《保险业信息系统运行维护工作规范》	行业标准	本标准规定了保险业信息系统运行维护工作的要求,是 IT 服务管理的一部分,包括三个与信息系统运行维护紧密相关的服务过程。 本标准适用于在全国内从事保险业务的保险机构。
50	JR/T 0097—2012	《中国金融移动支付 可信服务管理技术规范》	行业标准	本标准规定了移动支付可信服务管理系统组成、互联结构、SE 安全可信和 SE 开放共享等服务模型,也规定了公共服务平台和 TSM 平台的主要功能、业务流程、应用接口以及系统安全性要求。 本部分适用于从事移动支付相关产品的设计、制造、管理、发行、受理以及相关应用系统的研制,开发、集成和维护的组织。
51	JR/T 0098.8—2012	《中国金融移动支付检测规范 第 8 部分: 个人信息保护》	行业标准	本部分规定了移动支付个人信息保护的内部管理、组织管理、访问控制和个人信息生命周期管理四个方面的基本要求以及检测细则。 本部分适用于指导检测机构制定移动支付个人信息保护检测方案和执行检测,同时可用于指导个人信息管理机构制造相关产品和建设业务系统。
52	JR/T 0099—2012	《证券期货业信息系统运维管理规范》	行业标准	本标准规定了证券期货业信息系统运维管理工作的要求。 本标准适用于证券期货业信息系统运维管理工作的机构,包括:承担证券期货市场公共职能的机构,承担证券期货市场基础设施运营的机构等证券期货市场核心机构及其下属机构,以及证券公司、基金管理公司、期货公司、证券期货服务机构等证券期货经营机构。

续表

序号	标准编号	标准名称	标准类别	标 准 简 述
53	JR/T 0101—2013	《银行业软件测试文档规范》	行业标准	本标准汇集描述了软件测试所涉及的术语;提出了软件单项测试和联动测试的概念;描述了软件测试文档规范和软件测试文档;提出了软件测试文档联动度的分级和不同级别下需要编制的文档;规定了各级别测试文档规范的选择指南;描述了不同测试文档联动度和主要内容;给出了可选测试文档编制的软件文档的结构和主要内容;描述了单项测试文档的逻辑关系和编制逻辑时序,并对相关国家标准和国外标准的依从性进行了分析。本标准适用于银行业各类软件产品以及基于软件的系统的测试。本标准不针对任何软件生存周期模型来说,但对于一些软件生存周期模型来说,应用本标准需要进行调整。
54	JR/T 0110—2014	《证券公司客户资料管理规范》	行业标准	本标准规定了证券公司对其客户资料进行管理的原则、体系、流程、信息系统及内部控制的要求。本标准适用于证券公司开展业务经营过程中所涉及对客户资料的管理过程。
55	JR/T 0111—2014	《证券期货业数据通信协议应用指南》	行业标准	本标准给出了数据通信协议渐进式收敛演进的目标、路线、建议、方法与流程等内容,描述了数据通信特征,以及主要数据通信业务与协议的特征值。总结出数据通信协议筛选决策等内容,确立了证券期货行业内及行业同机构,在制定数据通信解决方案过程中,选择现有数据通信协议或制定新数据通信协议时应遵守的原则。本标准适用于证券期货行业内及行业同机构,在选择或制定数据通信协议时参考。

续表

序号	标准编号	标准名称	标准类别	标准简述
56	JR/T 0112—2014	《证券期货业信息系统审计规范》	行业标准	本标准规定了证券期货业信息系统审计工作的要求。本标准适用于证券期货业机构,包括:承担证券期货市场公共职能的机构,承担证券期货行业信息技术公共基础设施运营的机构等证券期货市场核心机构及其下属机构,以及证券公司、期货公司、基金管理公司,证券期货服务机构等证券期货经营机构。
57	JR/T 0115—2014	《金融信用信息基础数据库用户管理规范》	行业标准	本标准规定了金融信用信息基础数据库管理员用户、数据报送用户、查询用户、异议处理用户等各类用户管理的一般原则。本标准适用于金融信用信息基础数据库运行机构,向金融信用信息基础数据报送或查询信息的机构进行用户设置与管理,并为各类机构建立内部审计和培训和制提供指导。
58	JR/T 0132—2015	《金融业信息系统机房动力系统测评规范》	行业标准	本标准规定了金融业信息系统机房动力系统测评中所涉及的关键条款,可作为机房动力系统测评重要管理重要依据。本标准适用于我国金融业各级信息系统机房动力系统测评。
59	JR/T 0158—2018	《证券期货业数据分类分级指引》	行业标准	本标准给出了证券期货业数据分类分级方法概述及数据分类分级方法的具体描述,并就数据分类分级中的关键问题处理给出建议。本标准适用于证券期货行业机构开展数据分类分级工作时使用。信息技术服务机构,相关专项业务服务机构在开展涉及证券期货业数据分类分级的业务服务和技术服务时适用。注:专项业务数据和信息技术服务机构在开展涉及证券期货业相关数据分类分级。行业其他相关机构本标准可参照本标准进行数据分类分级。本标准不适用于涉及国家秘密的数据。

续表

序号	标准编号	标准名称	标准类别	标准简述
60	JR/T 0159—2018	《证券期货业机构内部企业服务总线实施规范》	行业标准	本标准规定了企业服务总线的技术结构与组成、服务生命周期以及项目组织管理,并给出了企业服务总线的典型应用场景。本标准适用于证券期货业机构内部企业服务总线的实施。
61	JR/T 0160—2018	《期货市场客户开户数据接口》	行业标准	本标准规定了期货市场客户资料数据在各参与主体之间交换的接口定义,包括数据字典和报文结构。本标准适用于期货市场客户资料交换时的系统接口、界面、数据库设计和软件开发。
62	JR/T 0163—2018	《证券发行人行为信息内容格式》	行业标准	本标准规定了股票、债券、基金、权证等上市(挂牌)证券发行人行为与通知与取消通知(以下简称为"证券发行人行为信息")的内容与格式,并描述了事件类型及元素的扩展方法。本标准适用于在信息服务机构,结算机构,托管银行,投资者等等相关业务参与方之间传递标准化的证券发行人行为信息。
63	JR/T 0175—2019	《证券期货业软件测试规范》	行业标准	本标准规定了证券期货业信息系统建设过程中的总体要求、单元测试、集成测试、系统测试等测试活动的内容。本标准适用于证券期货业金融经营机构(以下简称市场经营机构)、证券期货市场核心机构(以下简称市场核心机构)开展证券期货业信息技术内部和外部信息系统测试工作。注1:市场核心机构,如证券交易所、证券登记结算机构、期货市场监控中心等。注2:市场经营机构,如证券公司、期货公司、基金公司等;注3:市场服务机构,如软件开发机构、信息服务商等。

信息技术/信息安全技术相关标准

序号	标准编号	标准名称	标准类别	标准简述
64	GB/T 20271—2006	《信息安全技术 信息系统通用安全技术要求》	国家标准	本标准依据 GB 17859—1999 的五个安全保护等级的划分，规定了信息系统所需要的安全技术的各个安全等级要求。本标准适用于按等级化要求进行的安全信息系统的设计和实现，对按等级化要求进行的信息系统安全的测试和管理可参照使用。
65	GB/T 20273—2019	《信息安全技术 数据库管理系统安全技术要求》	国家标准	本标准规定了数据库管理系统评估对象描述，不同评估保障级的数据库管理系统安全目的定义，安全目的和安全要求，安全问题定义与安全目的的安全要求之间的基本原理。本标准适用于数据库管理系统的测试、评估和采购，也可用于指导数据库管理系统的研发。 注：本标准规定 EAL2，EAL3，EAL4 级的安全要求既适用于基于 GB/T 18336.1—2015，GB/T 18336.2—2015 和 GB/T 18836.3—2015 的数据库管理系统安全性测评，同样适用于基于 GB 17859—1999的数据结构化保护第二级安全标记保护级、第四级结构化保护级的数据库系统审计保护级、第三级安全标记保护级的数据库安全性测评，相关对应关系参见附录 A 的 A.1。
66	GB/T 20988—2007	《信息系统灾难恢复规范》	国家标准	本标准规定了信息系统灾难恢复应遵循的基本要求。本标准适用于信息系统灾难恢复的规划、审批、实施和管理。
67	GB/T 22118—2008	《企业信用信息采集、处理和提供规范》	国家标准	本标准规定了企业信用信息采集、处理和提供的基本原则和要求。本标准适用于从事企业信用信息采集、处理和提供的机构。
68	GB/T 22239—2008	《信息安全技术 信息系统安全等级保护基本要求》	国家标准	本标准规定了不同安全保护等级信息系统的基本保护要求，包括基本技术要求和基本管理要求，适用于指导等级保护的信息系统的安全建设和监督管理。
69	GB/T 27910—2011	《金融服务 信息安全指南》	国家标准	本标准适用于金融机构制定信息安全方案时参考。

续表

序号	标准编号	标准名称	标准类别	标准简述
70	GB/T 28827.1—2012	《信息技术服务 运行维护 第1部分：通用要求》	国家标准	本部分适用于： 计划提供运行维护服务的组织建立运行维护服务能力体系；运行维护服务供方评估自身条件和能力；运行维护服务需方评价和选择运营维护服务供方；第三方评价和认定运行维护服务组织能力。 由于在多数情况下运行维护和运营是同时存在的两个活动，而运行维护为运营提供保障；因此，本部分同样适用于提供运营维护服务的组织建立运营维护服务能力体系，评价和改进自身的运行维护能力。 本部分不适用于电信基础设施和电信业务系统的运行维护。
71	GB/T 28827.3—2012	《信息技术服务 运行维护 第3部分：应急响应规范》	国家标准	本部分规定了应急响应过程的基本活动和任务。 本部分适用于指导在经济建设、社会管理、公共服务以及生产经营等领域重要信息系统运行维护中实施应急响应。 本部分也适用于组织以满足实施应急响应需要而开展的信息系统完善和升级改造工作。 本部分不适用于电信基础设施和电信业务系统的运行维护。
72	GB/T 29264—2012	《信息技术服务 分类与代码》	国家标准	本标准规定了信息技术服务的分类与代码，是信息技术服务的信息管理、管理和编目的准则。本标准适用于信息技术服务的信息管理及信息交换、供科研、规划等工作使用。 本标准不适用于电信业务等。
73	GB/T 31500—2015	《信息安全技术 存储介质数据恢复服务要求》	国家标准	本标准规定了实施存储介质数据恢复服务所需的服务原则、服务条件、服务过程要求及管理要求。 本标准适用于指导提供存储介质数据恢复服务机构针对非涉及国家秘密的数据恢复实施和管理。

续表

序号	标 准 编 号	标 准 名 称	标准类别	标 准 简 述
74	GB/T 32924—2016	《信息安全技术 网络安全预警指南》	国家标准	本标准给出了网络安全预警的分级指南与处理流程。本标准为及时准确了解网络安全事件或威胁的影响程度、可能造成的后果及采取有效措施提供指导，也适用于网络与信息系统主管和运营部门参考开展网络安全事件或威胁的处置工作。
75	GB/T 33530—2017	《人力资源外包服务规范》	国家标准	本标准规定了人力资源外包服务的服务内容、服务要求、服务流程、服务质量评价等内容。本标准适用于人力资源外包服务。
76	GB/T 36627—2018	《信息安全技术 网络安全等级保护测评技术指南》	国家标准	本标准给出了网络安全等级保护测评（以下简称"等级测评"）中的相关测试技术的分类和定义、提出了技术性测试的要素、原则等，并对测评结果的分析和应用提出建议。本标准适用于指导测评机构对等级保护对象（以下简称"等级保护对象"）开展等级保护测评工作，以及等级保护对象的主管部门及运营使用单位对等级保护对象状况开展安全评估。
77	GB/T 36959—2018	《信息安全技术 网络安全等级保护测评机构能力要求和评估规范》	国家标准	本标准规定了网络安全等级保护测评机构的能力要求和评估规范。本标准适用于拟成为或更高级为网络安全等级保护测评机构的能力建设、运营管理和资格评定等活动。
78	GB/T 36958—2018	《信息安全技术 网络安全等级保护安全管理中心技术要求》	国家标准	本标准规定了网络安全等级保护安全管理中心的技术要求。本标准适用于指导等级保护运营使用单位商和运营安全管理中心，建设和运营安全管理中心。
79	GB/T 28449—2018	《信息安全技术 网络安全等级保护测评过程指南》	国家标准	本标准规范了网络安全等级保护测评的工作过程，规定了测评活动及其工作任务。本标准适用于测评机构、定级对象的主管部门及运营使用单位开展网络安全等级保护测试评价工作。

序号	标准编号	标准名称	标准类别	标准简述
80	GB/T 28448—2019	《信息安全技术 网络安全等级保护测评要求》	国家标准	本标准规定了不同级别的等级保护对象的安全测评通用要求和安全测评扩展要求。 本标准适用于安全测评服务机构、等级保护对象的运营使用单位及主管部门对等级保护对象的安全状况进行网络安全等级保护测评并提供单位时参考使用。 注：第五级等级保护对象是非常重要的监督管理对象，对其有特殊的管理模式和安全测评要求，所以不在本标准中进行描述。
81	GB/T 22239—2019	《信息安全技术 网络安全等级保护基本要求》	国家标准	本标准规定了网络安全等级保护的第一级到第四级等级保护对象的安全通用要求和安全扩展要求。 本标准适用于指导分等级的非涉密对象的安全建设和监督管理。 注：第五级等级保护对象是非常重要的监督管理对象，对其有特殊的管理模式和安全要求，所以不在本标准中进行描述。
82	GB/T 25070—2019	《信息安全技术 网络安全等级保护安全设计技术要求》	国家标准	本标准规定了网络安全等级保护的第一级到第四级等级保护对象的安全设计技术要求。 本标准适用于指导运营使用单位、网络安全企业、网络安全服务机构开展网络安全等级保护安全技术方案的设计和实施，也可作为网络安全职能部门进行监督、检查和指导的依据。 注：第五级等级保护对象是非常重要的监督管理对象，对其有特殊的管理模式和安全设计技术要求，所以不在本标准中进行描述。
83	GB/T 25058—2019	《信息安全技术 网络安全等级保护实施指南》	国家标准	本标准规定了等级保护对象实施网络安全等级保护工作的过程。 本标准适用于指导网络安全等级保护的实施。
84	GB/T 20272—2019	《信息安全技术 操作系统安全技术要求》	国家标准	本标准规定了五个安全保护等级操作系统的安全技术要求。 本标准适用于按等级保护要求所进行的操作系统的研发、测试、维护和评价。

续表

序号	标准编号	标准名称	标准类别	标准简述
85	GB/T 21050—2019	《信息安全技术 网络交换机安全技术要求》	国家标准	本标准规定了网络交换机达到 EAL2 和 EAL3 的安全功能要求及安全保障要求,涵盖了安全问题定义、安全目的、安全要求等内容。本标准适用于网络交换机的测试、评估和采购,也可用于指导该类产品的研制和开发。
86	GB/T 20273—2019	《信息安全技术 数据库管理系统安全技术要求》	国家标准	本标准规定了数据库管理系统评估对象描述,不同评估保障级的数据库管理系统安全问题定义、安全目的和安全要求的基本原理。本标准适用于数据库管理系统目的与安全要求之间的测试、评估要求的测试、评估要求与安全要求的测试、评估的研发。注:本标准既规定了 EAL2 级、EAL3 级、EAL4 级的评估内容和评估方法,既适用于基于 GB/T18336—2015 所有部分的数据库管理系统安全性测评,同样适用于基于 GB17859—1999 的数据库第二级安全审计保护级、第三级安全标记保护级、第四级结构化保护级的数据库管理系统安全性测评,相关对应关系参见附录 A 中 A.1。
87	GB/T 20009—2019	《信息安全技术 数据库管理系统安全评估准则》	国家标准	本标准依据 GB/T 20273—2019 规定了数据库管理系统安全评估准则,评估内容和评估方法。本标准适用于数据库管理系统的测试和评估,也可用于指导数据库管理系统的研发。注:本标准既规定了 EAL2 级、EAL3 级、EAL4 级的评估内容和评估方法,既适用于基于 GB/T 18336—2015 所有部分的数据库管理系统安全性测评,同样适用于基于 GB 17859—1999 的数据库第三级安全审计保护级、第四级安全标记保护级的数据库管理系统安全性测评,相关对应关系参见附录 A 中 A.1。

续表

序号	标准编号	标准名称	标准类别	标准简述
88	GB/T 18018—2019	《信息安全技术　路由器安全技术要求》	国家标准	本标准分等级规定了路由器的安全功能要求和安全保障要求。本标准适用于路由器产品安全性的设计和实现，对路由器产品进行的测试、评估和管理也可参照试用。
89	GB/T 20979—2019	《信息安全技术　虹膜识别系统技术要求》	国家标准	本标准规定了采用虹膜识别技术进行身份识别的系统的结构、功能、性能、安全要求及等级划分。本标准适用于虹膜识别系统的设计与实现，对虹膜识别系统的测试、管理也可参照使用。
90	GB/T 37971—2019	《信息安全技术　智慧城市安全体系框架》	国家标准	本标准给出了智慧城市安全体系框架，包括智慧城市的安全保护对象、安全要素、安全角色及其相互关系。本标准适用于智慧城市安全的规划、管理、建设、验收和运营，也可为其他智慧城市安全相关标准的制定提供依据和参考。
91	GB/T 37973—2019	《信息安全技术　大数据安全管理指南》	国家标准	本标准提出了大数据安全管理基本原则，规定了大数据安全需求、数据分类分级、大数据安全要求、评估大数据安全风险。本标准适用于各类组织进行数据安全管理，也可供第三方评估机构参考。
92	GB/T 37931—2019	《信息安全技术　Web应用安全检测系统安全技术要求和测试评价方法》	国家标准	本标准规定了Web应用安全检测系统的安全技术要求、测评方法及等级划分。
93	GB/T 37932—2019	《信息安全技术　数据交易服务安全要求》	国家标准	本标准规定了通过数据交易服务机构进行数据交易服务的安全要求，包括数据交易参与方、交易对象和交易过程的安全要求。本标准适用于数据交易服务机构进行安全自评估，也可供第三方测评机构对数据交易服务机构进行安全评估时参考。

续表

序号	标 准 编 号	标 准 名 称	标准类别	标 准 简 述
94	GB/T 37988—2019	《信息安全技术 数据安全能力成熟度模型》	国家标准	本标准给出了组织数据安全能力的成熟度模型架构,规定了数据采集安全、数据传输安全、数据存储安全、数据处理安全、数据交换安全、数据销毁安全、通用安全的成熟度等级要求。 本标准适用于对组织数据安全能力进行评估,也可作为组织开展数据安全能力建设时的依据。
95	GB/T 37972—2019	《信息安全技术 云计算服务运行监管框架》	国家标准	本标准确定了云计算服务运行监管框架,规定了安全控制措施监管、变更管理监管和应急响应监管的内容及监管活动,给出运行监管实现方式的建议。 本标准适用于对政府部门使用的云计算服务进行运行监管,也可供重点行业和其他企事业单位使用云计算服务时参考。
96	GB/T 37935—2019	《信息安全技术 可信计算规范 可信软件基》	国家标准	本标准规定了可信软件基的功能结构、工作流程、保障要求和交互接口规范。
97	GB/T 37939—2019	《信息安全技术 网络存储安全技术要求》	国家标准	本标准规定了网络存储的安全技术要求、包括安全功能要求、安全保障要求。 本标准适用于网络存储的设计和实现、网络存储的安全测试和管理。
98	GB/T 37964—2019	《信息安全技术 个人信息去标识化指南》	国家标准	本标准描述了个人信息去标识化的目标和原则,提出了去标识化过程和管理措施。 本标准针对微数据提供具体的个人信息去标识化指导,适用于组织开展个人信息去标识化工作,也适用于网络安全相关主管部门、第三方评估机构等组织开展个人信息安全监督、评估等工作。
99	GB/T 37952—2019	《信息安全技术 移动终端安全管理平台技术要求》	国家标准	本标准规定了移动终端安全管理平台产品的技术要求,包括安全功能要求和安全保障要求。 本标准适用于移动终端安全管理平台产品的设计、开发与检测,为组织或机构实施移动互联应用的安全防护提供参考。

参考文献

[1] 张炳辉. 金融信息安全[M]. 北京：中国金融出版社,2018.

[2] 徐成贤,陈永强,陶利民. 金融信息安全[M]. 北京：清华大学出版社,2013.

[3] 李改成. 金融信息安全工程[M]. 北京：机械工业出版社,2010.

[4] 李德波,谢宗晓. 金融信息系统技术风险管理探讨[J]. 中国质量与标准导报,2018(04)：44-48.

[5] 陈柳钦. 构建金融信息安全保障体系的基本思路[J]. 价格与市场,2009(03)：33-36.

[6] 李连朋,罗宏. 国内外金融业信息安全综述[J]. 网络与信息安全学报,2017,3(02)：13-23.

[7] 朱一鸣,姚遥. 复合型金融信息服务人才创新培养模式探索与实践[J]. 教育教学论坛,2015(36)：141-142.

[8] 李洋,唐秀江,陈春璐,谢晴,邱青萍. 金融行业"金融安全3.0"理论与生态[J]. 信息技术与网络安全,2018,37(07)：6-8,21.

[9] 袁慧萍. 金融行业落实网络安全法的若干思考[J]. 中国信息安全,2018(07)：82-85.

[11] 薛烨. 金融科技信息安全思考[J]. 青海金融,2019(04)：57-60.

[12] 汪嵘明. 大数据时代金融信息安全研究[J]. 中国集体经济,2019(32)：94-95.

[13] 周睿敏,张文秀. 金融科技创新风险及控制探析——基于大数据、人工智能、区块链的研究[J]. 中国管理信息化,2017,20(19)：33-36.

[14] 冯惠玲等. 电子文件管理教程[M]. 北京：中国人民大学出版社,2017.

[15] 王宏宇,陈冬梅. 网络信息内容安全技术浅析[J]. 电脑知识与技术,2018,14(05)：51-52.

[16] 李留英. 各国互联网内容安全监管现状比较与分析[J]. 信息网络安全,2010(01)：74-76.

[17] 张丐卓. 文本挖掘及其在信息内容安全中的应用[J]. 华北科技学院学报,2018,15(02)：115-121.

[18] 黄旗绅,李留英. 网络空间信息内容安全综述[J]. 信息安全研究,2017,3(12)：1115-1118.

[19] 姚永红. 金融档案管理中存在的问题及对策[J]. 卷宗,2017(20).

[20] 荆冰. 关于做好金融企业档案管理工作的探讨[J]. 山东档案,2018(4)：47-49.

[21] 白幸. 中小型金融类企业档案管理现状及对策[J]. 陕西档案,2018(04)：39-40.

[22] 蔡盈芳. 规范金融企业业务档案管理——《金融企业金融机构业务档案管理规定》解读[J]. 中国档案,2015(08)：28-29.

[23] 张美芳,王良城. 档案安全保障体系建设研究[J]. 档案学研究,2010(01)：62-65.

[24] 蔡钊. 商业银行信息系统研发风险管控[M]. 北京：机械工业出版社,2015.

[25] 洪崎. 银行信息安全技术与管理体系[M]. 北京：机械工业出版社,2015.

[26] Peterson, L L,Bruce S D. Computer Networks：a Systems Approach[M].Elsevier,2007.

[27] 谢希仁. 计算机网络[M]. 北京：电子工业出版社,2008.

[28] 王伟杰. 网络安全管理[J]. 计算机安全,2012(11)：67-70.

[29] Stefan Loesch. 监管科技：重塑金融安全[M]. 林华,等译. 北京：中信出版社,2019.

[30] 户根勤. 网络是怎样连接的[M]. 周自恒,译. 北京：人民邮电出版社,2017.

［31］ 陈耿，韩志耕，卢孙中. 信息系统审计、控制与管理[M]. 北京：清华大学出版社，2014.

［32］ 夏春涛，杨艳丽，曹利峰. 基于 ABAC 的 Web Services 访问控制研究[J]. 计算机应用与软件，2012(02)：89-91，110.

［33］ 洪永新. Web 技术与安全分析[J]. 信息通信，2015(06)：143.

［34］ 王文兵，王伟华，丁一. CSRF 攻击原理及防范方法研究[J]. 数字化用户，2018，024(039)：231.

［35］ 埃里森等. 黑客大曝光：恶意软件和 Rootkit 安全[M]. 北京：机械工业出版社，2017.

［36］ 杨东晓. 防火墙技术及应用[M]. 北京：清华大学出版社，2019.

［37］ 余文峰. 浅谈加密机在金融网络中的应用[J]. 信息安全与通信保密，2009(12)：96-98.

［38］ 杨东晓. 漏洞扫描与防护[M]. 北京：清华大学出版社，2019.

［39］ 顾健. 高性能入侵检测系统产品原理与应用[M]. 北京：电子工业出版社，2017.

［40］ 周翘宇. 华为 3Com 应用层安全解决方案[J]. 中国新通信. 2006(10)：88-91.

［41］ 国家质量技术监督局. GB/T 18284—2000，快速响应矩阵码[M]. 北京：中国标准出版社，2000.

［42］ 吴书芳，田春辉. 无所不在的小方块——二维码的安全性探讨[J]. 电脑知识与技术，2019，15(03)：274-275.

［43］ 张彬，王岳. 二维码的安全技术研究[J]. 信息安全与通信保密，2015(10)：110-113.

［44］ 蒋国松，章卓梁，吴功才，等. 智能手机病毒木马防治策略研究[J]. 计算机时代，2014(09)：27-30.

后　　记

　　金融信息安全系列教材作为人力资源和社会保障部教育培训中心指定的开展对金融从业人员的金融信息安全意识素养与应用职业能力提升的专用培训教材，共分为三本，分别从"导论→技术→管理"对不同类型的在职金融工作人员展开培训。《金融信息安全导论》是该系列教材的开篇之作，是金融信息安全职业能力培训的基础教材，旨在引导广大金融行业从业者和金融科技相关专业学习者了解金融领域、信息安全领域的基础知识，了解金融与科技融合所带来的金融信息安全问题及相关职业能力。

　　2019年4月1日《金融信息服务管理规定》开始施行，本书自此开始策划筹备。

　　在筹备之初，编写组开展了大量的文献研究和行业调研工作，对金融信息、信息安全、金融信息服务、金融信息安全相关的论文、出版物进行了研究，特别是深度研究了市面上相关书籍数十本，认真分析其章节体例、内容表述方式及优缺点。

　　在全书大纲的编写期间，编写组拜访了多位金融和信息安全领域的专家学者，编写组深深感受到了他们一丝不苟的工作精神、丰富的理论知识和实践经验，切实感受到了他们对金融信息安全问题、内容的深入思考。根据他们的意见，编写组对大纲进行了数十次修改，使本书内容能贴近金融行业的信息安全现实状况，更突显金融信息安全领域的实际问题。在此，编写组特别感谢国家密码管理局副局长何良生、中科院原信息安全国家重点实验室副主任荆继武教授、中国人民大学原信息资源管理学院院长赵国俊教授、中国人民大学信息资源管理学院副院长钱明辉教授、中国农业银行原信息技术管理部总经理于进、北京信息科技大学信息学院蒋文保教授、中国人民大学公共政策实验室林力、北京济安金信科技有限公司副总经理王铁牛等对本书大纲及本书内容提出的宝贵修改意见和在案例资料方面提供的帮助与支持。

　　在本书的组稿、编撰过程中，各位编写的人员不辞劳苦，夜以继日，为了写好每一章的内容，更是字斟句酌，精益求精，唯恐出现一丝一毫的疏漏。其中，第1章、第7章、第9章由杨达森博士负责编写，第2章、第3章由张超博士负责编写，他们二人在圆满完成自己编写任务的同时，还承担着全书内容的修改和完善工作以及视频课程的录制工作，做出了突出贡献。本书第4章由李楠负责编写，第5章由宋绪言负责编写，第6章由刘臻负责编写，第8章由车碧琛负责编写。

　　本书作为金融信息安全系列教材的开篇之作，还配有相应的视频课程讲解，帮助读者更好的理解本书内容。部分专家也根据自身擅长的专业领域，不辞辛苦，录制了配套的教学视频。其中，第一部分课程介绍由中国人民大学金融信息中心主任杨健教授主讲,第 1 章由汤森路透全球运营中心原中国区董事总经理高剑松主讲,第 2 章由北京济安金信科技有限公司副总经理、基金评价中心主任王铁牛主讲,第 3 章由中国银保监会原信息科技部副主任李丹主讲,第 4 章由中科院信息安全国家重点实验室原副主任荆继武教授主讲,第 5 章由北京济安金信科技有限公司副总经理、基金评价中心主任王铁牛主讲,第 6 章由北京中智网安公司总经理罗光宣主讲,第 7 章由中国银行软件中心副总经理熊志正主讲,第 8 章由北京红山瑞达科技有限公司技术总监朱代祥主讲、第 9 章由北京济安金信科技有限公司副总经理洪彬主讲。

此外,北京济安金信科技有限公司作为金融信息安全职业能力培训教材主持编写单位,总经理鲜红清、副总经理秦文怡在本书编写过程中予以人员调配的支持,标准化工程师陈楠在组织讨论、统稿和对接出版工作等方面给予了极大的帮助。娜仁在本书后期书稿审核、课件制作、字幕校对及教学平台运行等方面的做了大量的工作。

在本书编写过程中,得到了华职东方(北京)教育科技有限公司董事长刘永印的鼎力支持。华职东方(北京)教育科技有限公司负责承担《金融信息安全》系列教程培训工作的运营管理。

最后,真诚感谢清华大学出版社编辑周菁女士和她的同事们所做的校验、编辑、排版等大量工作。

本书存在不足与疏漏在所难免,敬请广大读者批评指正,以帮助我们做得更好。

编写组

2021 年 9 月 1 日

金融信息安全职业能力培训项目介绍

信息安全已经上升到国家战略层面，金融信息安全是国家安全的重要组成部分，保障金融信息安全是维护金融安全与稳定的前提。金融科技的迅速发展使得金融业务发生了深刻变化，金融信息安全已超出金融行业本身，金融信息安全影响了现代经济社会范围的方方面面。一家金融机构的金融信息安全水平很大程度上取决于人的因素，即金融从业者是否具备一定的金融信息安全防范意识和掌握一定的金融信息安全管理和应用技能。而即将进入此行业的有生力量更应掌握系统化的金融信息安全最新的职业能力。

人力资源和社会保障部教育培训中心与北京济安金信科技有限公司作为联合培训机构共同推出金融信息安全职业能力培训项目。该项目的培训目标主要是在金融与非金融机构工作中需要掌握一些基础的金融信息知识和信息安全技术的人群，包括职业分类的 4-05（GBM 40500）金融服务人员和 4、5、6 大类中涉及商务金融交易业务的服务人员，也包括高校学生、职业院校学生、毕业后刚参加工作者以及其他需要了解基础金融信息知识和信息安全技术人群，以提升金融信息安全的意识素养和基本技能。

2015 年北京济安金信科技有限公司主持制定了国家标准 GB/T 36618—2018《信息安全技术 金融信息安全服务规范》，并于 2019 年 4 月 1 日起实施。北京济安金信科技有限公司是金融科技领域一家高新技术企业，多年来已向国家监管机构、商业银行、保险公司、证券公司、基金公司等金融机构提供各种金融科技解决方案。

从 2019 年开始，在政府金融监管部门的政策指导下和多家金融机构的支持下，以相关国家标准、理论技术及实际应用作为编写"金融信息安全职业技能培训教程"的基础，北京济安金信科技有限公司、华职东方（北京）教育科技有限公司及中国人民大学金融信息中心共同组织承担金融信息安全职业能力培训体系的方案设计、项目实施与执行工作。通过组织金融信息安全领域的应用型专家、教育专家以及相关专业领域的金融工作者，对银行、证券、保险、基金、投资、期货、租赁等领域的金融从业人员在新经济形势下的业务能力、思维能力和创新能力进行有效科学分析，开展了教材编写、课程设计和应用实践的具体实施工作。

在推进学习型企业组织，加强金融信息安全知识普及的过程中，此套"金融信息安全职业技能培训教程"力求全面提升金融机构全员金融信息安全意识素养和应用职业能力，推动学习认证，引领最佳实践，优化金融机构的人才队伍以保障金融机构的金融信息安全和国家的金融系统安全。